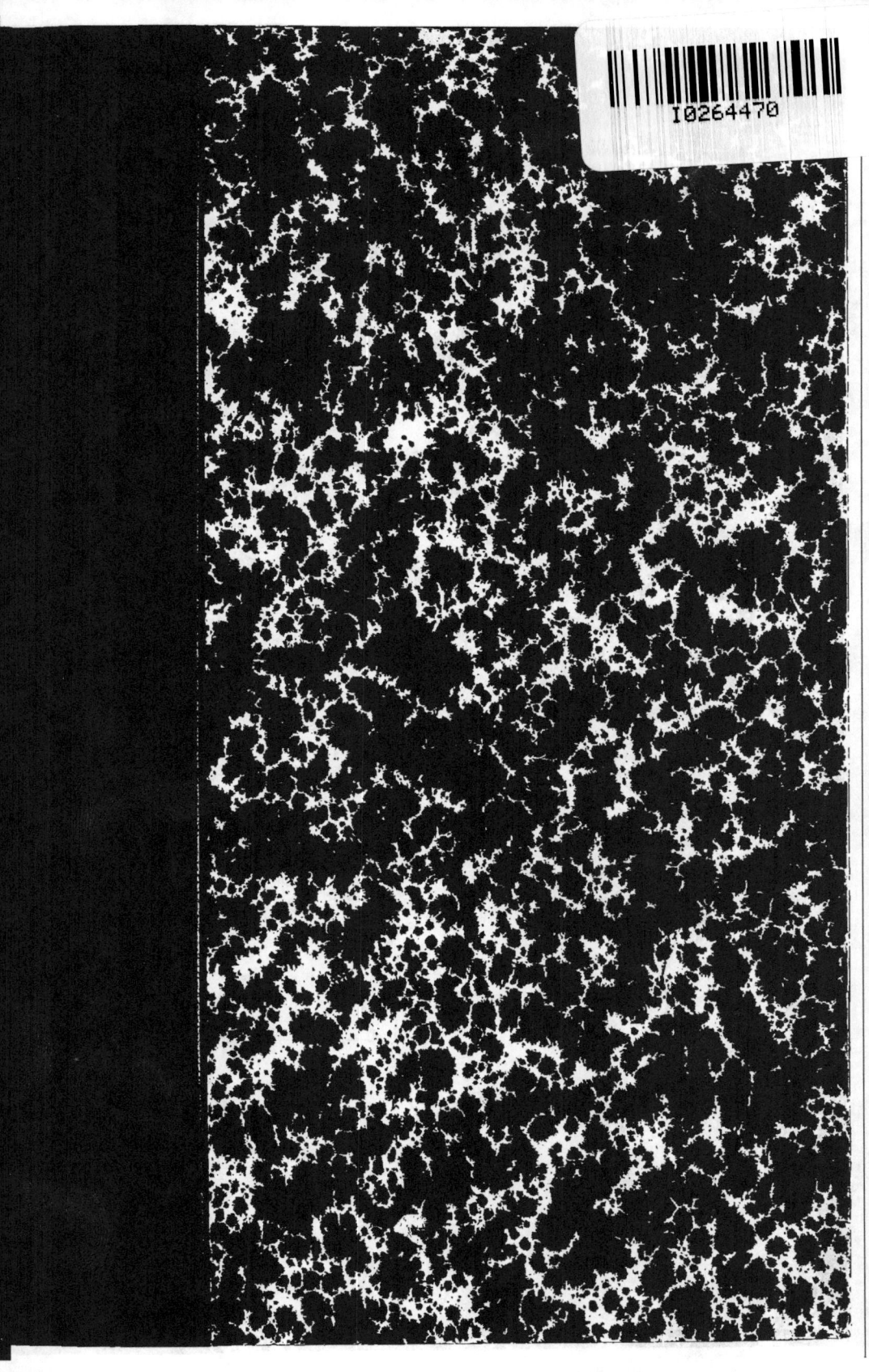

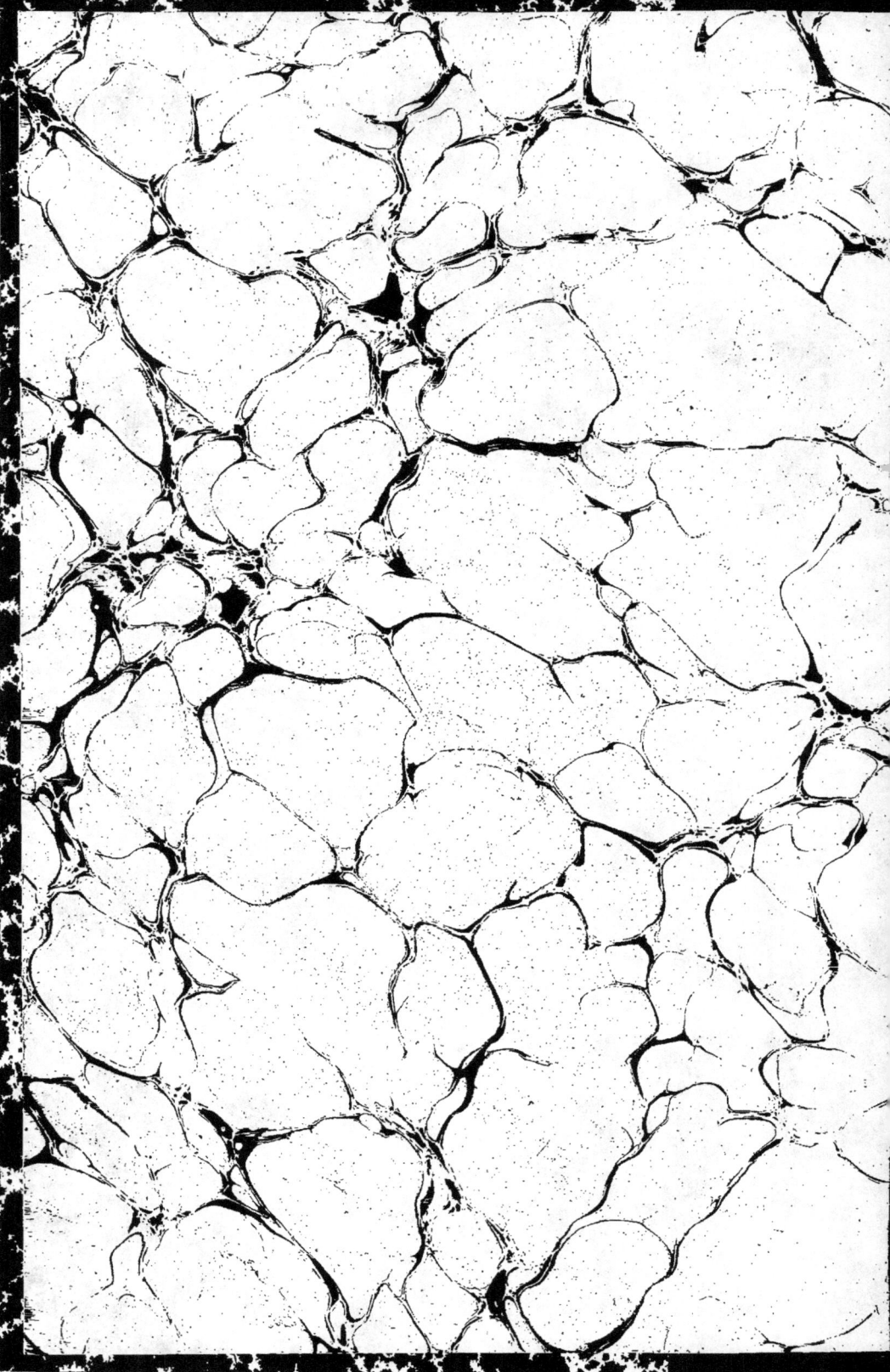

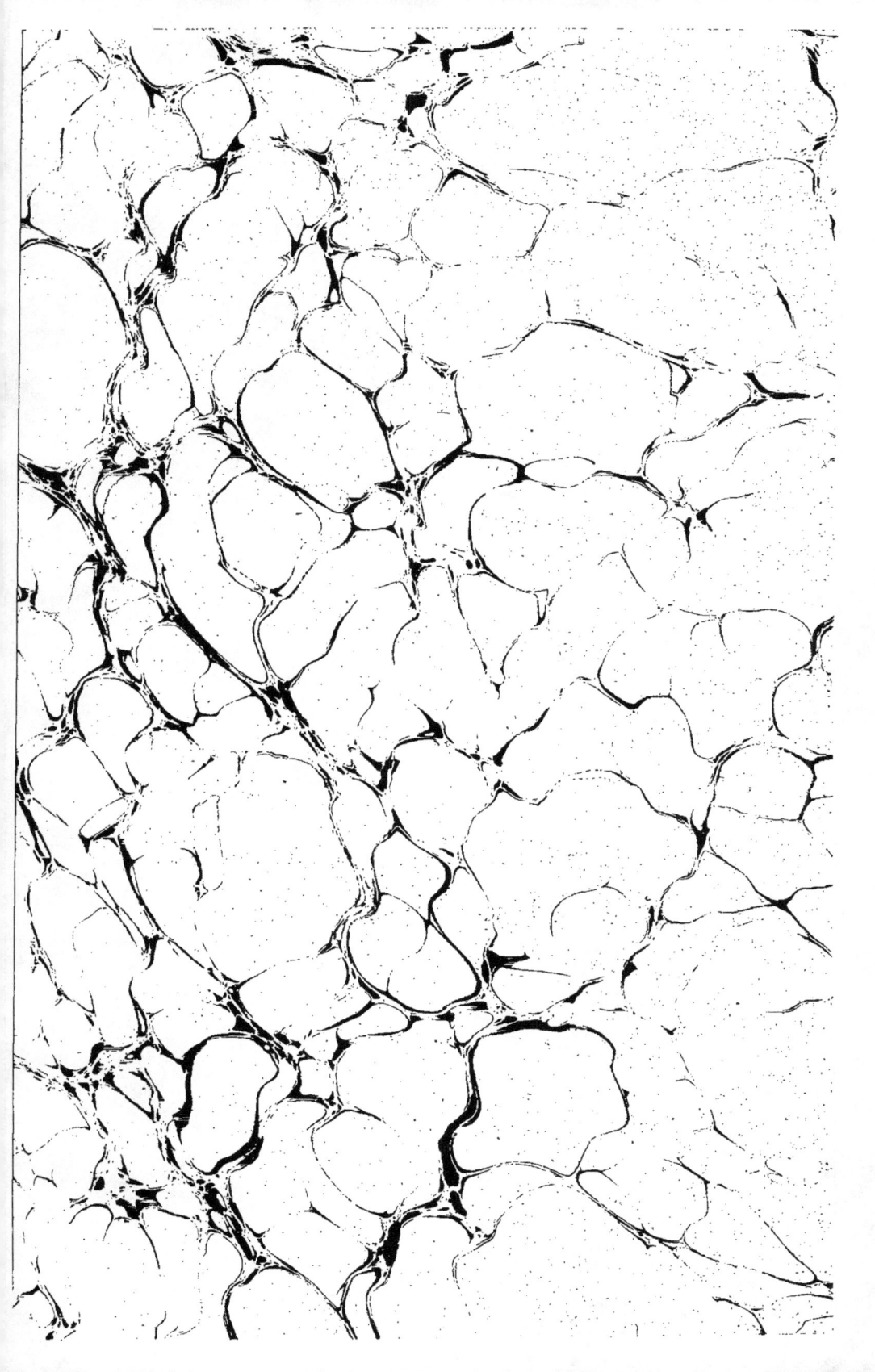

MÉMOIRES
DU
COMTE DE SOUVIGNY

IMPRIMERIE DAUPELEY-GOUVERNEUR

A NOGENT-LE-ROTROU.

MÉMOIRES

DU

COMTE DE SOUVIGNY

LIEUTENANT GÉNÉRAL DES ARMÉES DU ROI

PUBLIÉS D'APRÈS LE MANUSCRIT ORIGINAL
POUR LA SOCIÉTÉ DE L'HISTOIRE DE FRANCE

PAR

Le Baron Ludovic DE CONTENSON

TOME DEUXIÈME

1639-1659

A PARIS
LIBRAIRIE RENOUARD
H. LAURENS, SUCCESSEUR
LIBRAIRE DE LA SOCIÉTÉ DE L'HISTOIRE DE FRANCE
RUE DE TOURNON, N° 6

M DCCCC VI

EXTRAIT DU RÈGLEMENT.

Art. 14. — Le Conseil désigne les ouvrages à publier, et choisit les personnes les plus capables d'en préparer et d'en suivre la publication.

Il nomme, pour chaque ouvrage à publier, un Commissaire responsable, chargé d'en surveiller l'exécution.

Le nom de l'éditeur sera placé en tête de chaque volume.

Aucun volume ne pourra paraître sous le nom de la Société sans l'autorisation du Conseil, et s'il n'est accompagné d'une déclaration du Commissaire responsable, portant que le travail lui a paru mériter d'être publié.

Le Commissaire responsable soussigné déclare que le tome II des Mémoires du Comte de Souvigny, *préparé par* M. le Baron Ludovic de Contenson, *lui a paru digne d'être publié par la* Société de l'Histoire de France.

Fait à Paris, le 15 décembre 1907.

Signé : L. LECESTRE.

Certifié :

Le Secrétaire de la Société de l'Histoire de France,

A. DE BOISLISLE.

VIE, MÉMOIRES ET HISTOIRE

DE MESSIRE JEAN DE GANGNIÈRES

CHEVALIER

COMTE DE SOUVIGNY

LIEUTENANT GÉNÉRAL

DES CAMPS ET ARMÉES DE SA MAJESTÉ.

1639.

Au commencement de l'année 1639, les ennemis assiégèrent le Chenche que M. le cardinal de la Valette résolut secourir. A l'abord, nous forçâmes le retranchement des ennemis et, après un combat d'environ trois heures, nous fûmes contraints de nous en retirer, parce que cet endroit étoit très difficile pour nous et avantageux pour les ennemis. Sur le soir, qu'on faisoit les ordres pour donner d'un autre côté, M. le cardinal de la Valette reçut une lettre par laquelle Madame Royale le prioit instamment de venir en toute diligence à Turin, pour la défendre contre M. le prince Thomas. Il s'y acheminoit avec son armée, après avoir été reçu dans Chivas[1]. Alors M. le cardinal de la Valette y accourut avec toute la cavalerie de l'armée et donna

---

1. Chivasso, ville sur la rive gauche du Pô, arr. de Turin. Le prince Thomas quitta Chivasso le 13 avril.

ordre à M. du Plessis, maréchal de camp, d'y conduire l'infanterie. Il fit telle diligence que, d'auprès du Chenche, il arriva à Turin en deux jours. La plupart fut logée dans la ville, parce que Madame Royale se défioit des habitants avec beaucoup de raison. M. le prince Thomas ne laissa pourtant de continuer sa marche droit à Turin et de faire semblant de vouloir assiéger par les formes, pendant qu'on lui livreroit quelques portes par le moyen des intelligences qu'il y avoit.

A l'abord, il mit en déroute notre cavalerie, qui étoit en bataille près de la Croisette[1], et seroit entré dans la ville avec les fuyards, si M. le cardinal de la Valette ne se fût trouvé à la porte Neuve pour les en empêcher. M. le marquis de Rangon, maréchal de camp, qui y fut tué en cette occasion[2], m'avoit envoyé auparavant avec trois cents hommes pour m'opposer aux dragons des ennemis du côté du Valentin[3], avec ordre de me retirer au faubourg du Pô, quand je serois pressé. Mais, quand je vis les ennemis courir à bride abattue vers la porte Neuve, j'y courus aussi et m'aidai à les repousser. Il en fut tué quelques-uns jusque dans le fossé. Le lendemain, M. le prince Thomas se saisit du pont du Pô et fit une traverse à la rue, sur la hauteur, environ demi-lieue du faubourg du Pô, sur la droite duquel il y fit mettre les mortiers pour tirer des

---

1. Entre les chemins de Pignerol et de Moncalieri.
2. Giulio Rangone, marquis de Roccabianca et Spilimberto, commandeur de Calatrava, maréchal de camp général du roi Très Chrétien et du duc de Savoie, colonel de cavalerie.
3. Le Valentin : maison de plaisance de la duchesse de Savoie, avec jardin à l'entour, au sud de la ville.

bombes, et, sur la gauche, son artillerie. M. de Couvonges[1] fut posté avec son régiment en un dehors, entre le bastion du château et celui de Sainte-Marguerite, que l'on appeloit « Pièce de l'Escudrie[2] », qui étoit le seul que nous gardâmes, craignant plus le dedans que le dehors; aussi la plupart de nos troupes furent postées aux places du Château, Marché-aux-Herbes et place Neuve, d'où se faisoient les patrouilles par la ville, et le reste aux postes et sur les remparts, excepté celles qu'on destina pour faire un chemin couvert devant le bastion du château, pour s'opposer aux ennemis, qui s'y avançoient à couvert par les maisons du faubourg du Pô, que nous n'avions pas eu le temps de démolir.

M. le cardinal de la Valette m'ordonna pour commander à ce poste. Madame m'avoit fait bailler, ainsi qu'aux autres officiers d'armée, des principaux habitants de Turin pour nous faire fournir les clous, palissades et autres outils nécessaires pour la défense, avec des artisans pour les mettre en œuvre, lesquels étoient de si mauvaise volonté, les uns et les autres, que nous n'en pouvions tirer de services. La première bombe que j'y vis tirer donna à mon poste. Étant éclatée en l'air, elle ne fit aucun mal. La plupart des autres, qui étoient pointées vers le château, donnèrent dedans ou à la place, ce qui effraya au commencement, mais tua peu de

---

1. Antoine de Stainville, comte de Couvonges, gouverneur de la citadelle de Turin, mestre de camp du régiment de Lorraine, maréchal de camp en 1643, fut nommé lieutenant général en 1646 et mourut la même année d'une blessure reçue à Lérida.

2. De l'italien *scuderia* : écurie.

gens. Les batteries ne firent pas guère plus grand effet.

Pendant que M. le prince Thomas étoit au siège de Turin, le commandeur Balbian[1] lui remit la ville, château et citadelle d'Ast, et le baron de Ternavas[2], Verrue[3]; et, voyant que les habitants de Turin ne pouvoient pour lors [l']introduire dans leur ville, il leva le siège et s'avança du côté des places avec lesquelles il étoit en traité.

Madame Royale, ayant avis que le comte de Vivalde[4], gouverneur de Quérasque, étoit de ce nombre, me demanda à M. le cardinal de la Valette pour y aller le prévenir. Il dit qu'il m'en parleroit et me demanda mon intention sur ce sujet. Je lui dis que je ferois ce qu'il commanderoit. Il ne me le conseilla pas, voyant la rébellion presque par tout le Piémont, qui me donneroit de la peine à conserver Quérasque, et l'avantage que j'avois à l'armée. Mais, enfin, il se laissa vaincre au désir de Madame Royale, et moi à ce qu'ils voulurent tous deux. En même temps que Madame Royale me fit faire mes expéditions pour Qué-

1. Flaminio Balbiano, chevalier de Malte, gouverneur d'Asti, se retira ensuite à Costabella, qu'il rendit le 2 mai.
2. Carlo-Filiberto Roero, baron de Ternavasio, était gouverneur de Verrue.
3. Verrua-Savoja, place forte sur la rive droite du Pô.
4. Le comte Giambattista Vivalda, comte de Castellino, de la famille des marquis de Ceva, maréchal de camp général en 1640, mort en 1658. Voy. *Storia della Reggenza di Cristina di Francia, duchessa di Savoia*, par le baron G. Claretta, Turin, 3 vol., t. I, p. 796. L'auteur dit à la page 430 du tome II : « On a peu de renseignements sur les amis des deux princes de Savoie, parce que plusieurs d'entre eux ont émigré dans d'autres pays. »

rasque[1], elle donna congé au marquis de Bagnasque[2], personne de qualité, qui, en après, servit le prince Thomas. En prenant congé de Madame, je rencontrai le contrôleur Bianquis[3], qui me dit qu'il alloit aussi à Quérasque, sans pourtant savoir le sujet qui m'y menoit, et que, si je voulois, il m'y feroit compagnie, dont je fus bien aise, le connoissant fort intelligent et affectionné pour le service de Madame, [pensant] qu'il pourroit bien m'aider à faire réussir mon dessein, et parce qu'il nous falloit traverser un dangereux pays.

Je partis sans bagages et menai seulement avec moi La Combe, sergent de la mestre-de-camp du régiment d'Auvergne, brave soldat qui, depuis, a été major de Quérasque. En arrivant à Savillan, nous trouvâmes tout le peuple dans une extrême confusion. Ceux de la ville, en sortant pour chercher leur sûreté dehors, et ceux des faubourgs, voulant retirer leurs biens dedans, occupoient tellement les portes qu'on ne pouvoit entrer ni sortir. Sur l'avis que M. le prince Thomas

1. Souvigny était donc déjà gouverneur de Quérasque quand plus tard, par le traité du 1er juin, le roi de France et la duchesse de Savoie convinrent d'introduire des garnisons françaises dans les places de Carmagnole, Savillan et Quérasque. Voy. le texte de ce traité dans les *Rapports et notices sur l'édition des Mémoires de Richelieu, préparée pour la Société de l'Histoire de France*, fasc. II, par Robert Lavollée, p. 185-186.

2. Filiberto del Carretto, marquis de Bagnasco, grand écuyer du duc François-Hyacinthe, fut un des premiers à se déclarer contre la régente, quoiqu'elle lui eût confié plusieurs charges en 1638 (*Claretta*, II, 432); il mourut en 1658.

3. Le capitaine Giovanni-Stefano Bianco, né à Asti, contrôleur général de l'artillerie, mourut d'un coup de feu à Bène le 12 juillet 1639 (*Claretta*, I, 492).

s'en alloit à eux, après avoir pris Villeneuve-d'Ast[1], nous trouvâmes le gouverneur de la ville tout seul au milieu de la place, qui ne savoit quel parti prendre. Je pris la liberté de lui dire qu'il me sembloit [bon], pour faire cesser ce désordre, de faire fermer les portes et se mettre en défense avec ce qu'il auroit d'habitants, en attendant qu'on lui envoie des troupes, qu'il ne devoit pas douter que Madame ne lui en envoyât sur l'avis qu'il lui donneroit de l'état où il se trouvoit.

Ayant appris qu'il n'y avoit point de sûreté d'aller à droiture de Savillan à Quérasque à cause de ceux de Marenne[2], M. Bianquis fut d'avis de passer à Foussan, comme nous fîmes, et, étant à moitié chemin de Quérasque, je lui déclarai le sujet de mon voyage et le priai de servir Madame Royale en ce rencontre, et moi je lui en aurois obligation. Il me dit qu'il [s']en étoit douté, sachant le rapport qu'on avoit fait à Madame que le comte Vivalde traitoit de rendre Quérasque à M. le prince Thomas, et que, dans la ville, il y avoit de bons serviteurs de Son Altesse, de ses amis, qui me serviroient bien. Nous conclûmes ensemble qu'en arrivant à Quérasque, je m'ouvrirois à M. de Saltun-Sénantes[3], lieutenant-colonel du régiment de son frère[4], qui commandoit la garnison, composée

1. Villanova-d'Asti, arr. d'Asti, prov. d'Alexandrie.
2. Marene, arr. de Saluces.
3. Nicolas de Havart, mort colonel de cavalerie et d'infanterie dans les troupes du duc de Savoie, fils de Nicolas, seigneur de Sénantes, et de Madeleine de Saltun.
4. François de Havart, marquis de Sénantes, frère cadet du précédent, fut d'abord gentilhomme attaché à Gaston d'Orléans et s'établit en Piémont, où il devint mestre de camp d'un régi-

d'environ trois cent cinquante hommes dudit régiment et de celui de Marolles[1], et conviendrois avec lui de me bailler sept officiers pour m'accompagner au château et m'en saisir, et [il] envoya à l'avance un de ma part à M. le gouverneur lui dire que je lui baisois les mains et aurois le bien de le voir, pour lui communiquer les ordres de Madame pour avoir des armes du château et armer des recrues qui n'en avoient point.

En même temps, M. Bianquis me fit venir M. Lunel, premier syndic de la ville, à qui je dis que j'avois des ordres de Son Altesse de ne lui délivrer[2] qu'en l'assemblée du conseil dans la maison de ville, que je le priois de les[3] faire promptement mettre ensemble pour ce que j'étois pressé. Ce qu'ayant fait, je me rendis à la maison de ville où ledit sieur Lunel, premier syndic, ayant lu tout haut ma commission, en finissant, sans prendre avis ni conseil de personne, se prosterna à moi et me dit qu'il me pouvoit assurer, de la part de la communauté, que j'étois le bienvenu et reconnu pour leur gouverneur, que, tant qu'ils auroient de sang dans leurs veines et qu'il y auroit des maisons sur pied à Quérasque, ils seroient toujours fidèles serviteurs de leur prince et obéissants aux ordres de Madame, légitime régente de ses États, mais qu'il ne pouvoit

---

ment du duc de Savoie, maréchal de camp en 1646, lieutenant général et capitaine des gardes du corps de Madame Royale.

1. Le gros du régiment de Marolles devait alors être à Verceil, d'après une lettre de d'Hémery (Bibl. nat., franç. 16060) citée par M. de Noailles dans *le Cardinal de la Valette*, p. 408. Le régiment de Marolles, levé en 1636 par Joachim de Lenoncourt, marquis de Marolles, fut licencié en 1652.

2. C'est-à-dire : *à ne lui délivrer*.

3. C'est-à-dire : *les conseillers*.

répondre que des habitants, et non de M. le comte Vivalde qui avoit sa compagnie dans le château; que, pour ce qui étoit de la garnison, il ne doutoit pas qu'elle ne me reconnût avec joie; et, après les révérences de tout le conseil, je répondis en peu de mots que Madame Royale avoit toute confiance en leur fidélité, [que] je ne manquerois pas à faire valoir les bons services qu'ils rendoient à Son Altesse en ce rencontre, et qu'ils se pouvoient assurer que je les servirois en tous autres; et, m'adressant au premier syndic, je lui dis que la première chose que je désirois d'eux étoit qu'ils ne sortissent point de la chambre du conseil que je n'y fusse de retour, et le chargeai en son particulier d'y prendre garde.

En sortant, je m'en allai passer au logis de M. de Sénantes, où il m'attendoit avec six officiers, et me dit que celui qu'il avoit envoyé au château avoit rapporté que M. le gouverneur lui avoit dit que j'y serois le bienvenu. On nous laissa donc entrer sans difficulté, M. le comte Vivalde me reçut dans le jeu de paume tout seul. Lorsque M. de Sénantes, avec les autres officiers, se trouvèrent au droit du corps de garde, je lui dis, à l'abord, que Madame se vouloit servir de lui près de sa personne et m'envoyoit pour commander à sa place, et, sans attendre sa réponse, je levai mon chapeau, qui étoit le signal auquel M. de Sénantes et les autres officiers mirent l'épée à la main, et désarmèrent dix ou douze soldats de milice, qui ne se défendirent point, et, en même temps, entrèrent dans le château cinquante mousquetaires qui avoient été commandés pour cela.

Alors M. le comte Vivalde, transporté de colère, me dit que c'étoit un effet de la malice de ses ennemis, et tout ce qui se pouvoit ajouter pour sa justification et sa fidélité au service de Madame Royale. Je lui répondis que, cela étant, il feroit bien de l'aller trouver promptement [pour] faire entendre ses raisons, qu'elle le recevroit fort bien. Il me répondit qu'il ne le pouvoit pour à présent et me prioit trouver bon qu'il demeurât encore quelques jours dans le château, pour donner ordre à ses affaires. Je lui dis qu'il n'y pouvoit pas demeurer plus de deux heures. Là-dessus il me représenta qu'il y avoit sa femme, tous ses meubles et provisions, qu'il ne pouvoit transporter si tôt. Je lui dis que cela se pouvoit faire, tandis qu'il iroit voir Madame, et que cependant Madame sa femme pourroit, en toute sûreté et liberté, prendre tout ce qu'elle avoit dans le château, où elle seroit maîtresse dans son appartement, avec tous ses domestiques, tout de même que s'il y commandoit encore; [que] je me retirerois dans la chambre de la tour pour ne la point incommoder; qu'enfin il auroit sujet de se louer de mon procédé en son endroit, et pour toutes les choses qui le regarderoient et lui pouvoient appartenir; que, hors le service de Son Altesse, je ferois pour le sien tout ce qui me seroit possible. Cela l'ayant ramené, il me dit qu'il désiroit se retirer dans son château de Castelin[1], près de Mondovi, et qu'il craignoit que ses ennemis ne l'allassent attendre par le chemin. Je lui offris cinquante mousquetaires pour l'escorter. Ce qu'ayant accepté, il partit quelque temps après que j'eusse assuré Madame sa femme du respect que l'on auroit pour elle, et de la sorte qu'elle pouvoit disposer

1. Castellino, sur la rive droite du Tanaro, arr. de Mondovi.

de tout ce qui leur appartenoit dans le château. Il fallut avoir passé sur ce que sa colère lui fit dire ce qu'elle voulut contre les ennemis de son mari, et la douleur de son déplaisir.

Pendant qu'elle s'occupa à faire transporter ou vendre ses meubles, denrées et provisions, je m'employai à reconnoître les manquements des fortifications de Quérasque, commencées en plusieurs endroits, et rien d'achevé ni hors de surprise, pour y remédier autant qu'il seroit en mon pouvoir, spécialement aux bastions de Saint-Jacques, de Madame Royale, de Son Altesse et de leurs courtines et côtés.

Ayant donné avis à Madame Royale de la sorte que j'avois été reçu à Quérasque de M. de Saltun-Sénantes, commandant la garnison, et des habitants, et fait sortir M. le comte de Vivalde du château et généralement de toutes choses dépendantes de la place, Son Altesse m'envoya un ingénieur, avec de l'argent, pour y faire travailler. Comme il falloit ménager, je disposai les habitants à me fournir de la fascine, et fis faire des fraises et palissades autant que notre peu d'argent le put permettre, et, à mesure que les ennemis s'approchoient de nous, fermer principalement les brèches, mettre les portes en sûreté par des herses, bascules et cledas[1], et, pour assurer le bac de la rivière de Sture[2], je fis une redoute palissadée, où je mis garde, aussi bien qu'aux deux bacs du Taner.

---

1. Cledas, pour *clèdes*. Clède, qui vient du bas latin *clida*, était un mot employé dans quelques provinces pour claie. La claie, en terme de fortification, était un assemblage de branches d'arbres servant à retenir la terre.

2. La Stura-di-Demonte descend du col de l'Argentière,

Mme la comtesse de Vivalde, ayant envoyé à Castelin ou vendu ce qu'elle avoit dans le château de Quérasque, en quinze jours qu'elle y demeura après le départ de son mari, se retira aussi.

Les divers avis des desseins des ennemis sur Quérasque m'ayant fait redoubler la garde par les habitants et les paysans qui dépendent de ce gouvernement, je leur fis paroître tant de confiance, que je prenois plutôt des Piémontois que des François pour m'accompagner en mes rondes et visites de la garde, dont ils se sentirent obligés et commencèrent à me témoigner beaucoup de volonté, laquelle ils ont continuée tant que j'ai été leur gouverneur.

Après avoir mis ordre au dedans, je pensai aux moyens de couvrir Quérasque au dehors par le moyen des châteaux de Montché[1], chemin des Langues, entre Doyan[2] et Narzole[3], le château de Sainte-Victoire[4] et celui de Polins[5], passage où il y a un bac sur le Taner; ce que Madame Royale ayant approuvé envoya les ordres pour y mettre garnison. Je n'envoyai que deux sergents aux deux premiers, avec chacun quinze hommes, et un capitaine et officiers à Polins, où il en falloit cinquante. Quelque temps après, le comte

passe à Demonte et à Coni et se jette dans le Tanaro à Cherasco. Il ne faut pas la confondre avec la Stura-di-Sanzo, qui se jette dans le Pô, rive gauche, à 4 kilomètres en aval de Turin, ni avec la Stura, torrent du Montferrat, qui se jette dans le Pô, rive droite, en amont de Casal.

1. Monchiero, rive droite du Tanaro, arr. d'Alba.
2. Dogliani, bourg à l'entrée du Montferrat, arr. de Mondovi.
3. Narzole, rive gauche du Tanaro, arr. de Mondovi.
4. Santa-Vittoria-d'Alba, rive gauche du Tanaro, arr. d'Alba.
5. Pollenzo, rive gauche du Tanaro, arr. d'Alba.

de Polins¹ m'ayant prié de le décharger des capitaine et officiers, et ne lui laisser que trente hommes, commandés par deux sergents, j'en obtins ordre de Madame Royale² et commandai aux deux sergents de lui obéir comme à moi-même; ce qu'ils observèrent si ponctuellement qu'il me témoigna bien combien généreusement il se ressentit de cette courtoisie, lorsque M. le prince Thomas de Savoie me vint attaquer, étant allé demander du secours au gouverneur d'Albe pour m'envoyer, et fit si bien que j'en reçus cent hommes après la première attaque; et ne veux pas oublier, qu'en partant de Polins, il dit aux deux sergents qu'ils ne manquassent à se bien défendre, sans craindre que le canon ni les mines des ennemis démolissent son château, qu'il n'avoit rien au monde qu'il ne voulût employer pour le service de son prince.

Jusqu'environ le 15ᵉ juin de ladite année 1639, les villes et châteaux de Murassan³, Cève, Mondovi, Bene⁴, Carru⁵ et Coni tenoient pour Madame Royale. En ce temps-là, je fus avertis que les habitants de Bene avoient fait une conspiration contre le colonel Brunasio, leur gouverneur, qui devoient se saisir du donjon où il se retiroit avec quelques-uns des princi-

---

1. Lorenzo Romagnano, comte de Pollenzo.
2. On trouvera à l'Appendice du troisième volume des lettres adressées par la duchesse de Savoie à Souvigny alors qu'il était gouverneur de Cherasco et, plus tard, quand il fut devenu gouverneur de la citadelle de Turin, y commandant pour le roi de France.
3. Murazzano, bourg du Montferrat, arr. de Mondovi.
4. Bene-Vagienna, bourg du Piémont, arr. de Mondovi.
5. Carru, rive gauche du Tanaro, arr. de Mondovi.

paux de la ville qu'il estimoit lui être fort affectionnés, lesquels avoient promis se saisir de sa personne. J'envoyai M. Saint-Aubin, capitaine au régiment de Marolles, lui en donner avis avec cent hommes pour [s']en servir en cette occasion. Il dit à M. Saint-Aubin[1] qu'il n'en avoit pas besoin, qu'il étoit assuré de la fidélité de ces gens-là et les envoya avec une belle lettre de remerciements pour moi, qui appris, trois jours après, que les bons amis de sa table, qui se réunissoient avec lui dans le donjon, s'en rendirent les maîtres, et, à coups de mousquets, chassèrent la garnison du régiment de Rangon qui étoit dans le bas-fort, dont ils en tuèrent une partie, et les paysans le reste quand ils voulurent se sauver à la campagne. Quant au gouverneur, ils le livrèrent à M. le prince Thomas qui l'envoya au château de Milan, où il demeura près de deux ans prisonnier.

Quelque temps après, nous apprîmes qu'après que M. le prince Maurice de Savoie fut maître du comté de Nice, Coni se révolta et reçut garnison de sa part, et qu'il y établit M. le comte de Vivalde pour gouverneur, que se rendirent aussi à lui le château d'Asseille[2], Mondovi, Ormée[3], Cève, Murassan et Carru, dont furent chassées les garnisons de Madame.

Au mois de juillet de ladite année, Madame Royale mit en dépôt entre les mains du Roi les villes et châ-

---

1. Le texte porte par erreur : *M. de Marolles*.
2. Ciglie, rive droite du Tanaro, arr. de Mondovi, entre Ceva et Carru.
3. Ormea, bourg des montagnes des Alpes-Maritimes, sur le Tanaro et près de sa source, arr. de Mondovi.

teaux de Carmagnole[1], Quérasque et Savillan. Sa Majesté donna le gouvernement de la première à M. le comte du Plessis, à moi de la seconde, et à M. de Roqueservière, [de] Savillan, avec des troupes de Sa Majesté pour les garder. L'on me bailla les régiments de Bonne[2], Montpezat[3] et la Rochette[4], et dix compagnies du régiment d'Urfé, commandées par M. de Joux, que je demandai pour lieutenant de Roi, et le sieur de la Combe, major.

M. le cardinal de la Valette, depuis le départ de M. le prince Thomas de sous Turin, ayant assiégé Chivas qu'il pressoit fort, étoit[5] aux mains contre le secours, quand M. le duc de Longueville[6] y survint heureusement avec son armée, qui ne faisoit que d'arriver

---

1. Carmagnola, bourg du Piémont, rive droite du Pô, arr. de Turin.

2. Levé en 1635 par Alexandre de Bonne de Tallard, il fut licencié en 1643.

3. Le régiment de Montpezat était en réalité le régiment des Galères, levé le 10 juillet 1636 par le cardinal de Richelieu pour la garnison des galères du roi. Le mestre de camp lieutenant en était M. de Montpezat. Il fut donné, le 18 mai 1643, au prince Maurice de Savoie.

4. Le régiment de la Rochette avait été levé cette année-là par M. de Bonne de la Rochette pour tenir garnison à Turin. Il devait être donné le 15 juillet 1641 à M. de Souvigny, dont il prit le nom. Le 11 octobre 1643, il fut incorporé dans le régiment des Galères.

5. Il y a dans le texte : *il étoit*.

6. Henri II d'Orléans, duc de Longueville, comte de Dunois (1595-1663), gouverneur de Marmande, fut envoyé comme plénipotentiaire à Munster, en 1645, et se tourna contre Mazarin pendant la Fronde. Il épousa, en 1642, Anne-Geneviève de Bourbon, sœur du grand Condé.

de France, pour battre les ennemis et prendre Chivas. Ensuite après quoi, ils vinrent prendre Bene et le château de Carru, où je leur envoyai deux pièces de canon et des officiers pour les servir. Pendant ce temps-là, j'écrivis à Madame l'avis, que j'avois eu, du jour que les habitants de Turin avoient promis à MM. les princes de Savoie de leur livrer la ville, et mêmement sa royale personne; et [elle] me fit faire réponse, par M. le comte Philippe d'Aglié[1], que ses avis étoient conformes aux miens et qu'elle y mettoit bon ordre, ayant envoyé quérir quatre régiments françois pour mettre dans Turin. Mais ces troupes, par malice ou par ignorance, furent si mal postées qu'elles se perdirent inutilement, d'autant qu'au lieu de les mettre en dedans, aux places et aux portes de la ville, pour contenir les habitants, on les mit en dehors, comme on fait pour soutenir un siège, de sorte qu'après les prises de Bene et de Carru, [tandis] que Messieurs nos généraux s'étoient avancés avec leurs [troupes] près de Coni pour l'assiéger, M. le prince Thomas exécuta facilement son entreprise, d'autant qu'étant assuré de trouver les portes ouvertes, il y envoya ses troupes tout droit, sans s'arrêter aux coups de mousquets qui lui pouvoient être tirés des

---

1. Le comte Filippo San-Martino d'Aglie, mort à Turin en 1667, était le deuxième fils de Jules-César, premier marquis de San-Germano, et d'Ottavia, fille de Niccolo Olderico, gentilhomme génois. Chevalier de l'ordre suprême, grand-croix des Saints-Maurice-et-Lazare, gentilhomme de la Chambre, surintendant général des finances en deçà et au delà des monts, maréchal de camp général en 1646, il obtint un brevet de maréchal de camp français, en 1642, et fut confirmé dans ce grade en 1643.

pièces du dehors, et, après s'être rendu maître de la ville, il fit prisonnier la plupart des capitaines, officiers et soldats desdites troupes qui ne se pouvoient défendre contre la ville.

Quant à Madame Royale, elle courut grande fortune et ne se seroit pas sauvée sans que Mme la comtesse de Verrue[1] lui alla dire que les ennemis étoient déjà dans la ville, entrés par le bastion, vu qu'elle avoit son carrosse tout prêt pour s'en servir, s'il lui plaisoit se retirer à la citadelle; que, si elle ne le vouloit faire, elle seroit contrainte de l'abandonner pour s'y enfuir. Mme de Savoie ne lui fit point de réponse; elle prit seulement une cassette dessus la table, où étoient la plupart des pierreries de la maison de Savoie qu'elle avoit de plus cher, d'autant qu'elle avoit déjà envoyé ses enfants. Sans savoir, elle dit : « Prenez, en lui présentant la cassette, sauvons-nous; » et trouvant le carrosse de la comtesse de Verrue prêt, à la porte du château, elle se mit dedans et se sauva à la citadelle, non sans grand danger des coups de pierres, qui furent jetées sur l'impériale de son carrosse, en passant par les rues, et des ennemis qui étoient entrés par la porte Castel, qui l'auroient prise, s'ils n'eussent été arrêtés par quelques gentilshommes de Savoie qui combattirent un quart d'heure contre eux[2].

1. Probablement la veuve du comte de Verrue, grand écuyer de la duchesse, mort en 1637. Voy. t. I, p. 315.

2. Cette surprise de Turin est du 1er août. Monglat la raconte de la façon suivante, t. I, p. 249 : « La régente étoit au lit, dans le palais, qui ne se défioit de rien, mais, s'étant éveillée sur le bruit, elle n'eut le loisir que de prendre une

Sitôt que Messieurs les généraux furent avertis de la retraite de Madame Royale, ils lui dépêchèrent M. de Castelan, en toute diligence, pour l'avertir qu'ils marchoient avec toute l'armée pour l'aller secourir. Étant heureusement entrée dans la citadelle, Madame eut une grande consolation de l'espérance du secours. Comme grande princesse qu'elle étoit, elle avoit fort bien pourvu à munir les places frontières de ses États de toutes les choses nécessaires pour les défendre, mais elle ne croyoit pas que le feu de la guerre civile s'allumât si tôt dans le cœur, et n'avoit dans la citadelle qu'une médiocre garnison, beaucoup d'artillerie, fort peu de munitions et de vivres[1]. Messieurs nos généraux, ayant fait camper l'armée près de la citadelle, résolurent avec Madame de faire une tentative pour forcer les ennemis dans la ville et les en chasser. Pour cet effet, les troupes furent commandées de donner à une heure de nuit, ayant quantité de flambeaux à leur tête, à l'exemple de la sortie qu'avoit faite M. d'Éper-

jupe et de se sauver, quasi toute nue, dans la citadelle, au grand regret du prince, qui envoya en diligence au palais pour se saisir de sa personne, mais trop tard. »

1. On voit, d'après Souvigny, que l'opinion de l'armée française, en Italie, sur Madame Royale, ne semble pas conforme au jugement, très sévère et probablement partial, de Richelieu sur cette princesse, ainsi qu'il ressort des *Rapports et notices*, fasc. II, p. 123, 173, 178, 182, 183, 198. Si la duchesse, qui était étrangère en Piémont, fut dans une situation fort difficile en face de la révolte de ses beaux-frères, suivie en partie par la population, elle trouva la sympathie et le fidèle dévouement de bien d'autres, notamment de Français tels que Souvigny et son frère du Fresnay-Belmont qui servirent, l'un et l'autre, auprès d'elle pendant des années, ainsi que nous le verrons par la suite.

non de la citadelle dans la ville de Metz, où il désarma les habitants aux flambeaux, sans trouver de résistance[1]. Il n'en étoit pas de même de Turin, où il y avoit une armée dedans, commandée par un prince adoré du peuple, au lieu que M. d'Épernon n'avoit eu affaire qu'aux bourgeois de Metz, et que les ennemis, ayant abandonné les maisons qui étoient battues par cent pièces de canon de la citadelle, avoient fait des traverses à toutes les rues, à l'épreuve du canon, où ils pourroient battre du côté de la citadelle, et mis plusieurs bataillons aux places, spécialement à la place Royale, près Saint-Charles, et vers la porte Neuve, [et] bien traversé la rue pour aller de l'Esplanade à la porte de Suse, entre la muraille et les maisons de la ville.

D'abord, toutes les troupes donnèrent avec extrême vigueur, mais elles furent bientôt ralenties par la résistance et le feu extraordinaire des ennemis, et par la mort de quantité d'officiers et soldats, entre autres M. le marquis de Nérestang, maréchal de camp, brave et généreux, M. de Navailles, mestre de camp[2], M. le

1. En 1602, le duc d'Épernon étant gouverneur des Trois-Évêchés, les habitants de Metz se mutinèrent contre Saubole, lieutenant de roi, dont ils avaient à se plaindre, et l'assiégèrent dans la citadelle. Il est possible que le fait dont il s'agit se rapporte à cette circonstance. Le roi Henri IV vint, en 1603, à Metz pour trancher le différend, et Saubole fut déplacé. (Girard, *Hist. de la vie du duc d'Espernon*, t. II, p. 93, éd. de 1663.)

2. Jean de Montaut, vicomte de Torel, fils de Philippe de Montaut, baron de Bénac, seigneur de Navailles, et de Judith de Gontaut, était frère cadet de Philippe, qui devint maréchal de Navailles. Voy. *Mémoires du maréchal de Navailles*, p. 6, Paris, 1861.

chevalier d'Alincourt[1], mestre de camp, qui mourut de ses blessures dans la citadelle, où tous les autres blessés étoient aussi retirés. Madame Royale fit bien connoître sa charité en leur endroit par les soins qu'elle prit de les faire nourrir et médicamenter, quoiqu'elle fût extrêmement incommodée, aussi bien que les dames qui étoient auprès d'elle, sans habits ni linge, n'ayant emporté dans la citadelle que ce qu'elle avoit sur elle. M. le prince Thomas lui envoyoit tous les jours des vivres de la ville. Quelques jours s'étant passés, elle se résolut de se retirer en Savoie, comme elle fit.

Après son départ, M. le cardinal de la Valette étant mort[2], l'armée fut commandée par M. le comte d'Harcourt[3], auquel d'abord fut proposée une trêve entre Madame et Messieurs ses beaux-frères; à quoi il

1. Lyon-François, fils de Charles, marquis de Villeroy et d'Alincourt, et de Jacqueline de Harlay, commandeur de Malte, mestre de camp du régiment de Lyonnais.
2. A Rivoli, le 28 septembre. Voy. *le Cardinal de la Valette*, par le vicomte de Noailles, p. 534.
3. « Dans ce même temps, le comte d'Harcourt fut choisi pour commander l'armée d'Italie, et, comme il passa à Grenoble pour y aller, le cardinal de Richelieu lui dit que l'intention de Sa Majesté étoit qu'il ne fît rien qui fût tant soit peu considérable sans le conseil du comte du Plessis, à qui cet honneur donna beaucoup d'inquiétude, aussi le témoigna-t-il au cardinal de Richelieu, lui disant que cette grâce lui attireroit fort la jalousie des autres maréchaux de camp de l'armée, savoir M. de Turenne et M. de la Motte-Houdancourt, qui, ayant beaucoup de mérite, ne pourroient pas souffrir que le comte du Plessis parût avoir plus de crédit qu'eux dans l'armée. » (*Mém. du maréchal du Plessis*, p. 179, coll. Petitot.) Il ne faut toutefois pas oublier que les Mémoires du maréchal du Plessis ne manquent jamais d'attribuer à ce dernier une part prépondérante dans les événements auxquels il prend part.

répondit, en généreux capitaine comme il étoit, qu'il n'avoit pas passé les monts pour traiter la paix, mais pour faire la guerre aux ennemis de Madame Royale, et reprendre les places qu'ils avoient occupées. Néanmoins, quand il fut bien informé qu'il n'y avoit ni vivres ni munitions dans la citadelle, et de la difficulté d'y en mettre que par le moyen d'une trêve, il y consentit. M. le cardinal Mazarin[1], qui en étoit entremetteur, comme nonce de Sa Sainteté auprès de Madame Royale, disposa[2] aussi les Espagnols, leur ayant fait connoître l'avantage qu'ils en tireroient de pouvoir librement achever les travaux commencés à l'Esplanade, pour se défendre contre la citadelle, dans les six semaines que dureroit la trêve. Je ne sais s'ils étoient bien avertis de l'état où étoit la citadelle; mais enfin, la trêve étant conclue et signée de part et d'autre, chacun se fortifia de son côté entre la citadelle et la ville, jusqu'aux lieux dont on étoit convenu, et qui avoient été marqués à cet effet et entre les travailleurs de chacun parti.

L'on voyoit promener ensemble les capitaines, officiers françois et espagnols, et boire à la santé des uns des autres avec autant de civilité que s'ils avoient toujours été bons amis, ce qui dura jusqu'à la rupture de

---

1. Mazarin ne reçut le chapeau de cardinal qu'en 1642. Richelieu le lui obtint pour avoir négocié, en 1640, la réconciliation des princes Thomas et Maurice de Savoie avec la France. Il fut naturalisé Français cette même année 1639. Monglat (t. I, p. 250) dit aussi que « Cafarelli, neveu de Sa Sainteté, négocia si bien de tous côtés qu'il imagina une suspension d'armes dans l'Italie pour deux mois, savoir depuis le 15 d'août jusqu'au 15 octobre ».

2. Il y a dans le texte : *il disposa*.

la trêve, que l'on recommença la guerre. M. de Couvonges, gouverneur de la citadelle[1], s'y acquit beaucoup d'honneur. Après qu'on lui eut baillé ce qui lui étoit nécessaire, il travailla si diligemment à se fortifier du côté de la ville, qu'à la fin du siège ses travaux se trouvèrent plus avancés que ceux des ennemis, contre lesquels il fit jouer plusieurs fourneaux. En ce temps-là M. de Roqueservière[2] fut tué à l'Esplanade, et fort regretté pour son mérite.

Après que M. le comte d'Harcourt eut donné l'ordre nécessaire à la citadelle de Turin, il chercha les moyens de faire subsister l'armée. Pour cet effet, il prit le logement de Chiers, ville abondante en vivres et fourrages, à cinq milles de Turin[3]. M. le prince Thomas et le marquis de Léganès, pour l'affamer et empêcher ses fourrages, fortifièrent plusieurs quartiers à l'entour de lui; mais cela n'empêcha pas d'y subsister tant qu'il y eut des vivres. N'en ayant plus, il en partit et, en étant environ à quatre milles, il rencontra M. le prince Thomas en tête, avec son armée, pendant que le marquis de Léganès attaqua son arrière-garde avec la sienne; la mousqueterie de laquelle incommoda fort notre cavalerie à l'abord; mais M. de Turenne[4], qui la

---

1. M. de Couvonges venait d'être nommé gouverneur en récompense de sa brillante conduite dans les affaires précédentes.
2. Voy. t. I, p. 187.
3. Chieri, bourg à l'entrée de Montferrat, arr. et prov. de Turin.
4. Henri de La Tour d'Auvergne, vicomte de Turenne, fils du duc de Bouillon (1611-1675), alors maréchal de camp, avait servi déjà plusieurs années sous ses oncles Maurice et Henri de Nassau et en Lorraine. Il fut blessé l'année suivante devant

commandoit, la sortit adroitement du détroit, et, ayant pris un champ de bataille plus spacieux, arrêta toute l'armée du marquis de Léganès avec M. le comte du Plessis, pendant que M. le comte d'Harcourt, avec l'avant-garde et la bataille, mit en déroute l'armée de M. le prince Thomas en un lieu qui s'appelle la Route[1], et, en après, poussa si bien l'armée du marquis de Léganès, qu'il fut contraint de faire sa retraite.

Après cette glorieuse action, qui fut le commencement du bonheur des armées du Roi et des avantages remportés sur les ennemis sous sa conduite, l'heure s'approchant, il alla prendre ses quartiers dans le pays qui n'avoit pas été ruiné ; et, après avoir pris Busque[2] le cinquième jour de son siège, toutes les villes et châteaux depuis Saluces, la val de Pô, de Maire[3], Dronero[4], jusqu'auprès de Coni, se rendirent à lui. M. de Champfort, qui commandoit l'artillerie, m'ayant fait ce

---

Turin, reçut le bâton de maréchal en 1643 et remplaça la même année Rantzau à l'armée du Rhin.

1. La Rotta (20 novembre). D'Harcourt « partit le matin (de Chieri) et marcha jusqu'à une prairie, sur le bord d'un ruisseau nommé le Rouge de Santena, où il y a un passage fort difficile appelé la Route ». Voy. dans Monglat (t. I, p. 254) les détails de la bataille de la Route, qui plaça le comte d'Harcourt au rang des meilleurs capitaines de son temps et changea le sort de nos armes en Italie. Voy. aussi sur la bataille de la Route la « Succincte narration des grandes actions du roi » par le cardinal de Richelieu, coll. Petitot, t. XI, 2ᵉ série, p. 334.

2. Busca, bourg du Piémont, sur la Maira, arr. de Coni.

3. La Maira, affluent du Pô, descend du mont Chambeyron, dans les Alpes, et entre dans la plaine du Piémont à Dronero et Busca.

4. Dronero, sur la Maira, arr. de Coni.

discours, ajouta que les murailles de Busque étoient bâties de gros cailloux, qui jetoient de grosses flammes en même temps que les coups de canon y donnoient, et faisoient une grande clarté la nuit.

Pendant que M. le comte d'Harcourt établissoit ses quartiers, je reçus ordre du Roi de désarmer les habitants de Quérasque, à quoi je répondis que je suppliois très humblement Sa Majesté d'avoir agréable de m'envoyer, auparavant, le nombre de gens de guerre pour garder la place, avec les régiments de Bonne et de Montpezat qui y étoient déjà, qui ne faisoient pas sept cents hommes les deux, et il y avoit près de deux mille habitants portant les armes. M. d'Hémery, ambassadeur du Roi, qui m'avoit envoyé ses ordres, auquel je fis entendre mes raisons, me fit une brusque réponse que c'étoit à moi à obéir, qu'il y alloit de ma tête et qu'il ne falloit pas m'imaginer que, dans la rébellion universelle de tout le Piémont, je puisse contenir les habitants de Quérasque dans la fidélité. Je répliquai que je trouvois bien ma justification devant les hommes, en l'obéissance des ordres que j'avois reçus et pouvois faire exécuter, sans aide de personne que de la garnison, qui étoit pour lors à Quérasque, mais que je croirois commettre une grande lâcheté si, par l'appréhension des menaces qu'on me faisoit, j'avois manqué au serment que je dois au Roi, en perdant une place que Sa Majesté m'a fait l'honneur de me confier. J'aimois beaucoup mieux hasarder ma vie, en attendant qu'il plût à Sa Majesté envoyer du renfort.

Là-dessus, M. le comte d'Harcourt et M. d'Hémery, ayant tenu conseil, envoyèrent M. de la Motte-Houdancourt, maréchal de camp, qui a été depuis maréchal de France par son propre mérite. Il vint donc à Quérasque me dire qu'il m'amenoit deux mille hommes de pied et cinq cents chevaux, pour m'aider à désarmer les habitants, et me montra son ordre, signé de M. le comte d'Harcourt. Je lui demandai[1] s'il n'en avoit point un particulier pour me laisser partie de ses troupes. Il dit que non : « Vous pouvez donc les remmener quand il vous plaira, lui dis-je : car je suis assez fort pour désarmer les habitants; mais je n'aurois pas assez de gens pour garder la place sans eux jusqu'à ce qu'il ait plu à M. le comte d'Harcourt de m'en envoyer. Vous êtes homme de guerre, intelligent et fidèle serviteur du Roi; je vous supplie que je vous aie cette obligation de voir l'état de cette place, la garnison et les habitants, et, en après, me donner conseil de ce que vous estimerez que je dois faire. » Il considéra toutes choses fort ponctuellement, et, après qu'il eût tout vu, je lui demandai : « Eh bien! Monsieur, quel est votre avis? » Il me répondit : « Voici mon ordre. » Quand je le voulus presser davantage, il me dit : « Je vous plains. » Je lui dis : « Ce n'est pas tout. Je sais bien que, par le rapport que vous ferez, vous pouvez sauver cette place et m'obliger infiniment en mon particulier, me faisant envoyer environ mille hommes. »

Il me laissa cinquante dragons et, à son retour auprès M. le comte d'Harcourt, l'on m'envoya les régiments d'O'Reilly[2] et de la Rochette et, dès le len-

1. Il y a dans le texte : *je lui en demandai*.
2. Le régiment irlandais d'O'Reilly fut admis à la solde en 1635, servit dans le nord de la France, vint en Italie vers 1639 et fut licencié en 1641. Souvigny écrit *d'Orgueil* pour O'Reilly.

demain, [je] désarmai les habitants, qui, à l'abord, se trouvèrent fort surpris, parce qu'ils avoient bien su de la manière que j'en avois usé, pour m'opposer à leur désarmement, et qu'ils croyoient qu'on ne leur feroit pas cet affront, après tant de marques qu'ils avoient données de leur fidélité ; je dis en général, car il y en avoit quelques-uns avec les ennemis.

Pour ne pas désespérer les habitants et éviter les désordres qui arrivent souventes fois aux désarmements, après avoir mis la garnison en bataille aux lieux nécessaires, j'envoyai quérir les syndics et les principaux de la ville, et leur dis qu'ils savoient bien que j'avois fait mon possible pour empêcher de leur donner ce déplaisir, ayant toute confiance en leur fidélité et l'amitié particulière qu'ils avoient pour moi ; que je les aimois comme mes frères, et que je [le] leur témoignerois même en cette occasion en leur conservant leurs armes, pour les leur remettre quand il sero[it] besoin, ne doutant pas qu'ils ne s'en servent fort bien ; qu'il faudro[it] mettre leur étiquette sur chacune arme et les porter au château, où mon secrétaire les recevro[it] et en fero[it] un inventaire, afin que chacun reconnoisse plus facilement les siennes : « Je vais faire publier par toutes les rues l'ordre de les y porter dans deux heures. Vous avertirez un chacun de n'en point cacher, parce que je serois contraint de faire punir ceux qui contreviendront dans la visite exacte que j'en ferai faire. » Ces Messieurs, m'ayant remercié de la manière que j'usois en leur endroit, se retirèrent, et je cantonnai les quatre régiments pour faire la visite chacun en son quartier, afin qu'ils fussent responsables des désordres, s'il en arrivoit, et qu'à mesure que les sergents avec des soldats feroient la visite, il y eût toujours un officier à la porte du logis, pour savoir de l'hôte ou de l'hôtesse s'ils auroient sujet de s'en plaindre, afin que, sous prétexte de chercher des armes, ils ne prissent pas la liberté de piller leurs maisons.

L'ordre ne fut pas plus tôt publié que l'on vit tous les habitants porter leurs armes au château et, deux heures après, l'on commença la visite en toutes les parties des maisons, depuis le fond des cours jusqu'au haut des greniers, et par tous les couvents et monastères, sans rien réserver que le respect et la révérence que l'on doit aux églises. Pendant ce temps-là, MM. les mestres de camp et commandants étoient à la tête de leurs corps, dont ils détachoient officiers, sergents et soldats pour visiter les maisons, et moi j'allai par tous les quartiers pour faire observer l'ordre, qui fut si exactement observé qu'il n'y eut pas une seule plainte de la part des habitants. Aussi avoient-ils été si obéissants qu'en toute la visite il ne se trouva que dix ou douze fusils et environ quinze paires de pistolets, quelques vieilles piques et hallebardes déferrées, et mousquets sans serpentins. Mais, enfin, quel soin que je pusse prendre pour apaiser leur douleur, ils ne se pouvoient empêcher de la faire paroître et de se plaindre d'avoir été traités en rebelles, eux qui avoient si fidèlement servi, comme il étoit vrai.

Après ce déplaisir, j'en eus un autre en mon particulier de l'arrivée du marquis de Rangon à Quérasque, lequel, avec son train, coûtoit presque tous les jours cent pistoles à la ville. Après que lui et ses troupes eurent ruiné quelques cassines du dehors, je fis en sorte auprès de M. le comte d'Harcourt qu'il se retirât, dont je fus bien aise pour le soulagement de Quérasque, qui m'étoit plus cher que toute autre chose, désirant extrêmement leur conserver l'affection et l'amitié avec la garnison, afin que le Roi en fût mieux servi. Auparavant que j'eusse obtenu du foin pour les chevaux des capitaines et officiers, ils les envoyoient paître en un pâturage de la communauté de Quérasque, à la conjonction de la Sture au Taner; et, comme il [y] en eut quelques-uns de pris, je fis avertir, par tous les villages à l'entour de Quérasque, que, s'il passoit quelques ennemis, bandits ou autres par leurs terres, qui prissent des chevaux de notre garnison, je les ferois payer à leurs communautés et punir ceux qui les auroient recélés. Les premiers et derniers qui contrevinrent furent ceux de la Moure[1] qui, trois jours après, en firent pénitence par le payement de deux cents pistoles qu'ils baillèrent à M. de Bonne, mestre de camp[2], pour quatre mules qui lui avoient été prises. Messieurs du Sénat de Turin envoyèrent des défenses contraires. M. le marquis de Pianesse[3], lieutenant général de l'État de Piémont après que Madame eut passé en Savoie, ayant ouï mes raisons, fit subsister mes ordres pour ce sujet.

1. La Morra, bourg du Montferrat, arr. d'Albe, prov. de Coni.
2. Alexandre de Bonne, seigneur d'Auriac et de la Rochette, vicomte de Tallard, fils d'Étienne de Bonne et de Madeleine Rosset, épousa Marie de Neufville-Villeroy.
3. Emmanuele-Filiberto-Giacinta de Simiane, marquis de Pianezza, conseiller du conseil secret d'État, lieutenant général en Piémont, grand chambellan de Savoie et chevalier de l'ordre suprême.

1640.

Au commencement de l'année 1640, M. O'Reilly, mestre de camp, qui avoit son régiment dans Quérasque, sachant qu'il leur étoit dû quelque chose sur la communauté du marquisat de Nouvello[1], qui avoit été ordonnée du consentement de Madame Royale et de M. le marquis de Pianesse par M. Le Tellier, pour lors intendant de la justice, police et finances de l'armée d'Italie, présentement secrétaire d'État au département de la guerre[2], ledit sieur O'Reilly voulut entreprendre par force de s'en faire payer, contre mon sentiment, parce que je connoissois bien ceux à qui il avoit affaire, qui, en deux heures, peuvent être secourus de deux mille hommes des Langues, et [parce que je] désirois faire venir les syndics du lieu, pour en traiter à l'amiable, ainsi que j'avois toujours fait envers les autres régiments, sans autre intérêt que celui de leur faire donner satisfaction; car, grâces à Dieu, je n'ai jamais profité de contributions. Les ordres étoient expédiés

---

1. Novello, arr. d'Alba, rive droite du Tanaro.
2. Michel Le Tellier (1603-1685), intendant de l'armée en Piémont, secrétaire d'État à la guerre en 1643, devint chancelier en 1677. Voy. dans *Michel Le Tellier et l'organisation de l'armée monarchique*, par Louis André, 1906, le chapitre intitulé : *Michel Le Tellier, intendant à l'armée d'Italie*, p. 45 à 88. On y trouve, p. 49, le texte de la commission d'intendant, délivrée à Le Tellier le 3 septembre 1640, avec l'énumération des pouvoirs attachés à cette charge. Cf. également *Michel Le Tellier, son administration comme intendant d'armée en Piémont*, par Caron, 1880.

sur les extraits des revues des troupes, et je délivrois au commandant de chacun corps les originaux des ordonnances, sans me mêler d'autre chose que de prouver leur payement. Ainsi, ayant les mains nettes, j'agissois hardiment et avec toute l'autorité requise au service du Roi. C'est pourquoi, pour détromper M. O'Reilly par lui-même, quand il me demanda deux cents mousquetaires pour faire obéir ceux de Nouvello, je lui dis que je lui en baillerois quatre cents, et même tout son régiment s'il vouloit, mais qu'il se souvînt que sa personne et son régiment étoient au Roi, et qu'il ne le devoit pas engager mal à propos.

Après m'avoir remercié et fait sortir les quatre cents mousquetaires, il s'achemina comme au triomphe. Tous les officiers de la garnison, mieux informés que lui, faisoient leur possible pour m'empêcher de le laisser aller plus avant, disant qu'il s'alloit perdre; mais il falloit de nécessité qu'il se désabusât, parce que toute la garnison n'avoit pas été satisfaite. Je ne le fis pourtant pas sans prendre une précaution qui lui fut utile. J'envoyai quérir le major de son régiment, auquel je baillai une lettre pour le marquis Alerame[1], premier des marquis de Nouvello, qui est une terre impériale, consistant en cinq ou six paroisses, qui reconnoît pourtant la couronne de Savoie. Ayant fait voir le contenu de ma lettre, je la fermai et dis audit major de [ne] la pas faire voir à M. O'Reilly, et ne s'en point servir qu'alors que M. O'Reilly et lui verroient qu'il

---

1. Aleramo del Carretto, marquis de Novello, était né en 1596.

seroit nécessaire. Après que M. O'Reilly eut passé le Taner au bac de Narzole, et fut mis en bataille au-delà pour marcher droit à Nouvello, il entendit sonner le tocsin aux paroisses des environs, et, en moins de deux heures après, toute la colline [fut] couverte d'hommes armés de fusils, resplendissants comme des miroirs, desquels il se détacha environ trois cents au pied de la colline, et les autres séparés en diverses brigades, paroissant comme par degrés; ce qui l'ayant obligé à faire halte et tenir conseil avec ses officiers, il fut conclu de se retirer; et, comme on trouvoit de la difficulté de repasser le Taner en leur présence, parce qu'il n'y avoit qu'une barque, le major dit à M. O'Reilly qu'il avoit une lettre de ma part, dont il savoit le contenu, pour M. le marquis Alerame, qui commandoit tous ces gens-là; que, s'il trouvoit bon qu'il la lui rendît, il croyoit qu'il leur laisseroit faire leur retraite en toute sûreté; ce qui ayant été approuvé et la lettre rendue, M. le marquis Alerame dit au major qui la portoit qu'il pouvoit bien dire à celui qui commandoit les troupes, qui étoient venues l'attaquer sans sujet, que, sans le respect qu'il portoit à M. le gouverneur de Quérasque et à sa lettre, il[1] n'auroit jamais repassé le Taner; mais, à sa considération, il le pouvoit faire librement sans qu'aucun des siens lui donnât empêchement. Ainsi se retira M. O'Reilly avec plus d'humilité qu'à son départ.

Environ le 15ᵉ janvier que le régiment d'Alincourt fut réformé dans Quérasque et celui de …[2], je gardai la

1. Il y a *qu'il* dans le texte.
2. Le nom est en blanc dans le manuscrit. Il s'agit probable-

plupart des sergents et caporaux, et baillai dix sols aux premiers et huit aux autres, chacun jour, et les faisoit servir avec des pertuisanes et hallebardes pour faire les rondes et patrouilles dans la ville, en attendant les ordres qu'on m'avoit fait espérer pour une compagnie de carabins[1]. J'aimai mieux auparavant faire cette dépense que de perdre l'occasion de conserver de si bons hommes, qui ont dignement servi à pied et à cheval dans la ville et à la campagne.

Environ le 20ᵉ de février de ladite année 1640, M. le comte d'Harcourt fit sortir de Quérasque plusieurs troupes et recrues, spécialement de Sault et de Mercurin[2], et ne me resta que les régiments de Bonne, Montpezat et la Rochette, qui étoient si foibles que j'obtins de M. le comte d'Harcourt qu'il m'enverroit cinq cents hommes auparavant que l'armée entreprît chose considérable[3]. Cependant, la plupart du temps

---

ment du régiment de la Bessière, dont le mestre de camp avait été tué à la Rotta et qui fut licencié à cette époque. Le régiment d'Alincourt, qui avait aussi fait de grandes pertes, fut officiellement incorporé dans le régiment de Lyonnais. Il avait été levé le 31 juillet 1639.

1. Souvigny forma quelques semaines après cette compagnie de carabins.

2. Régiment levé en 1635 par le comte Mercurino.

3. Les régiments servant alors en Italie, et qui, d'après l'État de l'armée, étaient au nombre d'une vingtaine, comptaient vingt compagnies de cinquante hommes. Il n'était plus possible aux capitaines de maintenir leurs compagnies à cent hommes. Pour l'histoire des régiments et pour les ordonnances concernant le commandement et l'administration de l'armée à cette époque, consulter l'*Histoire de l'infanterie en France*, par le lieutenant-colonel Belhomme, fin du premier volume et commencement du second.

que je faisois redoubler les gardes, selon les avis, et travailler diligemment aux réparations, spécialement aux retranchements que je fis faire en dedans la ville, au-dessus du vallon, qui étoit l'endroit le plus foible de la ville, et, pour assurer les corps de garde du dedans, je fis faire bonne palissade autour, afin qu'on ne les pût surprendre, n'épargnant point l'argent pour être ponctuellement averti de l'état des ennemis, et même de ce qui se passoit parmi les familles de la ville, qui avoient de leurs parents et amis avec elles [1].

Environ le 22ᵉ avril de ladite année, M. le comte d'Harcourt [me] commanda à l'avance de l'aller trouver à Poirins [2], où il avoit donné rendez-vous à son armée pour aller au secours de Casal, afin de me bailler les cinq cents hommes que je lui avois demandés, tant à cause de la foiblesse de la garnison de Quérasque que de la mauvaise volonté de la plupart des habitants, qui avoient converti leur bonne volonté en rage et en fureur, depuis qu'ils furent désarmés et que les fortifications, commencées et imparfaites, étoient autant de logements faits pour les ennemis. M. le comte d'Harcourt, m'ayant reçu avec sa bonté ordinaire, bien informé du sujet de mon voyage, me prévint en me disant : « Je veux vous faire voir mon armée. » Je l'accompagnai à la revue générale qu'il fit de tous les bataillons et escadrons, et, ayant considéré qu'il ne pouvoit avoir en tout qu'environ huit mille hommes de pied et quatre

---

1. Il y a *eux* dans le texte. — Pour l'étude des sièges de Cherasco, consulter à la Bibliothèque nationale, cabinet des Estampes, Vb¹⁰, le « Plan de Cherasque en Piedmont, 1649, par Beaulieu », provenant du fonds Gaignières.

2. Poirino, arr. et prov. de Turin.

mille chevaux, je lui dis que l'honneur qu'il m'avoit fait de voir ces troupes m'avoit fermé la bouche, qu'au lieu de ne lui rien demander, j'aurois désiré lui pouvoir bailler partie de notre garnison et l'accompagner en cette belle occasion, ayant ouï dire que les ennemis avoient quatorze mille hommes de pied et huit mille chevaux, bien retranchés dans la circonvallation de Casal. Je lui dis : « Je prie Dieu qu'il bénisse les armes du Roi sous votre heureuse conduite. » Ainsi je pris congé de Son Altesse.

Étant de retour à Quérasque, je départis les postes fixes aux régiments de Bonne, Montpezat et la Rochette, qui pouvoient faire en tout environ huit cents hommes, avec ordre de se relever entre eux, c'est-à-dire qu'il y eût toujours deux escadres sous les armes pendant que la troisième se reposeroit, cent vingt hommes à la place d'armes, avec un capitaine et quatre officiers, faisant incessamment, jour et nuit, des patrouilles par toutes les rues pour empêcher les assemblées. [Je] défendis aux habitants de sortir de leurs maisons après le signal de la retraite et ordonnai que, dès l'entrée de la nuit jusqu'au jour ensuivant, il y eût toujours de la lumière à leurs fenêtres; et, sur l'avis que me donna M. de Vignolles[1], gouverneur de Savillan, que les ennemis avoient assemblé toutes leurs troupes, où ils avoient joint les garnisons de Coni, Cève, Murassan et autres, sous le commandement du comte de Vivalde, — ci-devant gouverneur de Quérasque pour Son Altesse Royale, et à présent de Coni et Cève pour Messieurs

---

1. Jean de Sarreteguy de Vignolles, maréchal de camp en 1651, devint gouverneur de Saint-Jean-Pied-de-Port.

les princes de Savoie, — [le] comte Broglio[1], les marquis de Bagnasco, de la Trinité[2] et de Purpurate[3], le commandeur Balbian, et un colonel allemand qui y avoit son régiment, et que leur marche tenoit en égale jalousie Quérasque et Bène, j'envoyai deux carabins de ma compagnie dans leur armée, avec ordre de faire semblant d'y vouloir prendre parti et de n'en revenir point qu'elle n'eût passé la croisée des deux chemins au deçà de Salmour[4], l'un tendant à Quérasque et l'autre à Bène. L'un desdits carabins étoit françois; mais il parloit aussi bien piémontois que son camarade, qui m'avoit donné sujet d'être assuré de sa fidélité.

Outre ce, j'envoyai presque toute ma compagnie de carabins battre l'estrade[5] sur les avenues. Incontinent après, je reçus lettre par laquelle M. de Sénantes, gouverneur de Bène, me manda qu'ayant depuis trois jours envoyé quatre cents hommes de son régiment à l'armée, il ne lui en restoit qu'environ quatre-vingts pour défendre la ville et le château de Bène; qu'il ne pou-

1. François-Marie Broglio, comte de Revel, en Piémont, marquis de Sénonches, fils d'Amédée Broglio et d'Angélique Tana, suivit partout le prince Maurice de Savoie. En 1645, il passa au service de la France, devint lieutenant général, gouverneur de la Bassée, et fut tué d'un coup de mousquet au siège de Valence en 1656.
2. Feriolo Costa, marquis de la Trinita. (*Claretta*, I, 486 et *passim*.)
3. On trouve à cette époque le capitaine Antonio Porporati di Sampeyre gouverneur de Villeneuve-d'Asti. (*Claretta*, I, 517, et II, 440.)
4. Salmour, rive droite de la Stura, arr. de Mondovi.
5. Battre l'estrade est un terme de guerre qui signifie éclairer en avant de l'armée en parcourant les routes. L'expression vient de l'italien *strada*, route.

voit agir, n'étant pas guéri de sa grande blessure, et alloit se faire porter à la place d'armes pour mourir l'épée à la main, en attendant le secours qu'il me prioit de lui envoyer de cent hommes, avec des instantes prières. Sur quoi ayant fait réflexion, je me résolus de lui envoyer quarante mousquetaires et dix carabins, croyant qu'avec cela et ce qu'il avoit, s'il étoit contraint d'abandonner la ville, il pouvoit au moins conserver le château, et que la privation de cinquante hommes de plus ou de moins n'étoit pas considérable à l'égard d'une grande ville comme Quérasque, et que ce seroit un grand service à Son Altesse Royale d'empêcher la prise de Bène. Ainsi, le temps ne permettant pas d'en avoir ordre exprès, je les y envoyai promptement. Je ne sais si les ennemis les reconnurent, passant près d'eux, la nuit même du 5ᵉ mai 1640[1], qui fut à peu près le temps que M. le comte d'Harcourt força le retranchement des Espagnols à Casal.

Lesdites troupes de Messieurs les princes de Savoie ayant laissé le chemin de Bène à la droite et marché environ un mille par celui de Quérasque, lesdits deux carabins[2] tentèrent de passer à cheval pour m'en venir avertir; mais, ne l'ayant pu faire, ils abandonnèrent leurs chevaux et se jetèrent à travers des broussailles, le long de la rivière de Sture, et n'arrivèrent à Quérasque qu'au point du jour. Nous avions été sous les armes, comme les six jours précédents, depuis deux

---

1. *Attaque de Quérasque du 5ᵉ may 1640* : note marginale du manuscrit.
2. Ci-dessus, p. 34.

heures devant jour jusqu'à soleil levant. Cet avis pourtant ne sembloit pas véritable, parce que les ennemis ne parurent et ne commencèrent leurs attaques qu'il ne fût trois quarts d'heure de jour. Ils donnèrent toutefois assez vigoureusement, spécialement aux bastions de Madame, de Saint-Jacques, de Son Altesse Royale, à la fausse porte du Château, à l'Esplanade, à la porte Cervère[1] et au vallon, et, comme les gardes de M. le prince Maurice s'étoient déjà rendus maîtres du bastion de Madame Royale, j'y courus avec la moitié du corps de réserve, commandé par le chevalier de Montpezat[2], et trouvai les sieurs Baron, major du régiment d'Aiguebonne[3], et la Palus, lieutenant, et un brigadier de ma compagnie, qui défendoient vaillamment la courtine proche dudit bastion. Les ayant joints, nous les en chassâmes après quelques combats et secourûmes facilement les bastions de Saint-Jacques et de Son Altesse Royale, attaqués par les Allemands. Les tentatives qu'ils avoient faites partout ailleurs ne leur ayant pas mieux réussi, [ils] commencèrent à se retirer, ayant fait une perte considérable. Ma compagnie de carabins escarmoucha avec eux environ une heure, à leur retraite, lorsqu'ils prirent le chemin de Salmour. Pendant l'at-

1. Le bourg de Cervère est à 10 kilomètres au sud-ouest de Cherasco, sur la Stura.
2. Jean-François de Trémolet de Bucelly, marquis de Montpezat en 1665, lieutenant-colonel du régiment de Calvisson en 1637, mestre de camp en 1638, maréchal de camp en 1646, lieutenant général en 1651, lieutenant général du pays d'Artois en 1665 et en Bas-Languedoc en 1674, mourut en 1677.
3. Levé en 1628 par Antoine-Rostaing d'Urre, marquis d'Aiguebonne, il fut licencié en 1658.

taque, les habitants observèrent ponctuellement la défense qui leur avoit été faite. Nous n'avons perdu en cette occasion que ledit sieur de la Palus, Lapierre, lieutenant au régiment de la Rochette, dix ou douze soldats et environ vingt-cinq blessés[1].

Le[2] jour de la Fête-Dieu de ladite année, un mauvais prêtre, qui s'appeloit Fabio, se voulant venger d'un nommé Travail et l'assassiner à la procession générale du Saint-Sacrement, s'en alla au corps de garde de la place, qui avoit pris les armes, dire à M. de Retordier, capitaine au régiment de Bonne, qui y commandoit, que, sous prétexte de cette procession, les habitants devoient couper la gorge à la garnison et commencer par son corps de garde, que le temps ne permettoit pas de m'en avertir, parce que les premiers étoient déjà au droit du corps de garde, qu'il les falloit prévenir, qu'il les chargeroit le premier et chargeroit l'au-

1. Voy., à l'Appendice du troisième volume, la lettre de compliments adressée le 16 mai 1640 par la duchesse de Savoie à Souvigny à l'occasion de la défense de Quérasque, et la lettre du 25 mai pour lui en recommander les habitants.

2. Il y a ici dans le manuscrit un renvoi à la marge, développé plus loin (voy. p. 43), où on lit la note suivante, qui a été effacée : « Si j'eus quelque joie de cet heureux succès, elle fut incontinent après changée en affliction par la nouvelle de la mort de M. de Beauregard, mon très cher et honoré oncle, auquel j'avois toutes les obligations qu'on pût dire, étant décédé à sa maison, à la Bresle, le jour de Saint-Médard, 8ᵉ juin 1640, avec une fin digne de sa chrétienneté, s'étant jeté de son lit à terre tout seul pour aller recevoir le Saint-Sacrement à la porte de sa chambre; après quoi, les forces lui ayant entièrement manqué, il rendit l'esprit à Dieu, comme on le reportoit sur son lit, ayant été également pieux et vaillant. »

teur de cette action. Tout autre qu'il eût été que ledit sieur de Retordier ne se seroit pas si légèrement comporté sur un semblable rapport, comme il fit en faisant marcher toute la garde du côté de la procession, pour soutenir le prêtre Fabio, ce disoit-il. Par bonne fortune, j'arrivois lorsqu'il avoit déjà baillé des coups d'épée à Travail, et l'auroit achevé sans moi qui le fis prendre et mettre en prison au château, retirer la garde et laisser finir la procession[1].

En ce temps-là, j'eus divers avis que quelques particuliers de Quérasque conspiroient contre la garnison, ce qui fut cause qu'ayant fait prendre un paysan de delà le Taner, qui avoit assassiné un soldat françois et que l'on disoit avoir tué son oncle, son tuteur, sa femme et sa putain, et autres assassin[at]s, je m'imaginai que les mal intentionnés pourroient bien se servir d'un tel instrument, s'il étoit vrai qu'ils eussent attenté contre la garnison, et lui fis dire que, s'il confessoit la vérité, je[2] ferois en sorte, auprès de Madame Royale, de lui faire donner la vie. Ce malheureux n'en dit que trop pour embarrasser la plupart des principales familles de Quérasque, et, quoique je fusse bien assuré qu'il en avoit faussement accusé plusieurs, je ne laissai pas de les faire mettre tous en prison dans le château, pour satisfaire au dû de ma charge, en attendant le grand prévôt de l'armée et un sénateur de Turin pour faire leur procès, en ayant écrit à M. le comte d'Harcourt et à M. le marquis de Pianesse, qui

---

1. Ce prêtre, nommé Fabio Grimaldo, fut mandé auprès de la duchesse de Savoie à la date du 12 juin pour rendre compte de sa conduite. Voy. Appendice, 3e vol.
2. Il y a dans le texte : *que je*.

me firent la faveur d'envoyer l'un et l'autre. Ce perfide souffrit tous les tourments que les juges purent inventer, sans confesser son crime ni se désister des fausses accusations qu'il avoit faites contre les prisonniers, jusqu'à ce qu'il fût conduit au supplice. Alors, voyant qu'il n'avoit plus d'espérance de vie, il déclara les meurtres qu'il avoit commis et la malice d'avoir accusé les innocents, en suite de quoi il fut exécuté.

Cela fut exemplaire pour le côté des Langues. Il n'en étoit pas de besoin pour le finage[1] de Quérasque; car, aussitôt qu'il arrivoit des gens de notre armée, ils étoient en sûreté. Aussi j'ai une obligation toute particulière à M. le comte d'Harcourt, et à ceux qui commandoient les troupes par ses ordres, des soins qu'ils prenoient à le conserver, spécialement à M. de Marsin[2], dont le régiment de cavalerie y passoit fort souvent. Je ne manquai de mon côté d'y contribuer ce qui pouvoit dépendre de moi, ce qui m'acquit de l'estime et de l'amitié des citadins de Quérasque et des paysans de la campagne, qui sauvèrent plusieurs officiers et soldats, notamment M. de Saint-Miac, capitaine en mon régiment[3], qu'un nommé la Grande-

1. Finage est une expression française qui signifie l'étendue du territoire d'une commune.
2. Jean-Gaspard-Ferdinand de Marsin devint gouverneur de Bellegarde et de Tortose, lieutenant général en Catalogne, en 1649-1651, gouverneur de Stenay, passa, en 1653, au service de l'Espagne et mourut en 1673.
3. Le régiment de la Rochette ne fut donné officiellement à Souvigny, pour devenir régiment de Souvigny, que le 15 juillet 1641. Souvigny ne possédait en propre, en 1640, outre son emploi de major au régiment d'Auvergne, que sa compagnie de carabins de Quérasque.

Barbe, du village de la Fresca, empêcha d'être tué par des bandits.

Après la glorieuse victoire que M. le comte d'Harcourt remporta sur les ennemis, au secours de Casal, dont on ne sauroit assez dignement louer la valeur[1], il se résolut de marcher du côté de Turin, dont le pays n'étoit point ruiné, tant pour rafraîchir son armée que pour se prévaloir de l'occasion de l'assiéger, s'il y avoit apparence de l'entreprendre auparavant que les ennemis pussent mettre la leur[2] ensemble, après leur déroute de devant Casal; ce qui lui réussit si heureusement qu'ayant détaché M. le comte du Plessis, maréchal de camp, avec dix-huit cents hommes de pied et cinq cents chevaux pour se saisir du faubourg du Pô, il s'en rendit facilement maître et fit une traverse à la grande rue, environ à la moitié du faubourg, sur la hauteur, de sorte que ses troupes furent à couvert de la ville[3].

---

1. Les Espagnols qui, malgré leur défaite de la Route, s'étaient fortifiés pendant l'hiver en Piémont, songèrent au printemps à profiter de nouveau du mauvais état des affaires de la duchesse de Savoie et à s'emparer de Casal, qu'ils assiégèrent au mois d'avril. Le comte d'Harcourt rassembla en hâte une petite armée, à Pignerol, et se porta au secours de Casal avec les maréchaux de camp Turenne, du Plessis-Praslin, La Motte-Houdancourt, et les Piémontais, marquis de Ville et de Pianezza. La victoire fut enlevée avec un entrain extraordinaire, « mais les François, qui n'avoient que sept mille hommes, y allèrent si gaiement que, quoi qu'ils en attaquassent dix-huit mille, ils ne doutèrent jamais de la victoire ». (*Monglat*, t. I, p. 287.)

2. C'est-à-dire leur armée.

3. Cf. *Mém. du maréchal du Plessis*, p. 182, où sont donnés des détails sur le siège de Turin.

Ce bon commencement fut cause que, dès le lendemain, M. le comte d'Harcourt envoya M. de Turenne, maréchal de camp, avec deux mille hommes de pied, pour forcer le couvent des Capucins à la Madone del Mont, le fort d'au-dessus, et une cassine entre deux que les ennemis tenoient. Mon frère de Champfort y conduisit deux pièces, et les fit tirer si à propos qu'elles rompirent les barricades et retranchements qui étoient au-dessous; en suite de quoi M. de Turenne fit donner la plupart de ce qui se trouva dans ledit couvent, et, la cassine ayant été prise, M. de Turenne fit sommer le commandant du fort, lequel, après plusieurs bravades espagnoles, ne laissa pas de capituler le même jour, si bien qu'en deux jours M. le comte d'Harcourt se saisit de toute la colline, du faubourg et pont du Pô; en suite de quoi il commença sa ligne de circonvallation sur le bord du Pô, environ mille pas au-dessus du Valentin, traversant le chemin de Turin à Moncalier par la Purpurate, où il traversa le grand chemin de Turin à Suse, et de là à la Doire, et de là au Pô. En faisant travailler aux lignes, il écrivit au Roi et à M. le Cardinal l'état des choses, et que, si on lui envoyoit un puissant renfort, il espéroit de prendre Turin, d'autant que nous tenions toujours la citadelle, que les ennemis étoient en désordre et leurs généraux en mauvaise intelligence, parce que le marquis de Léganès s'étoit obstiné au siège de Casal, au lieu de faire celui de la citadelle de Turin, ainsi que désiroit M. le prince Thomas.

Comme il arrive souventes fois par ces différents intérêts des armées confédérées, le marquis de Léganès préféra celui du roi d'Espagne, son maître, parce qu'en prenant la citadelle de Turin il eût fallu la remettre au prince Thomas, et il auroit gardé Casal, s'il l'eût pris, et, par conséquent, tout le Montferrat[1]. Comme on se persuade facilement ce qu'on désire, cette conquête lui parut infaillible, d'autant plus que la garnison de Casal étoit en fort petit nombre, les soldats foibles et exténués, réduits au pain et à l'eau, depuis cinq ou six mois, et qu'ils n'avoient point touché d'argent. Il faisoit son compte que, si on les mettoit aux dehors pour la garde, ils déserteroient en leur baillant à chacun un ducaton[2] et un passeport pour sortir de cette misère; que, si on abandonnoit les dehors, il attaqueroit promptement le corps de la place et s'en rendroit bientôt maître. Mais la politique de M. de la Tour[3] et l'affection des habitants de Casal rendirent son espérance vaine, d'autant qu'il fit donner une pinte de vin et demi-livre de viande par jour à chacun soldat, et autres vivres avec leur pain de munition, de sorte que, cette bonne nourriture les ayant rendus plus forts, il fit des sorties si brusques et hardies qu'ayant rega-

1. Suivent, dans le manuscrit, quelques lignes effacées et, en marge, un renvoi de la main de l'auteur *à une feuille de mesme marque*. Le texte effacé est le suivant : « Cela se passoit environ le 20ᵉ juin 1640, que M. le comte d'Harcourt manda, etc. » Voy. la fin du paragraphe à la page suivante.

2. Le ducaton de Savoie était une monnaie d'argent qui valait à peu près 6 fr. 50 de notre monnaie. Il y avait aussi les ducatons des Pays-Bas et de Toscane qui avaient la même valeur. Le ducaton de Venise valait quelques centimes en moins.

3. Philippe de Torcy, marquis de la Tour, mit sur pied en 1628 un régiment qui fut licencié en 1636. Gouverneur de Casal en 1640, maréchal de camp en 1641, lieutenant général en 1650, gouverneur d'Arras, il mourut en 1652.

gné plusieurs postes que les ennemis avoient pris en dehors, ils furent contraints d'attaquer Casal par les formes, et ainsi M. le comte d'Harcourt eut le loisir de le secourir.

L'on peut dire avec vérité, outre l'inclination des Montferrins envers la France et leur fidélité pour leur prince, qu'ils firent un effort particulier en cette occasion pour l'amour de la Tour, qui n'a pas moins acquis de réputation à Arras, où il ramena si bien l'esprit du peuple du rude traitement qu'ils recevoient auparavant qu'il en fût gouverneur, [et] que l'on pouvoit librement sortir plus de la moitié de la garnison ordinaire, sans craindre aucun soulèvement des habitants, qui s'estimoient heureux de vivre en l'obéissance du Roi, sous la conduite d'un si bon gouverneur. C'est ainsi que Sa Majesté savoit dignement choisir ceux qui étoient capables de commander dans des places.

Environ le 20ᵉ juin 1640, M. le comte d'Harcourt manda à tous les gouverneurs des places que le Roi tenoit en Piémont, de lui envoyer du blé et de la farine. Je lui envoyai cinquante charrettes, chargées de l'un et de l'autre, qui passèrent heureusement dans son camp, dont il fut bien satisfait.

En ce temps-là, j'appris une nouvelle qui modéra grandement la joie que je pouvois avoir de ce qui s'étoit passé à Quérasque et m'affligea extrêmement, ce fut du décès de M. de Beauregard[1], mon très cher et honoré oncle, auquel j'avois toutes les obligations qu'un fils peut avoir d'un bon père, desquelles ne pou-

1. En marge : *Monsieur de Beauregard*.

vant témoigner ma reconnoissance, je ferai un petit crayon de sa vie exemplaire, pour servir de mémoire à mes frères et à mes neveux pour imiter ses vertus.

Je dirai donc que, sur la fin de la guerre civile, M. de Beauregard, mon oncle, servit le Roi avec mon père, son aîné. La paix étant faite en France, il alla au siège d'Ostende[1], aimant mieux servir le roi d'Espagne que les Hollandois, parce qu'il étoit bon catholique, et, après s'être trouvé en plusieurs occasions en Allemagne, il fut à l'entreprise de Genève, laquelle, ayant eu un bon commencement, eut une mauvaise fin, parce que, celui qui la commandoit ayant été blessé, bien avant dans la ville, d'une mousquetade tirée par une fenêtre, étant à la tête des troupes, elles demeurèrent immobiles faute d'un autre commandant pour les faire agir; sur quoi, les habitants, [qui] s'étoient assemblés à la place d'armes, [les] chargèrent, en taillèrent en pièces une partie et contraignirent les autres à se retirer[2]. M. de Beauregard étant de ces derniers, ayant rallié environ cent hommes, se jeta dans une maison environ demi-lieue de la ville, où s'étant défendu deux ou trois heures, il fut incité par de ses amis de notre pays, qui surent qu'il commandoit cette troupe-là, de se

1. Le siège d'Ostende, où se déploya tout l'art de la guerre du temps, dura trois ans (1601-1604), au bout desquels Spinola, commandant l'armée espagnole, s'en empara sur les Hollandais.

2. Après cette entreprise avortée du duc de Savoie (22-23 décembre 1602), les Genevois traitèrent fort durement leurs prisonniers. Voy. *Œconomies royales de Sully*, t. IV, p. 173, coll. Petitot. Le duc de Savoie et les Genevois firent ensemble, le 21 juillet 1603, le traité de Saint-Julien, qui mit fin d'une façon à peu près définitive à leurs différends.

rendre. Il traita à condition que lui et ceux qu'il commandoit seroient traités en prisonniers de guerre. Mais, quand ils furent dans la ville, le conseil de Genève manqua de foi, si bien que, tout ce que purent faire ses amis, ce fut d'obtenir qu'il auroit la vie sauve, et M. Dupré qui étoit avec lui, tous les autres ayant été pendus.

Étant pris prisonnier avec M. Dupré, il fut fort sollicité par les huguenots de ses amis de se faire de leur religion. Il ne leur en ôta pas entièrement l'espérance, tant pour n'en être pas plus maltraité que pour avoir des livres, par le moyen desquels il s'instruisit si bien, en la controverse et en affermissement de sa foi, qu'il leur persuadoit lui-même de se faire catholiques. Il me l'a raconté plusieurs fois que c'est dans cette prison, où il demeura seize mois, que Dieu le voulut attirer à lui par les fortes résolutions qu'il y fit de ne le plus offenser, ayant jusqu'alors vécu dans la licence d'une jeunesse débordée. J'ai remarqué les effets de ce changement de vie, en l'espace de plus de vingt-cinq ans que j'ai demeuré auprès de lui, sans lui avoir jamais ouï jurer le nom de Dieu, quoiqu'il fût fort prompt à se courroucer, n'ayant pu gagner sur son inclination naturelle de réprimer sa colère.

Je sais deux actions admirables de sa continence, que je ne veux pas dire, ne voulant scandaliser personne. Je l'ai toujours vu observer les abstinences et les jeûnes ordonnés par l'Église, parmi les travaux de la guerre, si ses blessures ou maladies ne l'en ont empêché, jamais sorti de son logis sans faire sa prière, de demi-heure pour le moins, ni passé un jour sans entendre la messe toutes les fois qu'il la put ouïr.

Il étoit fort autorisé[1] à ses commandements, penchant du côté de la sévèrité par des paroles souventes fois assez rudes. J'appréhendois toujours que cela ne lui fît quelque mauvaise affaire, parce qu'il y a peu d'officiers qui souffrent volontiers d'être repris avec aigreur. Néanmoins, comme les personnes de jugement connoissoient son intention droite, qu'il n'étoit point intéressé, et que ce qu'il faisoit n'avoit point d'autre fin que le service du Roi et l'honneur du corps qu'il commandoit, il n'en étoit pas moins aimé et promptement obéi. O douce et salutaire prison qui n'ayant retenu le corps que pour la liberté de l'esprit et le faire triompher des vices !

> Vaincre soi-même est la grande victoire :
> Chacun chez soi loge ses ennemis,
> Qui, par l'effort de la raison soumis,
> Ouvre le pas à l'éternelle gloire[2].

Au sortir de la prison, il se mit dans le régiment de Bourg, en l'an 1600, que le Roi, ayant pris Montmélian et presque toute la Savoie, fit échange du marquisat de Saluces avec la Bresse[3]. Quelque temps

1. *Autorisé* pour *autoritaire*.
2. XLVIIe quatrain du sieur de Pybrac. Ces vers et la phrase précédente : « O douce…, etc., » sont en marge du manuscrit avec un renvoi. Les quatrains de Guy du Faur, seigneur de Pybrac (1529-1584), chancelier de la reine de Navarre, furent publiés pour la première fois, en 1574, sous le titre : *Cinquante quatrains, contenant préceptes et enseignements utiles pour la vie de l'homme, composés à l'imitation de Thucydide, Épicharmus et autres poètes grecs*, Paris, 1574, in-4°.
3. La Bresse, le Bugey et le Valromey furent cédés par

après, M. de la Guiche, gouverneur du Lyonnois, Forez et Beaujolois, lui donna le commandement de Pierre-Encise[1]. M. d'Alincourt, ayant été pourvu du gouvernement de ces provinces, voulant mettre une de ses créatures dans Pierre-Encise, en ôta M. de Beauregard qui, en après, fut enseigne de la compagnie de M. de la Poivrière au régiment de Bourg, ensuite lieutenant ; et ayant traité de la compagnie avec M. de la Poivrière, capitaine, il fut capitaine en sa place et fut lieutenant-colonel du même régiment quelque temps après.

Étant en garnison à la Bresle, [il fut] logé chez M. Ponchon, qui avoit effectivement du bien et que l'on croyoit encore plus riche. Il étoit âgé d'environ quatre-vingts ans, avoit un fils et une fille, et sa femme grosse[2]. Ce bonhomme prit une telle affection pour M. de Beauregard qu'il ne pouvoit vivre sans lui et lui dit un jour qu'il auroit une grande consolation, au reste de ses jours, s'il vouloit épouser sa fille, à laquelle il donneroit tout son bien, excepté la simple légitime, qu'il ne pouvoit ôter à son fils, et autant à l'enfant qu'il plairoit à Dieu lui donner de la grossesse de sa femme. M. de Beauregard le remercia de sa bonne volonté, et, quoique je fusse bien jeune, il me communiqua la chose. Il y avoit une grande difficulté, savoir l'inéga-

---

Charles-Emmanuel Ier, duc de Savoie, à Henri IV par le traité de Lyon en 1601. Le régiment du Bourg fit partie des troupes chargées de la conquête de la Savoie, en 1600.

1. Voy. t. I, p. 10.
2. Antoine Ponchon, marchand à l'Arbresle, épousa Françoise Raby, hôtelière à l'enseigne du Dauphin, faubourg Saint-Julien, à l'Arbresle. Le domaine de la Ponchonnière, habité jusqu'au XIXe siècle par la famille Ponchon, aujourd'hui éteinte, se trouve à quelques minutes de l'Arbresle.

lité de l'âge; car la fille n'avoit guère plus de onze ans. Néanmoins, l'affection du père, la considération du bien et l'espérance de bien faire nourrir la fille par sa mère, qui étoit une des plus sages et vertueuses femmes que j'aie connues, ayant entièrement porté M. de Beauregard au mariage à l'épouser, il m'envoya à Lyon en donner avis à M. Payon, lieutenant de l'artillerie, son ami intime, lequel, à l'abord, improuva tout à fait ce mariage pour la même raison de l'inégalité de l'âge et plusieurs autres, qui n'étoient pas moins importantes, me faisant connoître avoir quelque dessein de l'engager ailleurs; et, à ce que j'ai pu remarquer, c'étoit un parti avantageux et une pensée digne de son amitié. Mais, quand je lui eus fait entendre que M. de Beauregard étoit engagé de parole, il changea de discours et ne parla plus que du désir qu'il avoit de le servir en cela, comme en autre chose. En suite de quoi fut signé le contrat de mariage de M. de Beauregard avec Mlle Jacquême, fille de M. Ponchon[1], qui fut mise en pension avec les dames religieuses d'Alix[2] pendant qu'il servoit dans les armées du Roi, où il s'acquit beaucoup de réputation et d'estime particulière de Sa Majesté, spécialement au siège de Saint-Jean-d'Angély, où il fit une action si généreuse que le Roi le voulut voir et l'a toujours aimé du depuis, aux

---

1. Le mariage est du 17 avril 1622. Voy., à l'Appendice du troisième volume, l'acte extrait des anciens registres paroissiaux de l'Arbresle.
2. Alix, cant. d'Anse, arr. de Villefranche, Rhône, à 10 kilomètres au nord de l'Arbresle. Il s'y trouvait un chapitre noble de chanoinesses régulières de l'ordre de Saint-Benoît, dépendant de l'abbaye de Savigny.

sièges de Royan, Négrepelisse, Saint-Antonin, Sommières, Lunel, Montpellier, où il eut une mousquetade au travers du corps, à l'attaque du Pas-de-Suse, siège de la citadelle de Suse, de Pignerol, où il se signala partout.

Étant malade à Pignerol, en l'an 1630, il repassa les monts avec congé, et, s'étant un peu remis, il alla trouver le Roi à Lyon, et, après lui avoir rendu compte de l'état du régiment d'Auvergne, pour lors appelé de la Rochefoucauld, — dont il étoit lieutenant-colonel, et [qui] avoit été tellement affoibli à Pignerol par la contagion que, de quatorze cents hommes que nous avions en entrant, à peine en pouvoit-on en mettre cent cinquante sous les armes, y étant mort aussi vingt-neuf officiers, — le Roi, à la prière de M. de Beauregard, ordonna des recrues pour le régiment, des armes et des habits, et lui donna la disposition de toutes les charges de lieutenant et d'enseigne vacantes. Mais, bien loin d'en faire son profit, il y fit pourvoir ceux que voulurent les capitaines des compagnies où elles vaquoient, sans en garder une pour l'un de mes deux frères qui n'en avoient point. Il fit bien davantage ; car il obtint la compagnie de M. de Moncamp, vacante par cassation, pour le comte de Béreins, son lieutenant, qu'il pouvoit faire avoir à mon frère de Champfort. Quoiqu'il nous aimât bien tous, il préféroit toujours l'intérêt d'autrui au sien.

Nos recrues ayant été mises en quartiers à Romans, Crest, Montélimar et Saint-Marcellin, il y fit observer un tel ordre qu'il n'y eut pas une moindre plainte entre les gens de guerre et les habitants, excepté d'un soldat qu'il fit pendre à Montélimar, pour avoir dérobé en une boutique.

Nos recrues ayant ordre d'aller joindre le corps du régiment à Pignerol, il partit de Montélimar, une des fêtes de Noël de l'année 1630, avec celles qui [y] étoient, pour aller loger à Loriol. Ce jour-là, il faisoit un froid rigoureux. Le vent de bise se leva avec telle fureur que les soldats, auxquels il frappoit le visage, ne pouvoient avancer. Il crut que, cheminant où le sentier étoit élevé, ils seroient plus à l'abri; mais le froid étoit si extrême que le vent de bise enlevoit des gouttes d'eau du Rhône, qui se congeloient en l'air et donnoient si rudement au visage des soldats qu'elles leur faisoient baisser la tête, et fallut les faire serrer les uns aux autres de si près qu'ils se pussent entretenir. Alors M. de Beauregard, qui pouvoit bien s'avancer au quartier, ou envoyer des officiers demander quelque secours de chevaux et charrettes pour faire voiturer ceux qui demeuroient par le chemin, ne[1] voulut jamais quitter la troupe. Ces bonnes gens de Loriol en ayant sauvé plusieurs, il n'y en eut que quinze ou seize de maltraités, dont il en mourut trois ou quatre, et quelques-uns les pieds gelés[2].

Ayant joint nos recrues à notre régiment à Pignerol, M. le maréchal de Villeroy, qui y commandoit en qualité de maréchal de camp, fut bien aise de voir M. de Beauregard qu'il aimoit. Les habitants de Pignerol, qui connoissoient sa politique, n'en eurent pas moins de joie.

1. Il y a dans le texte : *mais il ne*.
2. Cf. p. 253 et 254, t. I, où le même fait est rapporté.

L'an 1635 que nous assiégeâmes Valence, M. de Beauregard, qui y servit d'aide de camp, s'y acquit beaucoup d'honneur. En après il eut commission de commander dans Nice-de-la-Paille, et à toutes les troupes du Roi qui étoient dans les Langues et pays du Montferrat, delà le Taner. Les bonnes relations que le feu Roi eut de ses services, avec l'estime qu'il avoit de longtemps conçue de sa personne, obligèrent Sa Majesté à lui donner une charge de maître d'hôtel de Sa Majesté et de [lui faire] servir un quartier, comme il fit, et [il] se retira avec grande espérance que le Roi lui donnât quelque gouvernement à sa commodité, voyant qu'il étoit fort incommodé de ses blessures. Mais il ne fut pas plus tôt de retour en sa maison que les forces [allèrent] défaillant à mesure que ses maux augmentoient, ce qui le fit résoudre à se défaire de sa charge de lieutenant-colonel, dont il traita avec M. de Toron.

Quelque temps après son traité, le Roi, passant à la Bresle[1], alla loger au Cygne, et la Reine en sa maison. Ne se pouvant soutenir, il se fit porter au logis du Roi, qui lui fit de grandes caresses, comme il avoit fait toutes les autres fois qu'il avoit passé en Lyonnois, afin que l'on sût par toute la province l'estime que Sa Majesté faisoit de sa personne. Il eut même la bonté de vouloir voir son fils, mon cousin, qui ne pouvoit pas avoir pour lors plus de six ans. Cet enfant

1. En septembre-octobre 1639, Louis XIII se rendit à Grenoble, où il eut une entrevue avec sa sœur la duchesse de Savoie. Celle-ci vint l'y visiter depuis Chambéry, où elle s'était réfugiée après sa fuite de Turin. C'est au cours de ce voyage qu'il dut s'arrêter à l'Arbresle.

plut au Roi, parce qu'il étoit bien fait et bien résolu[1]. Sa Majesté ayant favorablement accordé à M. de Beauregard de se défaire de sa charge et d'agréer M. de Toron, il le pria d'avoir agréable que M. le comte de Launay l'en fît souvenir. Sa Majesté lui dit qu'il n'étoit pas nécessaire et qu'il ne l'oublieroit pas, disant cela avec des marques de bonté extrêmes.

Ce fut la dernière fois que M. de Beauregard prit congé de Sa Majesté : car, après son départ de la Bresle, il se trouva encore plus mal, et, prévoyant bien qu'il ne la feroit pas longue, désira que mon frère de Champfort ou mon frère de la Motte se trouvassent auprès de lui à son décès, sachant bien que je n'y pouvois pas être, étant engagé dans Quérasque. Il en eut quelque consolation par la nouvelle que Dieu m'avoit fait la grâce de me bien défendre. Parmi ses douleurs, il ne laissa pas d'aller à Lyon recevoir l'argent que M. de Toron[2] lui donnoit de sa charge de lieutenant-colonel. Il en eut la fièvre et, s'étant fait porter en sa maison à la Bresle, il se disposa, en bon chrétien, à mourir en Dieu comme il avoit vécu. Il fit son testament, par lequel il déclara sa femme son héritière universelle, tant de la baronnie de Belmont[3] que d'autres biens, et, de l'argent

---

1. Un fils de M. de Beauregard, du nom de Camille, d'après les registres paroissiaux de l'Arbresle, naquit le 26 août 1635, ne fut baptisé que le 8 avril 1640 et mourut ledit jour. Il eut pour parrain l'abbé d'Ainay, à Lyon, Camille de Neufville. Un autre fils, âgé d'environ quatre ans, décéda, d'après les mêmes registres, à l'Arbresle, le 3 mars de la même année 1640.

2. On trouve deux familles de Toron en Provence : l'une à Digne et l'autre à Brignoles. Voy. p. 178 et 179, t. I.

3. Belmont, cant. d'Anse, arr. de Villefranche, Rhône. Voy.

qu'il avoit chez M. Bay à Lyon, il ordonna que je m'en paierois de la somme de cinq mille francs qu'il me devoit, et légua le surplus à mon père, auquel je l'ai baillé.

Il témoigna une grande joie d'avoir mis ordre à ses affaires temporelles et, après, ne voulut plus parler que de son salut, disant des paroles de grande édification, et enfin, comme il s'aperçut que les forces lui manquoient, il demanda le viatique. Quelque temps après, il demanda ce que c'étoit d'une clochette qu'il entendoit, et comme on lui répondit : « C'est qu'on vous apporte le Saint-Sacrement, » il étoit alors si foible et immobile qu'il falloit plusieurs personnes pour le remuer, mais, quand il entendit ces paroles, il rassembla toute la puissance de son âme et de son corps et s'écria, en disant : « Comment, mon Dieu, mon maître, me viendra visiter et je n'irai pas au-devant? » Il se jeta en bas de son lit et alla tout seul à la porte de sa chambre, où il reçut le Saint-Sacrement avec une admirable dévotion. En après, ses forces étant entièrement défaillies, l'on eut peine à le reporter sur son lit.

Il rendit l'esprit à Dieu incontinent après[1], le jour Saint-Médard, 8ᵉ juin 1640. Voilà la fin de ce généreux guerrier et fidèle serviteur de Dieu qui, je m'assure, lui aura fait miséricorde. J'ai fondé une grand'messe à perpétuité, en l'église de Saint-Jean de la Bresle, qui se doit dire, avec diacre et sous-diacre, pour le salut de l'âme de feu M. de Beauregard, mon très honoré oncle,

la Seigneurie de Belmont-d'Azergues, en Lyonnais, par l'abbé Pagani, Lyon, 1892.

1. En marge : *Décès de M. de Beauregard.*

qui se doit dire tous les ans, le jour de son décès, ledit jour Saint-Médard, 8ᵉ juin[1], par contrat passé avec le curé de la Bresle, ladite fondation hypothéquée sur un fonds que j'ai acheté audit lieu de la Bresle.

> La piété, la valeur, la grandeur, le courage
> Se sont joints ensemble au sage Beauregard,
> Avec égal pouvoir et semblable avantage
> Qu'elles ont régné au cœur du généreux Bayard.

Feu M. de Beauregard ayant acheté la baronnie de Belmont de M. de la Baume de Bouthéon[2] comme terre substituée[3], il est dit en termes exprès par son contrat d'acquisition qu'en cas que ladite terre soit évincée, il prendra possession de la terre de Veauche[4] qui n'est pas de la substitution, d'autant que M. de la

---

1. Les registres paroissiaux de l'Arbresle donnent la date du 4 : « Le 4 du moys de juin 1640 est décedé noble Pierre de Gaignières de Beauregard, escuier, premier cappitaine au régiment d'Auvergne, maistre d'hostel chez le Roy et baron de Belmont, et a esté enterré en l'église Saint-Jean de Larbrelle. Ainsi le certifie Lepin, curé. » En marge est écrit : « De Beauregard, ætatis suæ 72. »

2. Balthazar d'Hostun, dit de Gadagne, marquis de la Baume d'Hostun, comte de Verdun, baron de Mirabel, Belmont, Charmes et Ruinat, seigneur de Bouthéon, sénéchal de Lyon, épousa Françoise de Tournon en 1613. Il hérita par testament de son grand-père maternel Guillaume de Gadagne, seigneur de Bouthéon, Saint-Bonnet-le-Château, Saint-Galmier, Meys, etc., en Forez. Il testa à Bouthéon le 27 octobre 1640.

3. En terme de jurisprudence, une terre substituée est une terre désignée pour être laissée en héritage à une personne déterminée après le décès de l'héritier actuel. L'héritière actuelle était ici Diane de Gadagne, mère de M. de la Baume.

4. Veauche et Bouthéon sont des villages du cant. de Saint-Galmier, arr. de Montbrison, Loire.

Baume l'a achetée de M. de Saint-André[1], étant si bien à la bienséance de Bouthéon qu'il n'y a que demi-lieue de distance, sur le bord de la rivière de Loire, du même côté que Bouthéon, ce qui fait d'autant plus croire que les héritiers de M. de la Baume ne la voudroient pas changer pour Belmont, qui n'est pas de si bon revenu. L'an 1652, Mme de Beauregard, ma tante[2], vendit ladite terre de Belmont à mon frère du Fresnay-Belmont aux conditions portées par leur contrat[3].

Je devois bien cette digression pour l'honneur que je dois à la mémoire de M. de Beauregard, de la vertu duquel ne pouvant assez dignement écrire, je dirai seulement que je lui suis infiniment obligé.

Et, pour reprendre le discours du siège de Turin, au commencement du mois de juillet M. le maréchal de Villeroy[4] arriva au camp avec quatre mille hommes. Les ennemis, ayant rassemblé leurs troupes, se campèrent sur la colline et furent repoussés des attaques

---

1. Jacques d'Apchon, marquis de Saint-André, gouverneur de Roannais, petit-fils, par son père, de Marguerite d'Albon, sœur du maréchal de Saint-André, épousa, en 1606, Éléonore de Saulx-Tavannes de Lugny.

2. Mme de Beauregard mourut en 1685 à l'Arbresle et fut enterrée en l'église Saint-Jean. A quelques minutes au nord de l'Arbresle se trouvait le fief de Beauregard, dont il ne reste plus, de l'ancienne habitation, que les dépendances.

3. En 1671, Daniel de Gangnières, baron de Belmont, fit hommage pour la terre et baronnie dudit Belmont (*Archives du Rhône*, C 397).

4. Nicolas de Neufville, marquis de Villeroy (1598-1685), que nous avons vu commander à Pignerol, en 1630, comme maréchal de camp, ne reçut en réalité le bâton de maréchal qu'en 1646; il devint duc et pair en 1663.

qu'ils firent au fort, en ayant construit un sur la hauteur de la colline. Ils allèrent à Moncalier, où ayant déjà fait passer le Pô à environ six cents hommes, M. de Turenne y accourut avec la plupart de la cavalerie, et les défit si bien qu'en après ils n'osèrent plus entreprendre ce passage[1], mais bien de passer au-dessous, à la faveur de l'île, où ayant mis vingt pièces de canon, il leur fût facile de mettre pied à terre et se retrancher de l'autre côté, comme ils firent. Ayant mis ce quartier en bonne défense, ils en allèrent établir un à Bénasque[2], poste avantageux sur la rivière de Sangon[3], chemin de Turin à Pignerol, et de là ils fortifièrent le quartier de ...[4], commandé par Charles de La Guatte[5], à un quart de lieue du chemin de Turin à Rivole.

C'est l'état au commencement du siège de Turin, dont je ne sais point les particularités, pour ce que je n'y fus pas, mais seulement ce que j'en ai appris de mon frère de Champfort, qui y commandoit l'artillerie, de ce qui s'y est passé de plus considérable; en quoi M. le comte d'Harcourt a fait d'autant plus connoître sa valeur et sa capacité qu'il avoit à faire à un prince adoré du peuple de Turin, et [à] cinq ou six mille hommes de guerre, avec lesquels il faisoit souvent des

1. Le vicomte de Turenne, blessé, dut se rendre à Pignerol. (*Mém. du maréchal du Plessis*, p. 183.) On peut consulter ces *Mémoires* pour le récit du siège de Turin, dont le maréchal du Plessis fut nommé gouverneur après la capitulation. Cf. également les *Mémoires de Monglat*, t. I, p. 289.
2. Benasco, arr. de Turin.
3. Le Sangone se jette dans le Pô à Moncalieri.
4. Le nom est en blanc dans le manuscrit.
5. Don Carlo della Gatta, général espagnol.

puissantes sorties. Il étoit investi dans son camp par l'armée du marquis de Léganès, composée de quatorze mille ou quinze mille hommes de pied, et de six à sept mille chevaux, si bien que, compris les habitants de Turin, il avoit à combattre trente-quatre ou trente-cinq mille hommes, tant pour garder la circonvallation que la contrevallation de son camp, avec environ quatorze mille hommes de pied et cinq mille chevaux ; aussi demeura-t-il dix-sept ou dix-huit jours qu'il n'y pût rien entrer, quoique les gouverneurs des places du Piémont fissent plusieurs tentatives pour y passer des vivres. Il en falloit prendre des magasins de la citadelle pour nourrir l'armée, et, lui restant encore deux brindes de vin, il les fit donner aux soldats et se réduisit au pain et à l'eau, comme le moindre de son armée, à qui cette nécessité n'abattit pas le cœur, ainsi qu'ils firent paroître à la défense des lignes, gardées par les régiments d'Auvergne et de Nérestang, enfilées de sept pièces de canon que les ennemis avoient mises en batterie, au-dessous de la Cassine de Madame, de l'autre côté du Pô ; [ce] qui empêchoit de former aucun bataillon ni escadron, si bien que, pour défendre la ligne, il falloit attendre que les ennemis l'eussent passée en désordre, et les en chasser à coups de piques et épées. Cette attaque fut d'autant plus opiniâtre qu'elle étoit commandée par le marquis de Léganès, lequel, finalement, fut contraint de se retirer après une grande perte.

M. de la Motte-Houdancourt, maréchal de camp, n'acquit pas moins d'honneur de son côté, quoiqu'il ne pût éviter que la ligne qu'il gardoit ne fût forcée, parce qu'ayant combattu à la tête de toutes les troupes, qui coururent à son secours, d'un courage admirable, il poussa la cavalerie de Don Carlo Gatta, qui commandoit à son attaque, et, l'ayant contraint à se sauver dans la ville, il n'eut plus à faire qu'à l'infanterie, dont il n'échappa aucun de mort ou de prison, quoique plusieurs se défendirent quelque temps dans les redoutes qu'ils avoient gagnées.

La sortie que fit M. le prince Thomas en même temps, du côté du Valentin, quoiqu'avec beaucoup de vigueur, ne lui réussit pas mieux que les attaques du marquis de Léganès et Carlo della Gatta aux lignes, ayant été bien repoussé par notre cavalerie et le régiment d'Auvergne, dont un enseigne défendit si généreusement une redoute, que son nom ne doit pas être oublié, il s'appelle Lestang de Lens[1], de la famille de Lestang de Dauphiné.

A la sortie que M. le prince Thomas fit faire, quelques jours après, au quartier du Parc, où étoit campée la noblesse de Dauphiné, il eut quelque avantage à l'abord, les ayant surpris ; mais il perdit quelques gens en se retirant, spécialement un capitaine, Capon, officier de cavalerie, qui faisoit la retraite, dont le corps fut reconnu parmi les morts par sa servante, qui se disoit sa garce, laquelle déclara ce qu'elle n'avoit pas voulu dire pendant sa vie, que c'étoit[2] une femme qui, depuis

---

1. Jacques de Murat de Lestang, seigneur de Lens, Marcolon, Lentiol, Maras, épousa, en 1606, Laurette de Grôlée. Il en eut quinze enfants, dont plusieurs devinrent officiers, et parmi lesquels se trouve vraisemblablement cet enseigne. L'aîné, Antoine, seigneur de Lens, fut maréchal de camp en 1653. Le marquisat de Lestang fut érigé en sa faveur, en 1643, pour ses longs et grands services. (*Arch. du château de Terrebasse.*)

2. C'est-à-dire : que ce Capon était.

dix à douze ans, s'étoit déguisée en homme pour couvrir la foiblesse de son sexe. Les officiers, qui la croyoient homme, dirent qu'elle avoit fait de fort belles actions dans les troupes, mêmement en des combats particuliers; mais pourtant que, lorsqu'elle se mettoit en colère, elle pleuroit, quoiqu'en après elle témoignât beaucoup de résolution et de grandeur de courage. L'on dit qu'elle étoit chaste et que, hors les factions militaires, [elle] se trouvoit rarement parmi les hommes et se retiroit toujours avec sa servante, qui étoit méchante et la menaçoit de la découvrir, quand elle ne faisoit pas tout ce qu'elle vouloit.

L'on inventa, au siège de Turin, un moyen d'avoir communication d'un camp avec une ville par une invention qui, jusques alors, nous[1] étoit inconnue, y faisant entrer en plein jour des courriers qui bravoient et menaçoient leurs ennemis, en passant, sans qu'on les pût arrêter ni leur faire aucun dommage. S'ils ne rapportoient point de réponse, les assiégés l'envoyoient[2] par d'autres, avec pareille bravoure et facilité. Le courrier étoit une bombe, où l'on mettoit des lettres, et le canon pointé justement à l'endroit convenu, au lieu où elles devoient tomber, où l'on prenoit la bombe, et, ayant ouvert l'avis qu'elle renfermoit, on trouvoit les lettres. Par le même courrier, le marquis de Léganès envoya quelque sel à M. le prince Thomas. Mais cette invention ne peut servir que pour une petite place, et non pour une grande ville comme Turin[3], où il en manquoit

1. Il y a dans le texte : *que, jusques alors, elle nous...*
2. C'est-à-dire : envoyoient la réponse.
3. Monglat raconte (t. I, p. 295) que le marquis de Léganès, commandant l'armée de secours, se servait de bombes,

aussi bien que plusieurs autres choses, ce qui obligea M. le prince Thomas à capituler et se retirer. M. le comte d'Harcourt, ayant ainsi pris Turin, Madame y vint bientôt après avec les princes et princesses ses enfants. Je me trouvai à son triomphe[1] par ordre de M. le comte d'Harcourt, qui me commanda le lendemain d'aller à Casal, conférer et résoudre avec M. de la Tour l'entreprise de Trin, qui fut tentée, l'année d'après, inutilement; je n'en sais pas la raison.

Je fus bien aise de trouver mon frère du Fresnay-Belmont à Casal, d'apprendre de M. de la Tour de la manière qu'il y avoit fait servir l'artillerie, qu'il commandoit pendant le siège, et s'étoit acquis de l'honneur, faisant sa charge de capitaine et major au régiment de Courcelles[2] à la sortie que fit faire M. de la Tour, en même temps que M. le comte d'Harcourt attaqua et força les lignes des ennemis.

Ayant pris congé de M. de la Tour et de mon frère,

---

tirées par des mortiers, pour envoyer des vivres et des rafraîchissements aux assiégés, par-dessus la ligne des assiégeants, et qu'un Espagnol adressa ainsi à sa maîtresse une bombe, chargée de cailles grasses, avec un billet dedans.

1. La capitulation fut signée, le 24 septembre, par le prince Thomas, qui se retira à Ivrée. « La duchesse, revenue de Chambéry, fit à Turin une entrée triomphale le 20 novembre. Ainsi, le comte d'Harcourt couronna la fin de cette campagne par la prise de Turin, qu'il avait si glorieusement commencée par le secours de Casal, l'une et l'autre contre toute apparence. » (*Monglat*, t. I, p. 296.)

2. Le régiment de Courcelles, levé en 1637 par Louis-Charles de Champlais, baron de Courcelles, qui fut nommé maréchal de camp en 1639, assista, en Italie, aux affaires de Verceil, Cengio, Casal, la Route; mais, ayant reçu l'ordre, en 1642, d'aller en Allemagne, il déserta et fut cassé en 1643.

je partis de Casal pour m'en retourner avec MM. de la Cassagne, de Florimond et quelques autres officiers. Nous pouvions avoir en tout vingt-cinq ou trente chevaux, quand nous rencontrâmes entre Gas[1] et Turin, environ deux heures devant jour, que la nuit étoit fort obscure, un parti des garnisons d'Ast, Villeneuve-d'Ast et Verrue, qui emmenoit environ cent charrettes de vin que l'on menoit à Turin. Le grand bruit que nous fîmes en allant à eux et l'obscurité de la nuit leur ôtant la connoissance de notre petit nombre, ils abandonnèrent leurs prises pour se sauver, et nous fîmes payer à ceux qui étoient [restés] le vin, [et] un cheval qui avoit été pris, en ce rencontre, à un capitaine du régiment d'Huxelles[2].

Ayant rendu compte à M. le comte d'Harcourt de mon voyage de Casal, je m'en retournai à Quérasque, où je trouvai tout en bon état.

Le 25e décembre de ladite année 1640, je reçus ordre de M. le comte d'Harcourt de l'aller trouver à Turin pour chose importante qu'il ne me pouvoit écrire. Étant arrivé auprès de M. le comte d'Harcourt, il me dit que c'étoit pour arrêter de la part du Roi M. le comte Philippe d'Aglié, premier ministre d'État de Madame Royale, que la chose devoit être exécutée dans trois ou quatre jours. Je répondis que je tenois à grand honneur d'être employé pour le service du Roi, en quoi ce soit, et que je ferois toujours aveuglément toutes les choses qu'il me commanderoit à son particulier.

1. Gassino, rive droite du Pô, arr. de Turin.
2. Le régiment d'Huxelles, levé, en 1634, par Louis-Chalon du Blé, marquis d'Huxelles, devint le 41e régiment d'infanterie à la Révolution.

Je confesse pourtant [que], si c'eût été à moi à choisir, je n'aurois pas pris cette commission, parce que je savois fort bien le déplaisir qu'en auroit Madame, à laquelle j'avois l'obligation de m'avoir demandé pour gouverneur de Quérasque, et, de plus, que M. le comte Philippe étoit fort de mes amis. Néanmoins, je ne balançai point à me résoudre à l'exécuter, préférant l'obéissance et la fidélité que je dois, à mes intérêts particuliers. Mon frère de Champfort, avec qui je couchois deux ou trois nuits, après avoir reçu ces ordres, s'étant aperçu que je ne dormois point et ne faisois que soupirer, m'en ayant demandé la cause, je la lui dis franchement, étant bien assuré de sa fermeté, et m'en trouvai fort soulagé. Nous arrêtâmes ensemble que j'aurois avec moi mon frère du Fresnay, de retour de Casal, deux capitaines de mon régiment, mon cornette[1], mon maréchal des logis et M. de la Forest[2], qui a été, depuis, capitaine au régiment de Lorraine, demeurant pour lors avec moi.

Le dimanche, dernier jour de l'année 1640, que toute la cour se préparoit pour danser un grand ballet, M. le comte Philippe d'Aglié étant allé souper avec M. de Montpezat chez le président Zaffaron[3], — M. le comte d'Harcourt m'ayant donné mes ordres, avec M. d'Argencourt[4], aide de camp, pour m'accompagner,

1. Le cornette de sa compagnie de carabins.
2. Il s'agit peut-être là de Balthazar de Charpin, comte de la Forest-des-Halles, qui devint cousin de Souvigny par alliance et dont il est question à l'année 1648.
3. Giovanni-Pietro Zaffarone, chevalier, fut syndic de Turin (1642-1643) et lieutenant de police de la même ville (1644-1646).
4. Il pouvait être fils ou parent de Pierre de Conty d'Argencourt, alors maréchal de camp. Voy. t. I, p. 112, note 4.

et M. le comte du Plessis sa compagnie des chevau-légers pour me faire escorte, que je laissai à la porte, — j'entrai dans le logis avec ledit sieur d'Argencourt, mon frère et les autres que j'ai nommés[1]. Je trouvai M. le comte d'Aglié entre le marquis de Lullin[2] et le comte de Polonguières[3]. Je lui dis que j'avois un mot à lui dire en particulier. En même temps M. d'Argencourt et mon frère entrèrent dans la chambre. Je lui dis que j'avois bien du déplaisir d'avoir ordre du Roi de l'arrêter, que je ne pouvois faire du moins, qu'il ne branlât pas, que j'étois en état de le faire par force, s'il ne le vouloit de bonne volonté, et, comme il voulut dire qu'il n'étoit pas sujet du Roi, [qu']il ne devoit pas obéir, et intéressoit ces messieurs à le défendre, je lui fis voir ceux qui m'avoient suivi, en leur disant en peu de mots ce que je devois, et, à M. d'Aglié, de descendre promptement, que j'avois un carrosse tout près pour lui. Il me demanda où je le voulois conduire. Je lui répondis, en le pressant, que je [le] lui dirois à loisir. Étant descendu du logis, je me mis auprès de lui au fond du carrosse et M. d'Argencourt, et mon frère

1. Le Père Griffet (*Hist. de Louis XIII*) dit à tort que d'Aglié fut arrêté chez le comte du Plessis-Praslin. Claretta prétend que ce fut chez M. de Montpezat, mestre de camp (*Storia della Reggenza di Cristina di Francia*), et donne un récit détaillé de l'arrestation.
2. Albert-Eugène de Genève, dernier représentant d'une branche bâtarde des comtes de Genève, marquis de Lullin et de Pancalieri, baron de la Bâtie, chevalier de l'Annonciade en 1638, mourut en 1663.
3. Costa di Polonghera, premier écuyer de la duchesse de Savoie (*Claretta*, III, 282).

avec quatre autres sur le devant et aux portières, la moitié de la compagnie de M. le maréchal du Plessis devant le carrosse, et l'autre moitié derrière.

Il fut environ dix heures du soir quand nous arrivâmes dans la citadelle, à la porte du secours de laquelle je devois trouver le baron des Prez[1], avec trois cents chevaux, pour m'escorter à Pignerol. En attendant qu'il arrivât, [nous] nous allâmes chauffer chez M. le gouverneur de la citadelle[2], faisant un froid extrême, dont M. le comte Philippe étoit d'autant plus incommodé qu'il n'avoit qu'un habit de ballet fort léger. Pendant que je fis chercher quelque casaque pour le tenir plus chaudement, il demanda permission d'écrire à Madame. Je lui dis que je le voulois bien, mais que j'enverrois sa lettre à M. le comte d'Harcourt toute ouverte. Il la fit fort belle, en peu de mots, commençant en ces termes : « Le dernier jour de l'année 1640 et le premier de mes disgrâces, j'ai été arrêté par M. de Souvigny et conduit à la citadelle où je suis, » et témoignant beaucoup de constance en cet accident, d'espérance en la protection de Madame et en sa fidélité. Ayant envoyé sa lettre à M. le comte d'Harcourt, M. le cardinal Mazarin[3] me fit tenir deux cents pistoles de la part du Roi pour mon voyage, et, aussitôt que le baron des Prez parut avec

---

1. Pierre-Emmanuel de Noblet, baron des Prez, fils de Claude et de Claudine de Rébé, fut mestre de camp du régiment d'Auvergne du 1er mars 1647 à 1650.

2. M. de Couvonges, voy. plus haut, p. 3.

3. Mazarin, qui n'était pas encore cardinal, était pour lors employé en Italie par Richelieu à différentes missions, notamment à négocier avec les princes de Savoie en vue de les ramener dans le parti de France.

l'escorte, nous sortîmes de la citadelle et montâmes à cheval pour Pignerol. J'en baillai un[1] à M. le comte Philippe, qui avoit les jambes fidèles et alloit fort bien le pas, sans se précipiter à la course. Je le mis entre mon frère et moi, et mes officiers devant et derrière, M. des Prez ayant aussi mis notre escorte en bon ordre. Je lui laissai son épée et ses éperons, parce que M. le comte d'Harcourt, à qui je demandai une instruction de ce que j'aurois à faire, ne m'en voulut jamais donner. Il remettoit tout à ma bonne conduite, ce qui fut cause qu'après les précautions nécessaires à ma sûreté, je lui fis toutes les courtoisies qu'il m'étoit possible, de sorte qu'il ne paroissoit point être prisonnier[2].

1641.

M. de Maleissye[3], gouverneur de Pignerol, nous

1. C'est-à-dire : Je baillai un cheval.
2. A propos de l'arrestation du comte d'Aglié, Monglat écrit ce qui suit (*Mémoires*, t. I, p. 338) : « Comme les peuples étoient naturellement portés au parti de leurs princes, qui décrioient la conduite de Madame leur belle-sœur, et publioient tout haut la trop grande privauté que le comte d'Aglié avoit avec elle, le Roi et le Cardinal, voyant que les avis qu'ils lui en avoient donnés ne servoient de rien..., firent arrêter le comte Philippe et conduire au château de Vincennes. » Cf. également Richelieu, *Testament politique* ou *Succincte narration... du roi Louis XIII*, t. XI, p. 340, coll. Petitot. Il est aussi fréquemment question de M. d'Aglié dans les *Lettres, instructions... de Richelieu*, éd. Avenel, t. V, p. 877, 904, et VII, 363, 540. Les instructions pour l'arrestation se trouvent dans la lettre au comte d'Harcourt, t. VII, p. 823, les détails sur l'arrestation, p. 840. On y a imprimé à tort *Louvigny* au lieu de *Souvigny*.
3. Henri Martin, marquis de Maleissye, fils d'un gouverneur

ayant fait bonne chère le 2ᵉ [jour] de l'an 1641[1], je pris la route par la vallée de Pragelas et allai loger à Fenestrelle, de là à Briançon, à Embrun, Gap, Corps, Vizille[2]. Je passai à Grenoble, où M. le duc de Lesdiguières[3] me fit donner de ses gardes, et allai loger à Moirans, de là à Artas[4], Lyon, d'où j'écrivis à la Cour le jour précisément que j'arriverois à Briare avec M. le comte d'Aglié, afin d'y recevoir les ordres de ce que j'aurois à faire. M. d'Alincourt me donna de ses gardes pour passer dans son gouvernement, suivant les ordres du Roi. J'en avois des semblables pour tous les gouverneurs des provinces par où je devois passer; mais je ne m'en servis pas, n'en ayant point besoin, parce que mon escorte étoit assez forte. Je louai des chevaux à Lyon pour tous et même pour porter les hardes de M. d'Aglié, et payai tout.

Étant près de la poste de Bel-Air[5] par delà Briare, le courrier que m'envoya M. de Chavigny, secrétaire d'État[6], nous rencontra que nous parlions ensemble, M. d'Aglié et moi, et me demanda si j'étois M. de Sou-

de la Capelle, gouverneur des ville et citadelle de Pignerol en 1633, maréchal de camp en 1637, lieutenant général en 1645, mourut en 1666.

1. *Le 2ᵉ de l'an 1641*, addition autographe.
2. Corps et Vizille, ch.-l. de cant., arr. de Grenoble.
3. Charles de Blanchefort, sire de Créquy, duc de Lesdiguières, époux de Madeleine de Bonne, était gendre du connétable de Lesdiguières, décédé en 1626.
4. Moirans, cant. de Rives, arr. de Saint-Marcellin; Artas, cant. de Saint-Jean-de-Bournay, arr. de Vienne, Isère.
5. Bel-Air, comm. d'Arabloy, cant. de Gien.
6. Léon Bouthillier, comte de Chavigny et de Buzançois, secrétaire d'État et grand trésorier des Ordres du roi (1608-1652), épousa Anne Phélypeaux. Il était fils de Claude Bouthil-

vigny. Je lui dis qu'oui et pourquoi il désiroit savoir, en le tirant à part, m'en doutant bien. Il me dit que c'étoit pour me remettre des ordres du Roi, avec une lettre de M. de Chavigny. J'appris, par l'une et l'autre, que je devois aller, par Fontainebleau, Corbeil, Villeneuve-Saint-Georges[1] et Charenton, conduire le comte Philippe au château de Vincennes[2] et le remettre à celui qui commandoit, lequel en ayant fait avertir, il m'envoya ouvrir la porte du parc du côté de Charenton, par où je me rendis au château, où je lui remis le comte Philippe, et m'en allai trouver M. de Chavigny, qui me présenta à M. le Cardinal, et en après au Roi, qui fut satisfait de ma conduite. Quelques-uns disoient que la cause de la détention de M. le comte Philippe étoit parce qu'il s'étoit opposé, dans le conseil de Madame Royale, de remettre Montmélian au Roi, parce que son frère en étoit gouverneur. D'autres croyoient que c'étoit pour donner satisfaction à Messieurs les princes de Savoie, avec lesquels on avoit commencé un traité qui s'acheva en après.

Quoi qu'il en soit, je fus parfaitement bien reçu du Roi, de Son Éminence et de tous Messieurs les ministres, spécialement de M. de Noyers[3], qui me dit qu'il avoit ordre de me bailler un brevet de pension

---

lier, seigneur de Pont-sur-Seine, secrétaire d'État et surintendant des Finances.

1. Villeneuve-Saint-Georges, cant. de Boissy-Saint-Léger, arr. de Corbeil, Seine-et-Oise.

2. Le château ou plutôt le donjon de Vincennes, depuis Louis XI, n'avait pas cessé d'être prison d'État.

3. François Sublet, sieur de Noyers, baron de Dangu, surintendant des bâtiments, intendant des finances, secrétaire d'État en 1636, mort en 1645.

de deux mille livres, et une ordonnance de les recevoir comptant, comme je fis[1]. Il me bailla aussi dix-sept commissions en blanc, pour dix-sept compagnies de mon régiment, ne m'ayant gardé que trois du régiment de la Rochette que le Roi m'avoit donné, avec les ordres de l'argent et des routes pour aller à Quérasque ; et, parce que je n'étois pas bien assuré que tous les capitaines fissent leurs compagnies si fortes qu'ils étoient obligés, je fis faire quatre recrues à mes dépens pour suppléer au défaut qui pouvoit arriver. Cette précaution ne fut pas inutile, parce que Saint-Vivien, neveu [de] feu M. de la Rochette, qui étoit en assez bonne réputation jusques alors, n'a point paru depuis qu'il reçut l'argent pour lever sa compagnie, et que Lalanne, quoiqu'estimé homme de service parmi les troupes de Son Altesse Royale, où il avoit demeuré longtemps, ne se rendit point à sa compagnie. Il y envoya seulement un lieutenant, avec dix ou douze soldats. Je leur fis bien faire le procès à tous deux ; mais, au lieu de m'attacher à le faire exécuter, je ne pensai qu'au plus pressé pour le service du Roi. Je donnai donc lesdites deux compagnies à MM. d'Hoson et de Gervais, avec les soldats que j'avois levés à mon particulier, et, comme je vis que M. Speaute, de Grenoble, avoit une maladie qui l'empêchoit de pouvoir servir, je le disposai à quitter et baillai sa compagnie à M. de Brunières, que j'avois vu

---

1. On trouve aux Archives nationales (P 2682, Plumitif de la Chambre des comptes, années 1641-1643) : « De Gaignières ; pension de 2,000 livres pour Jean de Gaignières, sieur de Souvigny, aide de camp ès armées du Roy, à prendre à l'Épargne. » Vérifié en la Chambre des comptes le 26 février 1641.

servir dans le régiment de Sault avec honneur et estime. Ce changement me coûta deux cents livres que je baillai de bon cœur.

Ayant été trouvé le Roi à Chantilly, il me demanda exactement ce que je savois du comte Philippe, Sa Majesté disant qu'il me vouloit faire du bien. M. de Cinq-Mars[1] étant survenu là-dessus, Sa Majesté parla plus haut et plus indifféremment, me demanda les particularités de mon voyage et s'il n'étoit pas vrai que le comte Philippe jouoit bien du violon. Je répondis que je l'avois bien remarqué à Tarare[2], où les violons du lieu nous ayant donné des aubades, pendant qu'ils allèrent boire le comte Philippe prit un violon, et Rousseau, valet de chambre de Son Altesse Royale, un autre, les portes fermées. Les joueurs de violon du lieu et plusieurs personnes, qui s'étoient assemblées au bruit, furent étonnées d'entendre si bien jouer : « Eh bien! dit[3] le Roi à M. de Cinq-Mars, ne vous l'ai-je pas dit? » Après cela, M. de Cinq-Mars m'amena dîner avec lui. M. de Vaillac[4] s'y trouva aussi, et un autre. M. de

1. Henri Coiffier, dit Ruzé d'Effiat, marquis de Cinq-Mars, deuxième fils d'Antoine Coiffier, dit Ruzé, marquis d'Effiat, maréchal de France, et de Marie de Fourcy (1620-1642), grand maître de la garde-robe du Roi, grand écuyer de France, fut décapité à Lyon l'année suivante.
2. Tarare, ch.-l. de cant., arr. de Villefranche, Rhône.
3. Il y a dans le texte : *ce dit*.
4. M. de Vaillac, mestre de camp, fut tué au siège de Lérida en 1646. Il peut aussi s'agir ici de son fils Jean-Paul Ricard de Gourdon de Genouillac, comte de Vaillac (1621-1681), mestre de camp à la mort de son père, maréchal de camp en 1650, lieutenant général en 1655, premier écuyer de Monsieur en 1656, chevalier des Ordres du roi, chevalier d'honneur de la duchesse d'Orléans.

Cinq-Mars nous servit tous trois de tout ce qu'il y eut sur la table, excepté d'une langue de chevreau que le Roi lui envoya.

Sa Majesté, m'ayant donné un brevet de maître d'hôtel[1], ne voulut point que je prêtasse le serment entre les mains de M. le comte de Soissons, grand maître de France[2], qui étoit pour lors à Sedan et me donna un autre brevet de dispense de serment, attendu que Sa Majesté me renvoyoit promptement delà les monts.

Je pris congé du Roi, de Son Éminence et de Messieurs les ministres environ le 15° mars, et allai rendre mes devoirs à Monsieur mon père et à Madame ma mère, qui m'en témoignèrent beaucoup de joie, ayant demeuré plus de cinq ans sans l'honneur de les voir. J'ai remis à Monsieur mon père la somme que feu M. de Beauregard, mon oncle, lui avoit léguée par son testament que j'avois retirée de M. Bay[3], de Lyon, avec celle qu'il me devoit qu'il lui avoit baillée à garder, et, après avoir demeuré environ quinze jours avec eux et reçu la bénédiction de mon père, qui fut pour la dernière fois, ils me donnèrent congé de retourner à mon gouvernement; mais ce ne fut pas sans répandre bien des larmes à mon départ. J'eus bien de la peine à m'en

---

1. Voir, à l'Appendice, 3ᵉ volume, les détails sur le service de maître d'hôtel du Roi.
2. Louis de Bourbon, comte de Soissons (1604-1641), fils de Charles de Bourbon, comte de Soissons, et d'Anne, comtesse de Montafié, lieutenant général, conspira avec Cinq-Mars et fut tué au combat de la Marfée, le 6 juillet de la même année, sans avoir été marié.
3. M. Bay pouvait être le père de Louis Bay de Curis, de Lyon, écuyer, secrétaire du roi.

consoler jusques à Lyon, où je reçus l'argent des compagnies de mon régiment et, à Grenoble, les routes de M. le duc de Lesdiguières pour le Dauphiné.

En ce temps-là, j'étois sollicité par une personne de qualité et de mérite que j'honorois bien fort, d'épouser sa nièce, personne de vertu et de beauté. Je l'aurois tenu à grand bonheur si mon inclination m'y avoit porté et que Monsieur mon père, qui me vouloit retirer auprès de lui et avoit en main un parti considérable pour moi, y eût voulu consentir. Cela n'étant pas, je dis ma pensée à M. de la Garde du Mas[1], mon fidèle ami, que je priai de m'en débarrasser le plus civilement qu'il se pourroit faire, m'excusant sur ce que j'étois pressé et n'avois pas le temps d'avoir le consentement de Monsieur mon père. La chose étant faite le [moins] mal qu'il nous fût possible, je ne songeois plus qu'à faire de bonnes troupes et à passer les monts, lorsque M. de la Garde du Mas me dit tant de bien des rares vertus de Mlle Anne du Chol[2], nièce de M. l'archevêque de Vienne[3], qu'il m'engagea à la rechercher. Si les

1. M. de la Garde, dont la seigneurie de la Garde du Mas passa par alliance à la maison de Simiane, était, en 1638, capitaine au régiment d'Auvergne, et avait alors pour enseigne Claude de Trocezard, qui devint beau-frère de Souvigny. Voy. ci-dessous, p. 73.

2. Anne du Chol, baptisée à Longes le 14 août 1622, décédée à Lyon le 6 mars 1659, fille de Claude, seigneur de la Jurary, de la Combe et de la maison forte de Longes, écuyer, et de Louise de Villars.

3. Pierre de Villars, évêque d'Éphèse, archevêque de Vienne (1626-1662), frère de Louise de Villars; voir note suivante. Cf., sur l'origine de la famille de Villars, *Histoire et généalogie de la famille de Villars*, par H. de Terrebasse, manus-

discours de M. de la Garde m'en rendirent amoureux, je le fus bien davantage quand je reconnus qu'il ne l'avoit pas assez dignement louée. Après qu'il eût [fait] agréer ma recherche, par l'avis de Madame sa mère[1], de M. l'archevêque de Vienne et de M. de Villars[2], ses oncles, dans dix ou douze jours notre mariage fut conclu avec notre grande satisfaction et [celle] de toute la famille.

J'ai laissé à M. de la Garde du Mas le soin de faire dresser les articles de notre contrat de mariage, après avoir fait entendre que la personne de ma maîtresse m'étoit plus chère que tous les biens du monde, que je n'avois qu'une chose à leur demander, qui étoit de faire en sorte que notre contrat fût si bien expliqué qu'il n'y eût aucune matière de procès, que je ne voulois rien avoir à faire avec toute la parenté que les servir : « Vous n'aurez rien à craindre pour cela, ce me dit-on, d'autant que la mère, en faveur du mariage, donne ses biens à sa fille, se réservant seulement une pension viagère que tous ses frères et sœurs lui donnent, aussi tous les biens qu'ils peuvent prétendre

---

crite, et l'introduction aux *Mémoires du maréchal de Villars*, publiés par le marquis de Vogüé, ainsi que le Tableau généalogique, t. VI, p. 168 du même ouvrage.

1. Louise de Villars, fille de Claude IV de Villars et de Jeanne de Fay-Virieu, épousa : 1° en 1597, Christophe Harenc, seigneur de la Condamine et de Trocezard, dont elle eut quatre fils et trois filles ; 2° Claude du Chol, fils de Claude et de Gabrielle de la Forest, d'où une fille unique, Anne du Chol, dame de Souvigny.

2. Claude V de Villars, baron de Masclas, frère de Louise de Villars, fut grand-père du maréchal de Villars et mourut en 1662.

de l'hoirie de leur père[1]. » Je ne m'informai pas autrement, sinon que lesdits biens consistoient en la maison de Trocezard[2], rente noble, et neuf domaines en dépendant qui étoient en décret[3], et la maison forte de Longes[4], rentes nobles et domaines en dépendant qui appartenoient à ma maîtresse à son particulier, comme étant de la succession de feu noble Claude du Chol, son père, duquel elle étoit fille unique. Lesdits biens nous ayant été donnés par notre contrat de mariage à condition que je paierois vingt-quatre mille livres des dettes dont ils étoient chargés, M. Melchior Harenc de la Condamine, doyen de l'église de Saint-Pierre de Vienne, et M. Nicolas Harenc de la Condamine, frères utérins de ma maîtresse, fils de feu M. de Trocezard, auquel Mlle Louise de Villars, ma belle-mère, avoit été mariée en premières noces, agréèrent et approuvèrent ladite donation des biens de leur père et la signèrent. M. l'archevêque de Vienne fit pareille donation pour M. Claude de Trocezard, capitaine au régiment d'Auvergne, absent, lesquelles donations ils ont tous du depuis ratifiées. Mondit sieur l'archevêque fit la donation de la mère, sa sœur, en vertu de sa procuration, et de plus donna à ma maîtresse la part et portion de noble Jacques Harenc de la Condamine, aîné des enfants de Trocezard, selon le transport qu'il lui en

1. Christophe Harenc, seigneur de la Condamine et de Trocezard, fils d'André et de Michelle de Fay.
2. Aujourd'hui Trois-Césars, comm. de Marcenod, cant. de Saint-Galmier, arr. de Saint-Étienne, Loire; c'était alors une seigneurie de la paroisse de Saint-Christophe-en-Jarrez.
3. C'est-à-dire : qui étaient hypothéqués et devaient être vendus pour être libérés d'hypothèques.
4. Longes, comm. du cant. de Condrieu, arr. de Lyon.

avoit passé, et lui donna aussi tous les droits qu'avoient les filles de Trocezard[1], auxquelles il avoit baillé de quoi se faire religieuses, de sorte qu'il sembloit qu'il n'y avoit rien à dire.

Mais il n'étoit pas raisonnable que je n'eusse quelque petit déplaisir, pour modérer la paix et le plus grand bonheur qui me pouvoit arriver au monde d'épouser une personne d'un mérite et d'une si rare vertu, dont je ne saurois assez dignement parler. Notre contrat étant signé, je fus averti du dessein des ennemis d'attaquer Quérasque, ce qui m'obligea de faire trouver bon à ma maîtresse et à toute la parenté de différer notre mariage, afin de m'en aller jeter promptement dans Quérasque pour me défendre; ce qui ayant été approuvé de tous, je fis sur moi-même une violence extrême en préférant le service du Roi à mon amour, et, m'étant rendu en diligence à Quérasque, je convertis tous mes soins à mettre la place en bon état et fortifier mon régiment, qui étoit resté seul avec ma compagnie de carabins, M. le comte d'Harcourt en ayant retiré toutes les autres troupes. Il me fit espérer cinq cents hommes de renfort.

Au lieu de me payer de capitaine de carabins de mon quartier d'hiver, qui étoit bien établi en des terres proches de Quérasque, mon lieutenant me présenta une liste de la dépense qu'il avoit faite pour la maintenir[2], n'ayant eu aucune subsistance des quartiers que l'on lui avoit donnés à Monbarquier[3] et à

---

1. Louise, religieuse à Feurs; Antoinette; et Gabrielle, qui épousa Antoine Baronnat, sieur de Soleymieu.
2. C'est-à-dire : maintenir ma compagnie de carabins.
3. Mombarcaro, arr. de Mondovi, prov. de Coni.

Bagliasque[1], dans les Langues, au delà de Mulassan[2], et de Robin[3], qui tenoient pour les ennemis; de sorte qu'au lieu de l'argent qui m'étoit dû, il m'en fallut rendre ce qui avoit été avancé à ma compagnie, et bailler de l'argent pour la faire subsister, parce qu'elle étoit fort bonne, composée des sergents et caporaux qui avoient été réformés à Quérasque. Je crois pourtant que ce fut la faute de mon lieutenant, auquel on auroit maintenu mes quartiers ou donné d'autres, d'autant que M. le cardinal Mazarin, me donnant des ordres particuliers de la Cour pour la détention du comte Philippe, me fit l'honneur de me dire qu'il se vouloit charger de ce que j'aurois à faire en Piémont, auquel je répondis que je n'avois point d'autre affaire que de faire subsister ma compagnie de carabins dans ses quartiers, ce qu'il me promit [de] faire; mais il ne me l'a pas obtenu faute d'avoir été averti.

Lorsque M. le comte d'Harcourt s'achemina pour aller assiéger Coni, il me promit encore cinq cents hommes, quand il en auroit fait la circonvallation, dont mon frère de Champfort, qui y commandoit l'artillerie, l'ayant ressouvenu et instamment supplié, n'en put obtenir autre chose sinon qu'il enverroit le marquis Ville, avec la cavalerie et quelques mousquetaires commandés, au-devant des ennemis qui couvrirent ma place. Effectivement, il m'envoya deux compagnies de carabins, savoir celle de Santus et de Rat.

Le 18 d'août 1644, j'eus plusieurs avis, spécialement

1. Bossolasco, arr. d'Albe.
2. Murazzano, arr. de Mondovi.
3. Roddino, arr. d'Albe.

du parti envoyé à Cérisoles[1], que M. le prince Thomas de Savoie avoit joint son armée et celle de M. le prince Maurice, son frère, à celle du roi d'Espagne, dont il avoit détaché cinq mille cinq cents chevaux et quatre mille mousquetaires, sans canons ni bagages, mais avec quantité d'armes de main, pétards et échelles, haches, pics à roc et autres instruments d'attaque, faisant courre le bruit que c'étoit pour secourir Coni. Sa feinte marche m'auroit pu surprendre si je n'avois bien su qu'il lui étoit impossible de secourir Coni, et [je] fus d'autant plus persuadé qu'il ne pouvoit avoir autre motif que d'attaquer Quérasque, parce qu'il ne pouvoit faire prise plus considérable ni qui lui donnât plus de consolation de la perte de Coni, qu'il n'y avoit nulle apparence qu'il fît aucune tentative sur Albe, Carmagnole, Saviglian et Fossan, dont les garnisons étoient extraordinairement fortes.

Il n'y avoit dans Quérasque que les deux dites compagnies des carabins et la mienne et mon régiment d'infanterie, dont il restoit environ quatre cents hommes sur les armes, le reste étant malade ou en garde dans les châteaux de Montèche, Pollenzo et Sainte-Victoire[2], la place si grande qu'il y falloit dix-huit corps de garde, et en si mauvais état que les fortifications commencées étoient autant de logements à favoriser les attaques des gens de main, les fraises et palissades pourries et le terrain graveleux. Les bastions et courtines s'étant écroulés, les couches de fascines

---

1. Ceresole d'Alba, arr. d'Albe.
2. Monticello, Santa-Vittoria et Pollenzo, villages au nord du Tanaro, entre Cherasco et Albe, arr. d'Albe, prov. de Coni.

étoient autant de degrés pour y monter, et, outre[1] tous ces manquements, il y avoit à craindre du dedans, parce que plusieurs habitants, officiers dans les troupes de M. le prince Thomas, sollicitoient secrètement leurs parents et amis de soulever le peuple contre la garnison de Quérasque, [et de] se rendre maîtres de quelque poste pour le recevoir dans la ville, à l'exemple de plusieurs autres lieux où il avoit été bien reçu.

Ces raisons et plusieurs autres m'ayant fait croire que je n'avois point de temps à perdre, je départis les portes aux dix-neuf compagnies de mon régiment dans la ville et au dehors, la mienne étant dans le château. Je redonnai les armes aux habitants que j'avois désarmés par ordre du Roi, et divisai en quatre compagnies ceux de l'âge depuis quinze ans jusqu'à soixante, et mis à leur tête les sieurs Secondin, Bocca, Fogliaco. Je donnai rendez-vous à la noblesse de la ville au bastion del Garin et, après une belle exhortation de bien servir le Roi, Son Altesse Royale leur prince souverain, Madame Royale, sœur de Sa Majesté, tutrice et régente de l'État, en cette importante occasion où il s'agissoit de la conservation de leurs privilèges, de leurs biens, de leurs vies, de l'honneur de leurs femmes et filles, et qu'ils m'eurent promis de bien faire leur devoir, je les envoyai séparément en divers postes, mêlant partout les habitants avec les gens de guerre.

Je divisai les trois compagnies des carabins en six brigades, savoir deux en dehors, deux à la Place d'armes, dont l'une devoit faire incessamment

---

1. Il y a dans le texte : *et qu'outre*.

patrouille par les rues pour empêcher quelque secrète assemblée, l'autre demeurant ferme à la Place d'armes avec les cent hommes de pied divisés en quatre pelotons, pour secourir où il seroit de besoin. Les deux autres brigades de carabins, avec chacune un trompette, eurent ordre de faire continuellement ronde croisée entre les murailles et les maisons de la ville, — où la distance est si grande que l'on y peut marcher en escadron et mettre pied à terre où les ennemis auroient fait brèche ou [pu] entrer dans la place par escalade, — et se servir des armes de main que je fis mettre à cette intention. Je fis charger toutes les pièces de cartouches à balles de mousquet et pointer, de sorte qu'elles pussent raser et défendre les courtines et faces des bastions.

Je fis couper la grande allée de mûriers, depuis la porte Narsole[1] jusqu'à la chapelle Saint-Jacques, où les ennemis se pouvoient mettre à couvert, et des branches desdits mûriers, qui étoient fortes, je fis faire une haie dans le fossé pour suppléer au défaut des mauvaises palissades, prendre toutes les charrettes qui étoient dans la ville, avec des pièces de bois pour barricader en dedans. A l'Espade[2], dont la muraille en plusieurs lieux est bâtie avec des gros cailloux qui ne font aucune liaison, sans aucun flanc, la tenaille que j'avois commencée devant n'étant pas en bonne défense, je ne mis qu'un sergent et dix mousquetaires avec ordre de se retirer après leur première salve. Je fis condamner

1. Le village de Narzole est à quinze kilomètres au sud de Cherasco.
2. *Espade* semble avoir été mis là pour *Esplanade*, terrain vide compris entre la citadelle et les maisons de la ville.

et terrasser les portes Saint-Martin et de Cervières[1], mettre trois cents mousquets chargés et trois cents piques de réserve, et autant de bandoulières garnies, avec poudre, balles et mèches, tant à la Place d'armes qu'aux autres postes, pour s'en servir au besoin, fermer les églises et couvents, et défendre aux supérieurs d'y recevoir d'autres personnes que les vieux hommes et vieilles femmes et enfants que j'y avois fait retirer, et, pour me servir de tout en cette occasion, je disposai les dames et autres femmes de la ville à faire des brigades entre elles pour porter des pierres aux postes où étoient leurs parents, et du vin pour les rafraîchir. [Je] fis mettre du feu, des lumières aux fenêtres, et observer silence partout, [porter] des pots à feu et grenades aux endroits où la muraille étoit mal flanquée, donnai ordre à M. de Joux, lieutenant de Roi, de prendre garde au dedans de la ville, et à M. de Rives, major, au dehors, et me réservai de me trouver partout où il seroit nécessaire.

Les ordres susdits ayant été promptement et ponctuellement observés, le 20° de ce mois 1641, à l'entrée de la nuit, les sieurs Barthélemy Rat, capitaine de carabins, et le sieur de la Melue, mon lieutenant, me rapportèrent qu'ils avoient combattu quelque temps contre l'avant-garde des ennemis au passage de la Sture, à Cervières, trois milles au-dessus de Quérasque, dont ils amenèrent quelques prisonniers, entre autres un garde de M. le prince Thomas, qui dirent tous qu'ils nous venoient attaquer, et, comme ils se mettoient

---

1. On trouve, à la Bibliothèque nationale, un plan de Cherasco à cette époque, Cabinet des estampes.

en bataille à la vue et hors de la portée du canon de la place, je fis mettre le feu à la cassine du médecin Moret pour les empêcher de s'en prévaloir, et me servir de la clarté du feu du fourrage dont elle étoit pleine pour mieux voir dans le fond du vallon, au-dessous du bastion de Garin. [Je] défendis aux canonniers de ne point mettre le feu à leurs pièces, et aux mousquetaires de ne point tirer, que les ennemis ne fussent au pied des murailles ou attachés aux palissades, ce qui fut exécuté de telle sorte qu'il demeura sur la place du premier salut la plupart de ceux qui commencèrent le combat. En même temps, je fis faire de grands cris de *Vive le Roi!* aux bastions du dehors et aux portes de toute la ville pour animer davantage les soldats et habitants.

En suite de quoi, les corps ennemis qui devoient soutenir la première [attaque] donnèrent aux bastions et courtines de Saint-Jacques, de Son Altesse Royale et de Madame Royale, à une fausse porte du château, à la courtine d'entre le château et la porte Saint-Martin, entre la porte Saint-Martin et l'Espade, à l'Espade où ils se rendirent maîtres de la tenaille et percèrent la muraille, entre l'Espade et Belvédère, entre Belvédère et la porte Cervières, à la porte Cervières et le Vallon, où l'on avoit commencé une demi-lune, et entre le bastion Sainte-Marguerite et le Garin ; et, ayant posé en divers lieux plus de cinquante échelles, le combat fut opiniâtre. Plus de trois heures en après, ils furent finalement repoussés de tous côtés, à quoi contribua beaucoup la bonne intelligence que j'avois établie entre la garnison et les habitants, qui combattoient conjointement ensemble avec union et générosité, si bien qu'étant secourus par la cavalerie qui mettoit pied à terre et les corps d'infanterie de réserve, non seulement ils défendirent les brèches, mais encore les fermèrent à la présence des ennemis avec des charrettes et pièces de bois qui avoient été préparées à cet effet; et [les assaillants] furent contraints d'abandonner le pied de la muraille par les pots à feu et grenades. Il n'en restoit plus que quelques-uns entre l'Espade et la porte Saint-Martin, qui ne pouvoient être vus d'aucun flanc. Je fis sortir sur eux vingt-cinq carabins, armés de hallebardes, qui les en délogèrent. Alors, les ennemis voyant paroître la pointe du jour, ils se retirèrent à la faveur de leur cavalerie, laissant au pied de nos murailles et dans nos fossés quantité de morts et de blessés avec leurs armes, pétards, échelles et autres instruments d'attaque; et s'étant mis en bataille à la plaine d'entre Quérasque et Bène, où M. le prince Thomas tint conseil avec les marquis de Caracène[1], de Bagnasco et Don Maurice, [pour] savoir s'ils devoient redonner; et, comme nous étions préparés à les bien recevoir, il vint un trompette qui demanda à me parler de sa part, auquel je ne fis point d'autre réponse, sinon qu'il se retirât promptement ou qu'autrement je lui ferois tirer, estimant que je ne devois avoir aucune communication avec les ennemis tant qu'ils seroient en bataille à la vue de la place, et d'autant plus que cela pouvoit faire un mauvais effet envers les habitants, qui avoient de leurs parents et amis parmi eux. C'est pourquoi je renvoyai ce trom-

1. Don Luis de Benavidès, marquis de Caracena, devint gouverneur du Milanais en 1648 et des Flandres en 1659, puis maréchal de Castille et conseiller d'État; il mourut en 1668.

pette promptement, et, étant retourné à M. le prince Thomas, il fit défiler son armée par le même chemin qu'ils étoient venus, emmenant avec eux soixante-et-dix charrettes, qui étoient chargées des corps de plusieurs capitaines, officiers, cavaliers et soldats blessés. L'on fit état qu'ils ont perdu plus de neuf cents hommes en cette occasion de morts et blessés, et nous le sieur Barthélemy Rat, de qui on ne sauroit assez estimer la valeur[1], environ vingt-cinq soldats, trois habitants, et cinquante de blessés.

Et comme M. le prince Thomas se fut retiré à Bra[2] avec son armée, à la réserve de deux mille chevaux qu'il laissa à la plaine, entre Quérasque et Bène, je baillai le meilleur de mes chevaux au sieur de Saint-Orange[3], pour passer à travers les deux mille des ennemis, et aller avertir M. le comte d'Harcourt, lequel, ayant été bien informé de ce qui s'étoit passé et de l'état auquel nous étions, fit détacher incontinent après trois cents chevaux et cinq cents hommes de pied pour se jeter dans Quérasque, et en donna la conduite à M. de la Motte, mon frère, capitaine au régiment d'Auvergne, avec M. de Bessèges.

Cependant, je fis chanter le *Te Deum*, pour rendre

1. « Le sieur Barthélemy Rat, capitaine de carabins, après avoir fait des merveilles pour la défense de cette place qui estoit le lieu de sa naissance, fut tué d'une mousquetade par un trou que les ennemis avoient fait à la muraille, d'où il les chassa plusieurs fois, l'épée à la main » (*Gazette de France*, année 1641, p. 627).

2. Bra, arr. d'Albe, prov. de Coni.

3. Le sieur de Saint-Orange fut blessé, au mois de novembre de la même année, au siège de Tortone (*Gazette de France*, année 1641, p. 1176).

grâces à Dieu de notre victoire; mais je ne m'amusai pas tant à la cérémonie des feux de joie, qu'après avoir donné ordre de panser les blessés, je ne fis promptement réparer les brèches et nous mettre en état de soutenir d'autres assauts, ne doutant pas que M. le prince Thomas ne revînt nous attaquer, quand le reste de son armée l'auroit joint, si nous n'étions secourus; à quoi je ne voyois point d'apparence, sachant bien que M. le comte d'Harcourt ne le pouvoit faire sans lever le siège de Coni, et que les cinq cents hommes de pied et les trois cents chevaux, commandés par M. de la Motte, mon frère, et M. de Bessèges, — que j'avois avis que M. le comte d'Harcourt avoit détachés pour me secourir, — ne pourroient passer. Ils servirent pourtant utilement lorsqu'ils tentèrent le passage, parce qu'ils obligèrent les ennemis à mettre ensemble leurs deux mille chevaux pour s'y opposer du côté de Bène, [et] lever la garde du côté d'Albe, d'où M. Renat Royer[1], gouverneur de la ville, avoit commandé M. de Morges, capitaine au régiment de la Tour[2], avec cent hommes guidés par le prieur de Verdun, qui se mit à leur tête pour l'affection qu'il avoit pour moi, lesquels entrèrent dans Quérasque sans difficulté.

Pendant les quatre jours que M. le prince Thomas séjourna à Bra et que Quérasque se trouva investi, je fus averti que ceux de la ville qui étoient dans l'armée, continuoient à solliciter et séduire leurs parents

1. Le comte Renato Roero.
2. Le régiment de la Tour, levé en 1628 par Philippe de Torcy, marquis de la Tour, fut donné, en 1652, à Jean de Schulemberg, comte de Montdejeu, et licencié en 1668.

et amis pour leur livrer quelque poste, offrant de grandes récompenses, ou du moins qu'ils se retirassent dans les églises, parce qu'il n'y auroit point de quartier pour ceux qui seroient trouvés les armes à la main. Je dissipai bientôt non seulement cette pratique, mais je persuadai encore par mes discours tout le peuple à se bien défendre, leur faisant entendre que M. le marquis de Ville[1] avoit été détaché de l'armée de M. le comte d'Harcourt avec toute la cavalerie, mais qu'il ne paroîtroit point que celle des ennemis ne fût derechef engagée à une nouvelle attaque, afin de les tailler en pièces, si bien que nous n'avions qu'à soutenir le premier état pour participer à la gloire de cette entière victoire. Ainsi il ne fallut pas grands discours à ce peuple, qui étoit affectionné pour moi, à le persuader de bien faire.

M. le prince Thomas, ayant augmenté son armée de quelques compagnies d'ordonnance de Piémont et des milices de Bra, Sanfré, Sommarive del Bosque, Caramagne, Cavalinesnes et Raconis[2], donna ses ordres pour retourner attaquer Quérasque et fit reprendre à son armée le même chemin qu'elle avoit fait la première fois, savoir de Bra passer le gué de la Sture au même lieu, laissant néanmoins ceux qui devoient faire l'attaque du côté de Bra vers les cassines de la Fresca.

1. Ghiron Francesco Villa, marquis de Ciglione, gouverneur d'Asti, obtint en France des lettres de naturalité en 1648. Maréchal de camp la même année, lieutenant général en 1653 au titre français, maréchal de camp général dans l'armée de France et de Savoie, il mourut en 1670.

2. Sanfre, Sommariva del Bosco, Caramagna, Cavallerleones, Racconigi sont des bourgs et villages groupés à une journée de marche au nord-ouest de Cherasco, arr. d'Albe.

Pendant ce temps-là, j'employai le temps pour la conservation de la place en réparant les brèches qu'ils avoient faites, raccommoder les fraises et palissades des bastions, à départir les postes des soldats et habitants, mettre l'artillerie en état, préparer feux d'artifice et toutes les choses qui pouvoient servir à la défense de ladite place, faisant entendre à un chacun qu'infailliblement nous serions secourus, quoique nous n'en avions pas de besoin, que j'avois mis un corps de réserve des cent hommes venus d'Albe et que nous étions assez forts sans cela, et fis faire les prières et crier *Vive le Roi!* partout.

L'armée se trouvant sur la plaine au côté de Bène prête à donner, M. le prince Thomas envoya me sommer pour la deuxième fois. Je répondis que je tiendrois à grand honneur qu'il nous voulût encore attaquer, étant bien préparés à le recevoir, et, pour faire connoître ma résolution, je fis mettre le feu à deux cassines proches de nos murailles pour se servir de la lumière que donneroit le feu des fourrages dont elles étoient pleines, comme j'avois fait, à la première attaque, à celle du médecin Moret, d'autant que la lune ne devoit [se] lever qu'à deux heures de nuit; ce qui fut de telle utilité que l'on vit toute la nuit aussi clair dans la place et dans le vallon qu'en plein midi.

M. le prince Thomas, ayant appris par son trompette que je ne voulois pas ouïr parler de capitulation, se résolut de faire un dernier effort pour emporter la place, espérant y réussir mieux que la première fois, d'autant plus qu'il avoit rassemblé toutes ses forces. Ainsi, le 24° août 1641, toutes ses troupes ayant ordre de ce qu'elles avoient à faire, il ne fit que donner le signal de l'attaque générale, qui commença incontinent après, savoir aux mêmes lieux et endroits qu'ils avoient fait la première fois. Avec des pinces et presses de fer, des pics à roc, [ils] posèrent plus de soixante échelles, firent sept brèches aux murailles, renversèrent et arrachèrent la plupart des palissades et fraises, forcèrent la demi-lune de Beaulieu, et, comme ils se servirent de toutes leurs troupes pour redoubler leurs efforts et opiniâtrer le combat, je fus aussi contraint de me servir de tous les petits corps que j'avois réservés. Ainsi il n'y avoit pas un officier, cavalier, soldat et habitant qui ne fût aux mains avec les ennemis, en toutes les parties de la place.

Les églises retentissoient des prières du clergé et des vœux des vieux hommes, vieilles femmes et enfants pour le salut commun. La victoire demeura presque deux heures en balance, sans que l'on pût juger de quel côté elle inclineroit et avec d'autant plus de péril pour ceux du dedans que si, par malheur, un seul poste eût été forcé, tout se fût perdu, n'y ayant point de troupes à les soutenir. Dans cette extrémité, je fis porter les drapeaux qui étoient en mon logis dans le château, à l'insu de toute autre personne que de mon valet qui étoit fidèle, pour ne pas faire perdre courage à la défense de la ville, afin que, si j'y étois forcé, on les pût reprendre par le moyen du château où il y a une porte donnant en dehors. Cette précaution fut aussi inutile que secrète, parce que, finalement, les ennemis, se voyant repoussés de tous les côtés avec si grandes pertes, se rebutèrent, et, dès que le jour commença à paroître et que je voyois qu'ils abandonnoient quelques attaques, je me servois de ceux qui les défendoient pour aider leurs voisins et les chasser des autres postes, de sorte qu'avant que le soleil fût levé toutes les attaques furent abandonnées et les ennemis retirés à la plaine du côté de Bène, après avoir perdu quinze cents hommes à cette dernière attaque, quantité de personnes de qualité blessées, entre autres le marquis de Bagnasque, le comte de la Val d'Isère, M. Pascal, capitaine des gardes de M. le prince Thomas, qui ayant fait mettre pied à terre à toute la cavalerie, il s'est trouvé plus de six cents chevaux qui ont perdu leurs maîtres.

Il est juste de dire ici la vérité et louer la valeur de tant de braves gens qui ont dignement servi le Roi en cette occasion; car outre que M. de Joux, lieutenant de Roi, s'acquitta dignement de sa charge dans la ville et M. de Rives, major, au dehors, M. de Trocezard, mon beau-frère, capitaine au régiment d'Auvergne, M. de Beaulieu, gentilhomme de M. le cardinal de Richelieu, ordonné aux fortifications, M. du Bellée, écuyer de M. le comte d'Harcourt, MM. d'Almes, aide de camp, de Bussy, capitaine au régiment du Plessis, Saint-Aubin, capitaine dans Marolles, d'Austrain, lieutenant de la mestre-de-camp de Nérestang, lesquels se trouvèrent dans les postes les plus pressés et, en donnant la mort à plusieurs des ennemis, ont recouvré la santé qu'ils avoient perdue à l'armée. Le sieur de Morges, qui étoit venu avec les cent hommes qu'il avoit conduits d'Albe, y témoigna son courage. Le sieur de la Jaconnière[1] commandoit au bas-

---

1. Le sieur de la Jaconnière commanda, l'année suivante, dans Buby (*Gazette*, année 1642, p. 1174).

tion Saint-Jacques, assisté du sieur de Félix, son cousin, le sieur de Brunières au bastion de Madame, les sieurs de Bragard et de Marquet à celui de Son Altesse Royale, le sieur de la Rivière, lieutenant, au château, avec le sieur de la Grange, enseigne. Le sieur de Lumeau commandoit à la porte de Saint-Martin, le sieur Moron à l'Espade, le sieur Falavière à la porte Cervières avec le sieur d'Armanville, et le sieur Gervais au Vallon. Tous, capitaines et officiers de mon régiment, se sont dignement acquittés de leurs charges. Les sieurs Santus, de la Melue, mon lieutenant, Saint-Orange, mon cornette, et les officiers des compagnies du comte Santus et Rat combattirent vaillamment à la défense des brèches avec les officiers de mon régiment. Le colonel Rat avec ses frères François et Vittorio, le sieur Salmatoris, mon hôte, le chevalier Brisio et autres de leurs familles, affectionnés à leur prince, ont bien servi aux bastions de dehors. Les sieurs Secondin, Bocca, Fogliaco, Bouget et Guerra, capitaines de la ville, ont agi avec beaucoup de vigueur en cette occasion et la plupart de la noblesse, entre autres le colonel Brunasio, les sieurs de Lunel, Carlo, Aurelio, Paul Rène, Jouvenal, Gorsin, Talian, le médecin Moret, spécialement le sieur Moricio Raquis, premier syndic, ses collègues, le lieutenant Motta, dont le fils tua un capitaine allemand sur le bastion de Madame d'un coup de pique[1].

1. On lit dans les *Mémoires de Monglat*, t. I, p. 334, coll. Petitot : « Durant ce siège, le prince Thomas fit une entreprise sur Quérasque, qu'il voulut emporter d'emblée, mais il fut si bien reçu par Souvigny, qui en étoit gouverneur, qu'il fut contraint de se retirer avec beaucoup de pertes le 21 d'août... Il revint

Nous avons d'autant plus de sujet de louer Dieu de cette dernière victoire que nous n'y avons perdu que le frère du comte Santus, son lieutenant, qui avoit beaucoup de mérite, vingt-huit soldats, cinq habitants, et environ cent de blessés.

Et comme nous croyions avoir obtenu cette victoire de la bonté de Dieu par l'intercession de saint Louis, dont le jour de la fête commençoit à paroître lorsque nous chassions les ennemis des brèches et autres lieux où ils s'étoient attachés, aussi, en reconnoissance de cette grâce, la communauté de Quérasque a fait un vœu particulier à saint Louis d'en célébrer la fête à perpétuité[1], et, pour leur faire paroître à tous, en général et en particulier, qu'ils devoient avoir part aussi bien au triomphe qu'ils en avoient eu en ce combat et à la victoire, je pris le bras du premier syndic et lui fis mettre la main avec moi au flambeau qui alluma le feu de joie. En suite de quoi, nous allâmes ensemble au *Te Deum,* pendant que nos canons firent entendre aux environs de Quérasque que la valeur de la garnison et la fidélité de ses habitants la faisoient triompher sur toutes celles du Piémont, avec d'autant plus d'avan-

le 24; mais, après huit heures, ses gens furent si bien battus, etc... » — La *Gazette de France,* année 1641, p. 625, a donné huit pages de récit détaillé sur les assauts de Quérasque, sous le titre : *les Entreprises du prince Thomas, faillies sur les villes de Quérasque et Rosignan, dans l'Italie...* On y trouve un éloge complet de Souvigny. Voy. aussi les *Attaques de Quérasque,* racontées dans le *Mercure françois,* année 1641, p. 235-238. L'Appendice, 3e vol., contiendra également des documents concernant ce fait de guerre.

1. Souvigny fit ériger en reconnaissance une statue de saint Louis dans l'église Saint-Dominique, à Quérasque, le 17 octobre 1642.

tage qu'elle est l'unique de toutes celles qui ont été attaquées sans être prise; aussi n'ai-je pas manqué à bien faire valoir leurs services, que Madame Royale a dignement et libéralement récompensés, en déchargeant la communauté de cent mille livres, gratifiant les particuliers qui se sont signalés en cette occasion par des bienfaits extraordinaires. Son Altesse Royale accorda aussi un don au médecin Moret sur la barrière de Quérasque, pour le dédommager de l'incendie de sa cassine, et fit un beau présent à celui qui lui porta cette bonne nouvelle. M. de Trocezard, mon beau-frère, en auroit eu aussi un considérable si son impatience ne l'eût porté à n'attendre pas la réponse de Madame Royale.

A la retraite des ennemis, les Espagnols commencèrent à se plaindre de M. le prince Thomas de leur avoir fait attaquer Quérasque. La mésintelligence dura entre eux, de sorte que, l'année d'après, M. le prince Thomas s'en sépara par le traité qu'il fit avec Madame Royale. Quant au siège de Coni, que M. le comte d'Harcourt avoit réduit à l'extrémité, le comte Vivalde, qui en étoit gouverneur et l'avoit été de Quérasque, voyant qu'il ne pouvoit être secouru, fut contraint de se rendre[1]. Je le vis sortir de Coni avec sa garnison, qui remit les clefs de la ville à M. le comte d'Harcourt, lequel m'avoit envoyé quérir pour me trouver à son triomphe. Quoique M. le comte Vivalde fût gouver-

---

1. Le 8 septembre. La prise de Coni marqua l'échec définitif de la révolte des princes de Savoie contre la régente. Ils cessèrent les hostilités et signèrent un accommodement définitif le 14 juin 1642, et le cardinal Maurice épousa sa nièce, sœur de Charles-Emmanuel II, le 14 août suivant.

neur, le comte Brouille[1] ne laissoit pas d'avoir autant d'autorité que lui dans la ville, étant plus estimé des gens de guerre; aussi étoit-il homme de mérite. Je ne veux pas ternir sa réputation, quoiqu'il soit vrai qu'après cela M. le cardinal Mazarin l'attira au service du Roi, lui donna le régiment de Champagne, le gouvernement de la Bassée, commission de lieutenant général, dont il a servi, et a été un grand seigneur. Ainsi il a fait sa fortune, se faisant connoître à la défense de Coni contre son prince souverain. Mais l'on peut dire pour sa justification que ce n'est pas par rébellion, qu'étant domestique de M. le prince Maurice de Savoie, nourri son page et en après capitaine de ses gardes, il semble qu'[il] ne pouvoit faire autrement que de demeurer dans son parti. L'on peut dire aussi qu'il a bien et fidèlement servi le Roi, spécialement au siège de Bar[2] et à celui de Valence, où il fut tué.

Après avoir reçu des lettres du Roi, de Son Éminence et de Messieurs les ministres, qui me donnoient sujet d'espérer un gouvernement plus considérable que Quérasque, et de la satisfaction qu'avoit la Cour du service que j'y avois rendu, des lettres de louanges de M. le comte d'Harcourt et de M. Le Tellier, intendant de l'armée, et des officiers généraux qui y servoient, et, de Madame Royale, des témoignages de ses bontés de lui avoir conservé Quérasque, et plusieurs lettres de ses ministres et du premier président de Turin sur ce sujet[3], je ne me trouvai point soulagé,

---

1. Le comte Broglio, voy. p. 34.
2. En décembre 1652.
3. Voir quelques-unes de ces lettres à l'Appendice.

pour tout cela, de mon affliction de la maladie de Monsieur mon père et du peu d'espérance d'avoir mon congé pour l'aller trouver et voir en après.

Environ le 15ᵉ septembre 1641, j'appris avec une douleur indicible le décès de feu Monsieur mon père, qui étoit certainement l'un des meilleurs pères du monde, des plus soigneux en l'éducation de ses enfants, ayant eu la satisfaction de nous avoir tous nourris et élevés en l'âge d'homme, et, comme j'étois l'aîné de sept frères, il m'appeloit toujours : « Mon fils », et mes autres frères : « Mon fils tel », et pendant sa maladie demandoit toujours : « Quand sera que mon fils viendra ? » Pour le consoler, on lui disoit souvent que j'étois en chemin, et, comme il étoit à l'agonie, il dit : « Mon fils n'a garde de venir ; il est en danger », et en après il ajouta que Dieu m'avoit délivré. Je crois que c'étoit au temps de la dernière attaque de Quérasque et qu'il l'a sue par révélation. Quoi qu'il en soit, Dieu l'appela alors. J'ai espérance à sa miséricorde qu'il est bien heureux, ayant été son fidèle serviteur, bon chrétien, catholique, apostolique et romain, et aux besoins du monde des plus charitables et bienfaisants, des plus heureux de son temps en son mariage, Dieu lui ayant donné une femme selon son cœur, douée de vertus et de mérites extraordinaires, grâce à Dieu, heureuse en ses enfants et en l'amitié et l'estime qu'avoient pour lui les plus honnêtes gens du pays.

A la fin de ladite année 1641, ayant perdu l'espérance d'avoir mon congé pour aller accomplir mon mariage, j'en donnai avis à Madame ma maîtresse et à ses parents, lesquels, ayant tenu un conseil de famille sur ce sujet et résolu ensemble qu'elle passeroit les monts pour me venir trouver, mon frère de Champfort qui s'y trouva s'offrit de l'accompagner, et M. de Trocezard, mon beau-frère. M. l'archevêque de Vienne, son oncle, [lui prêta son] carrosse jusqu'à Grenoble . . . . .¹.

1642.

[Le gouverneur] de Pignerol, qui nous avoit aussi voulu traiter, nous prêta sa litière pour ma femme et ma [belle-sœur de la] Motte.

J'avois ma compagnie de carabins pour [escorte], et quelques cavaliers de la garnison de Villeneuve d'Ast nous donnèrent l'alarme; mais j'envoyai les [carabins] faire [en sorte] que nous passâmes en sûreté. A Savillan, où M. de Roqueservière², gouverneur, fit ce qu'il put pour nous arrêter, étant mon fidèle ami, Messieurs les capitaines, officiers françois et suisses et quantité d'habitants étant venus quelques milles au-devant de nous, il fut trois heures de nuit quand nous arrivâmes à Quérasque au bruit du canon et de la mousqueterie. Il y avoit avec mon régiment trois compagnies suisses des capitaines May, Bisbach et Chance, qui faisoient pour le moins cinq cents hommes. Je ne saurois exprimer la joie de tout le peuple de Quérasque à l'arrivée de ma femme, dont je ne pouvois assez dignement en louer Dieu. Mais notre bonheur, quoique béni par le sacrement de mariage, fut bientôt changé en sensible douleur de la maladie qui nous

1. Dans le manuscrit, le bas de la page 405 est déchiré.
2. Voy. t. I, p. 187, note 12.

arriva à l'un et à l'autre, et à moi à mon particulier, qui fut la fièvre continue. Je reçus un ordre de M. le duc de Longueville [de me rendre] au siège de Nice de la Paille[1]. . . . .

Je me résolus, par le consentement de ma femme, touchée de compassion de mon anxiété, d'envoyer en diligence à mon frère de la Motte à Pignerol que je croyois y être arrivé, ayant appris qu'après avoir accompagné M. de Bouillon[2], qui avoit été arrêté à Casal par M. de Couvonges de la part du Roi et conduit à Pierre-Encise, mondit frère avoit pris la poste pour aller passer quelques jours en sa maison avec sa femme, en attendant le retour des troupes avec lesquelles il avoit passé les monts. Il ne faisoit que quitter la poste quand il reçut la lettre et partit le jour même pour me venir trouver. Parmi mon sanglant déplaisir, j'eus d'autant plus de consolation que je connus bien que ma femme en eut beaucoup de son arrivée, si bien que nous tombâmes d'accord qu'il demeureroit auprès d'elle pendant que j'irois au siège de Nice de la Paille.

M. le duc de Longueville témoigna d'être bien aise de mon arrivée et m'employa dès le lendemain, que nous allâmes au-devant du secours, que M. de Castelan avec la cavalerie poursuivit plus de trois milles, la

1. Par suite de la déchirure signalée ci-dessus, il manque dans le manuscrit environ un tiers de la p. 406.
2. Frédéric-Maurice de la Tour, duc de Bouillon, prince de Sedan, duc d'Albret et de Château-Thierry (1605-1652), venait d'être envoyé en Italie pour y prendre le commandement de l'armée; il fut arrêté pour avoir pris part à la conspiration de Cinq-Mars.

place étant sur le point de capituler à cause de la grande brèche que mon frère de Champfort, commandant l'artillerie, avoit fait faire, en sorte qu'on y pouvoit monter à cheval. En ce temps-là, le comte de la Roüe[1] fut reçu mestre de camp du régiment d'Auvergne au lieu du comte de Maugiron, étant mestre de camp dudit régiment.

Je me trouvai le cœur si serré de douleur, quoique j'eusse tous les jours des nouvelles de ma femme, et la plupart du temps deux fois par jour, que je tombai malade et eus bien de la peine à me retirer. J'arrivai sous le château de Quérasque environ la minuit et, ayant répondu au *Qui va là?* de la sentinelle, ma femme me connut à la voix et fit un effort pour sortir du lit, voulant venir au-devant de moi. Mon frère de la Motte l'en empêcha. Sa grande joie fut bien diminuée quand elle vit que j'étois malade, quoique je fisse mon possible pour ne le paroître pas à l'abord. Enfin il plut à Dieu nous visiter d'une maladie populaire, dont il y avoit peu [de] capitaines, officiers et soldats de la garnison exempts, non plus que des habitants de Quérasque. Nous nous trouvâmes au point d'avoir vingt domestiques malades dans le château. C'étoit tous des fièvres chaudes et malignes, dont, par la grâce de Dieu, il mourut peu de gens. Nous fûmes assez bien servis des remèdes humains, non par la quantité des médecins, qui étoient souventes fois jusqu'au nombre de cinq sans prendre une bonne résolution. Finalement, le mal commença à diminuer au 15ᵉ de septembre, que

1. Balthazar, comte de la Roüe, commanda, du 13 mars 1641 au mois de mars 1645, le régiment d'Auvergne.

ma femme se trouva sans fièvre dans une grande foiblesse, et que, craignant qu'elle retombât à Quérasque, où je croyois l'air infecté, je lui conseillai d'aller se remettre à Pignerol, où mon frère de Champfort, qui nous étoit venu trouver, l'accompagna et la fit porter sur un brancard.

Mon frère et ma sœur de la Motte l'ayant parfaitement bien reçue, dans peu de jours elle commença à se remettre; mais elle étoit dans une grande inquiétude de moi, qui lui mandois fort souvent que je me portois bien et l'irois trouver au premier jour, s'étonnant pourquoi je retardois tant. Je ne voulois pas qu'elle sût que j'étois retombé malade, lui faisant savoir que je ne retardois à Quérasque qu'en attendant qu'elle eût assez de force pour entreprendre à repasser les monts, qu'elle s'accoutumât à prendre l'air peu à peu, que je l'irois prendre quand je la saurois en cet état. Ayant mon congé du Roi et voyant que ces vaines espérances ne guérissoient point ses appréhensions, je n'eus pas la patience d'attendre que mes forces fussent revenues pour l'aller trouver; je me fis porter en chaise. En partant de Quérasque, mes porteurs, qui n'étoient pas accoutumés à ce travail, n'allant pas si vite que je voulois, je montai à cheval et m'en allai coucher à Carignan, que j'en partis deux heures devant jour, qu'il faisoit les brouillards les plus épais que j'aie jamais vus, et, le même jour, j'eus l'honneur de voir à Turin et prendre congé de Madame Royale, de M. l'Ambassadeur[1], et fis toutes les affaires que j'avois

1. Le marquis d'Aiguebonne, voy. t. I, p. 260, fut nommé ambassadeur en Piémont en 1641 et signa le traité de paix du

à Turin, et me rendis le lendemain de bonne heure à Pignerol, où je trouvai ma femme étonnée de me voir, me croyant entièrement guéri. Le bon traitement que nous fit mon frère de la Motte contribua grandement à nous remettre; car, en moins de quinze jours que nous demeurâmes chez lui, nous nous trouvâmes en état de partir pour repasser les monts, comme nous fîmes. Après avoir conduit ma femme en Lyonnois, je la laissai avec sa mère à Condrieu et m'en allai servir mon quartier de maître d'hôtel d'octobre 1642, suivant l'ordre du Roi, qui me fit l'honneur de se souvenir de moi, étant à Notre-Dame au *Te Deum* de la prise d'Arras[1], et dit à M. de Noyers de m'écrire une lettre de sa part pour cet effet et [qu'il] seroit bien aise de me voir. Effectivement, Sa Majesté me fit la grâce de me recevoir avec des bontés tout à fait extraordinaires, et Son Éminence aussi et tous Messieurs les ministres, spécialement M. le cardinal Mazarin, qui me fit l'honneur de me faire dîner avec lui en particulier, où il n'y avoit que lui, M. de Noyers, M. de Roqueservière et moi, M. de Noyers ayant dit à M. le Cardinal qu'il étoit bien aise de nous avoir assemblés tous deux et que nous eussions l'honneur d'être connus de Son Éminence pour des meilleurs officiers de l'armée du Roi.

14 juin 1642. Il commanda la citadelle de Turin, fut gouverneur de Casal et devint lieutenant général des armées du Roi en 1648.

1. Il doit y avoir dans le manuscrit une erreur de nom, car la ville d'Arras, assiégée le 13 juin 1640, s'était rendue par capitulation le 9 août de la même année. Il s'agit plutôt du

J'eus en même temps deux choses à demander : les arrérages de ma pension[1], et l'autre, mes gages de maître d'hôtel[2] d'un quartier que je n'avois pas servi, quoique le Roi l'eût fait mettre sur l'état et qu'il y eût un fonds pour moi, qui fut diverti, parce que des mousquetaires, qui avoient perdu leurs chevaux en quelque occasion, le demandèrent au Roi, qui leur accorda et en même temps commanda à M. de Noyers de m'expédier une ordonnance de pareille somme, et prendre soin de me la faire payer, quand je serois de retour à la cour. Il me la remit d'abord et me dit d'aller trouver M. Bouthillier[3], son surintendant des finances, qui refusa de la viser, disant qu'ayant une fois fait le fonds de la maison du Roi, il n'y pouvoit rien ajouter. Comme je répondis que l'intention de Sa Majesté étoit que je serois payé, il me dit qu'il me falloit donc avoir un acquit-patent, lequel lui ayant rapporté bien scellé, il dit, pour se défaire de moi, qu'il falloit une ordonnance de comptant et que, puisque j'étois si pressé de m'en retourner à ma charge, je laisse cette affaire-là à quelqu'un de mes amis pour l'en faire souvenir et me promettant de me faire payer. Je lui dis : « Je vois bien, Monsieur, l'estime que vous faites des serviteurs

---

Te Deum qui fut chanté le 17 septembre 1642, après la prise de Perpignan et la conquête du Roussillon.

1. Pension de deux mille livres. Voy. p. 68.

2. D'après un état trouvé dans les papiers de Souvigny (voy. Appendice), ses gages de maître d'hôtel s'élevaient à quatre cents livres par quartier.

3. Claude Bouthillier (voy. t. I, p. 223), seigneur de Pont-sur-Seine et de Fossigny, épousa, en 1606, Marie de Bragelongne et mourut en 1655.

fidèles du Roi comme moi, et que mon malheur, en ce rencontre, ne procède d'autre chose que de ce que je n'ai pas l'honneur d'être connu de vous, » et me retirai assez brusquement.

Après avoir remercié M. de Noyers, je lui ai fait le récit du refus de M. le Surintendant et il me dit : « Gardez-vous bien de vous en défaire. Vous en serez bien payé d'une façon ou d'autre. » Je m'en allai trouver M. de Chavigny, secrétaire d'État, fils de M. le Surintendant, qui étoit fort de mes amis, auquel ayant fait ma plainte, il me dit : « Je parlerai à mon père de la bonne manière. » Je lui dis donc : « Monsieur, puisque vous avez cette bonne volonté pour moi, je vous supplie d'y ajouter aussi un mot pour me faire payer des arrérages de ma pension; » ce que m'ayant promis, je l'attendis au sortir du Conseil, qu'il me dit d'aller voir Monsieur son père, qu'il feroit mon affaire; lequel me dit à l'abord : « Vous aviez bien raison de me dire que je ne vous connoissois pas. Mon fils m'en a assez dit pour m'obliger à vous servir, » et, après m'avoir fait l'honneur de me faire dîner avec lui, il me donna les ordres pour être payé de mon ordonnance de maître d'hôtel du quartier que j'avois passé, que je n'avois pas servi, et des trois années d'arrérages de ma pension, dont je lui fus d'autant plus redevable que je ne m'attendois pas d'en être si tôt payé[1].

1. Aux termes d'un acquit-patent du 23 décembre 1642, trouvé dans les papiers de Souvigny, le Roi donna en outre à celui-ci quinze cents livres en considération de ses services et pour lui donner moyen de les continuer (voy. Appendice). Cette somme de quinze cents livres semble être distincte de celles dont il est ici question.

1643.

Au mois de février 1643[1], il plut au feu Roi de glorieuse mémoire, en récompense de mes services, me donner des lettres de noblesse qui furent vérifiées et registrées à la Chambre des comptes le 5° mars 1643, et à la Cour des aides le 9° ensuivant[2]. A la fin du mois de février, je pris congé du Roi et de Son Éminence, et m'en allai à Jargeau demeurer environ quinze jours auprès de Madame ma chère mère, de laquelle ayant reçu la bénédiction, je lui dis adieu, qui fut pour la dernière fois ; car il plut à Dieu l'appeler la même année.

Je me rendis à Condrieu environ le 25° de mars, où je trouvai ma femme en assez bonne santé avec Madame ma belle-mère. De là nous allâmes demeurer à Longes, dans la maison forte du Chol, qui étoit l'héritage de ma femme avec les rentes et domaines en dépendant. Nous nous occupâmes, incontinent après, à la réparer d'une belle grande salle où il y avoit autrefois un manège couvert, avec une belle grande chambre au bout, attachée au corps de logement d'en haut[3], faire raccommoder les tuyaux d'une belle et abondante fon-

---

1. Il y a en marge dans le manuscrit : *Lettres de noblesse, février 1643*.
2. On trouvera ces lettres de noblesse à l'Appendice.
3. A cent pas du village de Longes, on trouve encore cette maison forte dans un état fort délabré. Une cour intérieure est fermée de bâtiments dont une partie seulement est ancienne. Une vaste fenêtre à croisillons donne sur la campagne. Une tour hexagonale, à pans coupés, subsiste encore et a fourni à cette habitation le nom de Torrepane sous lequel elle est parfois dénommée. Voy. *Notice historique et statistique sur Longes*,

taine dont la source étoit à plus de huit cents pas dans la montagne[1], de sorte que ce fut une grande commodité et un bel ornement à la maison. Je rachetai aussi plusieurs fonds, bois et héritages qui avoient été aliénés, [fis] refaire les murailles du clos et autres réparations nécessaires[2].

Ainsi nous passâmes le plus heureusement du monde les mois d'avril, mai et juin, jusqu'au commencement de juillet, que je fus averti de la Cour qu'il avoit été résolu de rendre Quérasque à Madame Royale, ce qui m'obligea de partir le lendemain pour m'y rendre sans ma femme, qui vouloit venir avec moi, lui faisant entendre que dans deux mois je serois de retour, et je lui dis donc adieu avec ma belle-mère. Mon frère de Fresnay de Belmont arriva chez nous tout à propos pour passer les monts avec moi, à son retour de sa prison en Flandre, où il avoit demeuré quinze mois, ayant été fait prisonnier dans le commencement de la bataille d'Honnecourt[3], que d'Andelot[4], mestre de camp de

---

par Cochard, dans l'*Almanach de la ville de Lyon et du département du Rhône*, année 1825, p. XXXII.

1. Les débris de l'aqueduc en terre cuite subsistent encore dans les champs à l'entour.

2. On verra plus loin que Souvigny vendit, en 1656, la terre de Longes. On trouve la description des fonds de cette propriété dans l'acte d'acquisition, signé le 5 avril de cette année par Jean Gillibert Chaulvin, prieur de la Chartreuse de Sainte-Croix, située dans les environs. Voy. *la Chartreuse de Sainte-Croix-en-Jarrez*, par A. Vacher. Lyon, 1904, p. 289.

3. Le maréchal de Guiche perdit, le 26 mai 1642, la bataille d'Honnecourt (village sur l'Escaut, à l'entrée du Vermandois, comm. de Marcoing, arr. de Cambrai) contre le général espagnol Don Francisco de Mello.

4. Gaspard d'Andelot, baron de Chemilly, fils de Charles

cavalerie, le voyant agir en personne de commandement, faisant escarmoucher les soldats du régiment de Courcelles, dont il étoit capitaine et major, paré de force clinquants sur son collet, de bleu et de grandes plumes, s'avança [et], ayant fait arrêter son escadron, s'écria : « A moi, cavaliers ! » Après s'être blessés tous deux à coups de pistolet et d'épée, un coup de mousquet tiré aux gens de notre armée ayant rompu un bras à d'Andelot, les officiers de son régiment, qui jusqu'alors n'avoient point bougé, se débandèrent sur mon frère qu'ils blessèrent à la mort, et auroient achevé de le tuer si l'on ne les avoit empêchés, mais il (d'Andelot) en usa si généreusement en ce rencontre et en tous autres qu'il prit un soin tout particulier de bien faire panser mon frère et bien nourrir, coucher dans sa tente, et le faire préférer à plusieurs autres capitaines et officiers, quand il fut remis en prison dans les lignes de Flandre, étant en liberté sur la parole, ce qui lui fut quelque espèce de consolation en sa prison, et en la perte qu'il fit de son équipage et de cent chevaux qu'il avoit à l'artillerie de l'armée de Flandre.

Enfin nous partîmes ensemble de Longes au commencement de juillet 1643. Nous apprîmes en passant à Turin qu'il étoit vrai que Madame attendoit les ordres du Roi pour la restitution de Quérasque, où nous nous en allâmes. Étant bien avancé sur le chemin, j'envoyai à M. de Joux, lieutenant de Roi, à l'avance défendre qu'on me fît aucune cérémonie à mon entrée et surtout qu'on ne tirât point de canon, et, quoiqu'il fût bien

---

d'Andelot, seigneur de Hones, premier chevalier du roi catholique en la cour de Mons en Hainaut, et de Jeanne de Bourgogne, vicomtesse de Loos.

sage et homme d'ordre, [il] ne laissa pas de faire le contraire, dont je fus fâché, et bien davantage de la mort de Bernardin Sejon, bon canonnier, que je ne pus sauver en courant toute ma force à lui. Le voyant son boute-feu à la main, je lui criai de ne point tirer. Je ne sais s'il ne m'entendit pas où s'il s'étoit obstiné, croyant me faire plus d'honneur, tant il y a qu'il mit le feu à la pièce, qui creva et se sépara en tant de parties qu'il en fut tué, et plusieurs habitants blessés, qui s'étoient avancés à la porte de Saint-Martin par curiosité. Excepté cet accident, j'eus grandissime satisfaction à mon retour à Quérasque, et reçus des témoignages d'amitié des habitants indicibles.

Le treizième ou quatorzième jour de mon arrivée, je reçus ordre de M. le prince Thomas et de M. le comte du Plessis, qui avoient assiégé Trin avec l'armée du Roi, d'aller commander un camp volant, composé des troupes que l'on devoit tirer des garnisons de Pignerol, Carmagnole et Quérasque, avec les gardes de Son Altesse Royale, pour faire diversion dans le Milanois, spécialement bien pourvoir à nos places d'Aste et de Nice de la Paille. A cet effet, je me rendis à Castagnole delle Sanze[1] avec l'infanterie et les gardes de Son Altesse Royale, à Castiolles et de là à Saint-Martin[2] et à Govon, où je laissai les troupes et m'en allai en hâte savoir de M. le comte [de] Tavannes, qui en étoit gouverneur, l'état de sa garnison. Il me pria de la voir moi-même. Nous montâmes chacun un petit bidet. Passant à la place d'armes, nous n'y trouvâmes que

1. Castagnole Sanze, arr. d'Asti, prov. d'Alexandrie.
2. Castiglione d'Asti et San-Martino al Tanaro, arr. d'Asti.

nos hommes, et la plupart malades. En entrant dans la citadelle, qui est un fort carré des plus grands qui se fussent, nous n'y trouvâmes que trente-cinq hommes, dont il n'y en avoit pas la moitié qui pût tirer un coup de mousquet. Étant montés sur les remparts, où il n'y avoit nul chemin de ronde frayé, nos petits bidets ne se pouvoient tirer des herbes, qui étoient presque aussi hautes que nous, dont le bruit fit lever un canard sauvage des fossés, ce qui faisoit croire que la quantité des soldats n'effarouchoit point le gibier, les palissades et les fraises rompues en divers lieux. Mais ce n'étoit rien à proportion de toute une face de bastion, qui étoit ébranlée et tombée dans les fossés, par où l'on pouvoit d'autant plus facilement monter dans la place que le fossé, en cet endroit, avoit été mis à sec par le major de la ville. De là nous fûmes à la porte du côté de Montcalme, aux forts Saint-Pierre, le Mollinier, le Château, bastion Sainte-Madeleine et autres postes, où la foiblesse étoit semblable à celle de la citadelle, vis-à-vis de laquelle M. de Tavannes faisoit ruiner une grosse tour de la ville. Lui en ayant demandé la raison, il me dit que c'étoit parce qu'elle voyoit dans la citadelle. Je lui dis que cela seroit bon s'il prétendoit garder la citadelle plus que la ville, mais que je ne voyois point d'apparence qu'il la pût garder avec toute sa garnison en l'état qu'elle étoit; [que] j'aimerois mieux n'ouvrir [que] du côté de la ville, dont les habitants, affectionnés à leur prince et bien satisfaits d'être sous son commandement, la pourroient garder avec la garnison non seulement d'une insulte, mais encore soutenir quelque temps un siège et donner le temps de les secourir, joint qu'il avoit quatre compagnies de carabins qui pouvoient beaucoup servir au dehors et dans la ville. Après qu'il eût fait réflexion, il se résolut de cesser la démolition de la tour, et, m'ayant fait voir les copies des lettres et mémoires qu'il avoit envoyés à la Cour et les réponses qui ne lui donnoient aucune espérance, [ajouta] qu'il s'étoit résolu à n'attendre plus de secours que de Dieu et de n'en plus écrire. Le voyant en cette extrémité et que, si j'attendois à le secourir qu'il fût attaqué, les ennemis, qui étoient plus proches d'Ast que maintenant nous, auroient plus tôt pris la citadelle que je n'aurois avis de leurs marches, je lui baillai deux cents hommes de mes troupes et en donnai avis à M. le prince Thomas et à M. le comte du Plessis, qui, à l'abord, le trouvèrent fort mauvais; mais, en après, non seulement ils approuvèrent et en furent bien aises, mais encore d'y en mettre davantage, si j'estimois à propos, et pareillement à Nice de la Paille, dont M. de Breuil[1] étoit gouverneur, avec lequel j'ai demeuré d'accord des moyens de le secourir s'il étoit assiégé, étant en état de s'empêcher de surprise. En après, je m'en retournai à Castagnole delle Sanze, d'où je donnai quelque alarme au Milanois du côté de la Rocque et Castelnovo[2].

C'étoit au commencement d'octobre 1643, que je me promenois dans ma chambre à Castagnole, l'esprit agité de diverses pensées, dans une profonde mélancolie, que je reçus la funeste nouvelle de la mort de feue Madame ma mère, dont j'eus bien de la peine à me

1. Il s'agit du comte Broglio, nom dont Souvigny varie l'orthographe.
2. Castelnovo Belbo, arr. d'Acqui, prov. d'Alexandrie.

consoler, ayant été à mon avis la meilleure des mères que j'aie jamais connue, la plus charitable aux pauvres.

Quelques jours après, M. le prince Thomas m'envoya la nouvelle de la prise de Trin et les ordres pour faire retirer les troupes dans leurs garnisons.

Étant arrivé à Quérasque, j'y trouvai des bonnes nouvelles de la santé de ma femme, qui me donnèrent toute la consolation dont je pouvois pour lors être capable, et que le Roi avoit donné une compagnie à mon frère de Fresnay au régiment d'Auvergne pendant le siège de Trin, qu'il servoit de commissaire provincial de l'artillerie, mon frère de Champfort ayant envoyé à cet effet son fidèle valet l'Allégrerie, lequel fit telle diligence qu'il alla de Trin à Paris en quatre jours[1].

Le 15ᵉ novembre 1643, je partis de Quérasque pour aller voir mon frère de Champfort, qui étoit tombé malade de travaux et des peines extraordinaires qu'il avoit eus pendant le siège de Trin, [tandis] qu'il y commandoit l'artillerie avec tant de satisfaction de M. le grand maître de l'artillerie et de Messieurs les généraux des armées du Roi en Italie [qu'ils] me témoignèrent beaucoup de déplaisir de son indisposition. Quand il commença à guérir, je m'en retournai à Quérasque me préparer d'en sortir, en attendant les ordres du Roi, que je reçus environ le 18ᵉ décembre de ladite année, de remettre ladite ville et château à Madame Royale ou à celui qu'elle enverroit pour en prendre possession de sa part, avec l'artillerie et muni-

---

1. Il y a là évidemment dans le texte une erreur de chiffres, une telle rapidité ne semblant alors pas possible, surtout à travers les passages des Alpes.

tions de Son Altesse Royale, qu'en après je conduirois mon régiment et ma compagnie de carabins à Ast, et les munitions de guerre qui étoient dans Quérasque appartenant au Roi, avec des lettres particulières du Roi, de la Reine, de Son Éminence et de M. Le Tellier, le remerciement de mes services et espérance d'en être bien récompensé et de l'aller recevoir de Sa Majesté.

Le comte Ardoin de Vallepergue[1] m'ayant rendu les ordres et certificats nécessaires à ma décharge, et [lors]que je fus prêt à partir avec les troupes, il y eut une désolation générale par toute la ville de notre départ. Ma discrétion ne permettant pas d'en dire davantage, j'ajouterai seulement que la plupart du peuple de Quérasque nous vint accompagner jusqu'au bac de la Sture, que, s'ils étoient bien satisfaits de moi, comme ils avoient témoigné par leur certificat et le faisoient encore paroître par leurs larmes à notre séparation, je n'avois pas moins sujet de me louer de leur fidélité envers Madame Royale et de l'affection particulière qu'ils avoient pour moi, qui m'obligeoit à les aimer comme s'ils eussent été mes frères.

Ayant remis mon régiment et ma compagnie de carabins en Ast et les munitions de guerre que j'y fis conduire à mes dépens, je fus à Turin en avertir Messieurs les généraux et M. de Grémonville[2], intendant de l'armée, lesquels écrivirent au Roi, à la Reine et à

1. Arduino Valperga di Rivara, des comtes de Valperga et Rivara, marquis d'Antragues, fut capitaine des gardes de Victor-Amédée Ier.
2. Nicolas Bretel, seigneur de Grémonville (1606-1648), ambassadeur à Venise de 1644 à 1648, succéda, cette année-là, à Le Tellier comme intendant en Italie.

Son Éminence la ponctualité avec laquelle j'avois observé les ordres de Sa Majesté, en y ajoutant ce qui leur plût pour obliger la Cour à récompenser mes services, et ce avec d'autant plus de justice que j'avois bien défendu Quérasque et que je n'avois plus de gouvernement. Mon régiment fut réformé et incorporé en celui des Galères[1], y ayant plus de sept cents hommes sous les armes et d'aussi bons officiers qu'il [y] en eut en aucun de France sans nul excepter[2]. Aussi étoit[-ce] pour gratifier M. le prince Maurice de Savoie à qui le Roi avoit donné ledit régiment des Galères, qui étoit réduit à fort peu de chose.

La principale affaire qui me restoit en Piémont étoit de retirer quelques ordres de Madame Royale pour être payé d'une partie des quartiers d'hiver de ma compagnie des carabins, qui étoit pour lors à Fossan, où elle me fit l'honneur de me les donner, dont je retirai quelque chose, mais rien du tout de l'Agnel[3] et Montbarquier qu'un présent de rabiole[4] et quelques volailles qu'ils me donnèrent quand je commandois les troupes à Gorseigne[5].

1. Voy. p. 14, notes 3 et 4.
2. Bien que l'incorporation eût été ordonnée le 11 octobre 1643, on trouve dans les papiers de Souvigny un extrait de la revue faite de son régiment, à Quérasque, le 28 novembre 1643, faisant ressortir, pour douze compagnies, un effectif de 404 présents. Il est donc probable que le régiment de Souvigny fut réformé d'abord à cet effectif avant d'être incorporé dans celui des Galères. Voy. Appendice de notre tome III.
3. Niella, arr. d'Albe.
4. Rabiole ou rabiolle : variété de chou-rave et de chou-navet. On dit aussi rabioule.
5. Gorzegno, arr. d'Albe.

1644.

Je me trouvois à Fossan le premier jour de l'an 1644 dans la dépense des étrennes que l'on ne put refuser à la plupart des bas officiers de la maison de Savoie. Après m'en être débarrassé et pris congé de Madame Royale, qui me témoigna une grande reconnoissance de la manière que j'avois conservé Quérasque, le marquis de Palavicini [1] fit quitter à Son Altesse Royale une partie qu'il avoit au billard pour me donner moyen d'en prendre congé. Il me dit : « M. de Souvigny, je sais bien que vous avez maintenu une partie de mes États, dont je vous suis obligé. Voilà mon épée, que je vous prie de dire au Roi que je la porte pour son service. Quand je serai plus grand, j'aurai une pique et j'irai à l'armée avec lui. » Son Altesse Royale étoit pour lors dans sa sixième année, prince bien fait. Après que j'eus pris congé de lui et retiré les lettres que Madame Royale écrivit à la Cour à ma faveur, je revins à Longes le 16 ou 17 du mois de janvier.

J'y trouvai ma femme et Madame ma belle-mère en bonne santé et bien aises de mon retour; ce qui ne dura guère : car il me fallut partir au commencement de février pour me rendre à la Cour. Ma femme se consola pourtant dans l'espérance que je n'y allois qu'en intention de recevoir les récompenses de mes services et non pour aller à l'armée. Mais il arriva tout autrement : car, étant arrivé par delà, M. le Cardinal me dit qu'il m'avoit destiné pour l'armée de

1. Carlo-Emanuele Pallavicini, des marquis de Ceva, marquis de Frabosa, grand chambellan à la cour de Savoie.

Flandre, où il désiroit que je fusse aussi bien connu qu'en Italie ; qu'en après il pourroit mieux faire pour moi. Je répondis que je ferois toujours ce qu'il me commanderoit, mais que, n'étant pas préparé pour cela, n'ayant pas même de quoi me mettre en équipage, je le priai de me donner permission d'aller chez moi mettre ordre à mes affaires, en attendant que l'armée fût en campagne. Il m'accorda trois semaines, qui étoit le moins de temps qu'il me falloit pour aller voir ma femme et retourner à Paris, n'ayant point d'autre motif de mon voyage que celui-là.

Je lui persuadai facilement à l'abord que je n'irois point à l'armée ; mais, par malheur, deux ou trois jours après, elle trouva un billet dans mes poches où j'avois écrit le jour que je devois être de retour auprès de Son Éminence. Elle en eut le cœur si serré de douleur qu'elle demeura tout un jour sans boire ni manger, ni me dire le sujet de son affliction. A la fin, elle me déclara qu'elle avoit vu ce malheureux billet. J'eus bien de la peine à la faire consentir à mon départ. Enfin elle s'y résolut, sur la croyance que je n'irois pas à l'armée, et me vint accompagner à la Bresle, où nous couchâmes chez ma tante de Beauregard. Le lendemain que je l'allai conduire jusqu'à Saint-Pierre d'Éveux[1], au-dessus de la Bresle, nous demeurâmes fort longtemps sans nous pouvoir dire adieu, comme si c'eût été le dernier. A la fin, nous nous séparâmes. Elle continua son chemin du côté de Longes et moi de celui de Paris. Je passai à Jargeau pour

1. Éveux, cant. de l'Arbresle, à un kilomètre au sud de ce bourg, arr. de Lyon.

faire prier Dieu pour feu Madame ma mère et voir mon frère le chanoine[1].

Étant arrivé à la Cour, M. le Cardinal me dit d'aller trouver M. Le Tellier, qui me fit entendre que Son Éminence vouloit que je servisse de maréchal de bataille en l'armée de Flandre, commandée par Monsieur[2], et me fit payer de mes pensions et bailler une charrette d'artillerie, attelée de quatre chevaux, pour mon bagage. J'en achetai de forts bons pour moi et un honnête équipage.

L'armée s'assembla en trois rendez-vous différents : le premier, à Roye, qui étoit celui de Monsieur; le second, à Amiens, commandé par M. de la Meilleraye[3], et le troisième à Guise, commandé par M. le maréchal de Gassion[4]. Je me rendis au premier, où com-

1. Dans un *Registre des actes capitulaires du chapitre de l'église collégiale de Saint-Vrain de Jargeau* (arch. départ. d'Orléans), on voit figurer Pierre Gangnières, le 14 février 1632, comme « escolier chanoine ». Il avait alors vingt-deux ans et poursuivait ses études chez les Jésuites de Bourges. On le trouve déjà chanoine antérieurement, le 10 novembre 1631, quand il est reçu en la confrérie de Saint-Vrain.

2. « M. le duc d'Orléans, poussé d'émulation des victoires du duc d'Enghien, et se voyant lieutenant général de l'État et généralissime des armées, voulut en faire la fonction et commander la principale, qui étoit celle de Flandre. » (*Mém. de Monglat*, t. I, p. 444, coll. Petitot.) Il prit le commandement de l'armée le 1er juin.

3. Charles de la Porte, duc de la Meilleraye (1602-1664), cousin de Richelieu, devint grand maître de l'artillerie en 1634 à la démission du marquis de Rosny. Maréchal de France après la campagne d'Artois en 1639, il fut surintendant des finances (1649-1650) et nommé duc et pair en 1663.

4. Jean de Gassion (1609-1647), fils de Jacques, président à mortier au conseil souverain de Béarn, et de Marie d'Esclaus,

mandoit M. de la Ferté-Imbault, maintenant maréchal d'Estampes[1]. Nous passâmes la Somme à Péronne et [allâmes] camper à Moislains[2]. Monsieur nous vint trouver auprès d'Arras, où se joignit M. de Gassion avec son armée. Nous prîmes notre route par Saint-Pol, passâmes près de Saint-Omer, à Polincove[3], par Ardres, et nous rendîmes à Saint-Folquin[4], près Gravelines, sur le bord de la rivière d'Aa[5]. Le même jour se présenta de l'autre côté, vis-à-vis de nous, M. le maréchal de la Meilleraye, qui avoit forcé le passage de Neuf-Fossé[6] (c'est un retranchement par lequel il entra dans la Flandre) et prit les forts des Bajettes[7] par le derrière.

Le lendemain, l'armée fut séparée en trois quartiers :

mestre de camp de cavalerie sous Gustave-Adolphe, maréchal de France en 1643, fut blessé mortellement d'un coup de mousquet au siège de Lens.

1. Jacques d'Estampes, seigneur de la Ferté-Imbault, marquis de Mauny (1588-1668), fils de Claude, capitaine des gardes du duc d'Alençon, et de Jeanne de Hautemer, chambellan d'affaires de Monsieur, capitaine lieutenant de sa compagnie, devint maréchal de France en 1651.

2. Moislains, cant. et arr. de Péronne, Somme.

3. Polincove, cant. d'Audruicq, arr. de Saint-Omer, Pas-de-Calais.

4. Saint-Folquin, cant. de Gravelines, arr. de Dunkerque, Nord.

5. La rivière d'Aa passe à Saint-Omer et se jette dans la mer au nord de Gravelines, après un cours de quatre-vingts kilomètres. Sur Gravelines et le siège qui suivit, voir *Mém. de Goulas*, t. II, p. 29.

6. Le canal de Neuf-Fossé, d'une longueur de dix-huit kilomètres, relie la Lys à l'Aa. Il commence à Aire et finit à Saint-Omer.

7. A deux kilomètres au sud de Gravelines, sur l'Aa.

Monsieur demeura à Saint-Folquin, M. le maréchal de
la Meilleraye campa avec ses troupes près des Dunes,
sur le chemin de Gravelines à Dunkerque[1], et M. le
maréchal de Gassion à Saint-Georges[2], entre Gravelines et Bourbourg[3], qui tenoient pour l'ennemi, à la
portée du canon de l'un et de l'autre. Nos lignes ne
furent pas plus tôt commencées que les ennemis
lâchèrent leurs écluses et inondèrent la campagne, de
telle sorte qu'il n'y eût plus de communication entre
les quartiers. L'on travailla quelques jours à faire des
ponts et à mettre des fascines aux endroits les plus
bas ; mais ce remède eût été inutile, si un nommé
Régnier Gence ne se fût servi de l'industrie de son art
pour faire écouler les eaux dans la rivière d'Aa et dessécher la campagne par le moyen des écluses qu'il fit
à ladite rivière, lesquelles, s'ouvrant facilement aux
descentes des marées, s'écouloient avec le reflux dans
la mer et se fermoient avec la même facilité au montant du flux, qui montoit droit dans le canal de ladite
rivière quand les eaux se pouvoient répandre en
dehors ; ayant fait plusieurs fossés, qui se rendoient en
de plus grands pour se décharger dans le canal de
ladite rivière, comme on fait communément en ce pays
de delà, bas et maritime, où chacune paroisse a un ou
deux grands canaux qu'on appelle *watergangs*[4], qui

1. Les Dunes de Loon sont à sept kilomètres à l'est de Gravelines.
2. Saint-Georges, cant. de Gravelines, à trois kilomètres au
sud-est de cette ville et à égale distance de Bourbourg.
3. Bourbourg, ch.-l. de cant., arr. de Dunkerque.
4. Du flamand *water*, eau, et *gang*, voie : fossé ou canal bor-
dant un chemin ou un polder, en Flandre et dans les Pays-
Bas. On dit aussi en français : *wateringue*.

reçoivent les eaux des particuliers par des petits *watergangs*, pour dessécher les campagnes et décharger à la mer les eaux qui les incommodent.

Pendant qu'on travailloit aux lignes et à se loger, Monsieur me commanda d'aller reconnoître le pays et remarquer si les ennemis pouvoient secourir Gravelines par le côté du fort d'Hallines[1] qu'ils tenoient, et me bailla cinquante mousquetaires du régiment des Gardes, [que] je fis mettre en cinq petits bateaux. M. de Courteilles[2], lieutenant-colonel du régiment d'Harcourt[3], fut aussi commandé pour venir avec moi. J'allai passer à Vieille-Église[4], au Fort-Brûlé, à la redoute de Coupe-Gorge. J'avois un fort bon guide qui me mena jusqu'auprès du fort d'Hallines, changeant souvent de canal à mesure que nous trouvions des digues, par-dessus lesquelles je faisois porter nos petits bateaux; j'avançai du côté de Romingan[5] et passai à mon retour aux Forts Bâtard[6] et Rouge[7], du côté d'Ardres.

Étant revenu trouver Monsieur, il me demanda si l'armée des ennemis pouvoit venir par le côté d'Hallines. Je lui dis qu'il étoit impossible qu'elle y passât toute ensemble, mais bien un corps de six cents hommes avec soixante bateaux, semblables à ceux dont

1. Hallines, cant. de Lumbres, arr. de Saint-Omer.
2. N. de Saint-Contest, marquis de Courteilles.
3. Le régiment d'Harcourt, levé en 1637 par Henri de Lorraine, comte d'Harcourt, fut réformé en 1640, rétabli en 1641 et licencié en 1672.
4. Vieille-Église, cant. d'Audruicq, arr. de Saint-Omer.
5. Ruminghem, cant. d'Audruicq.
6. Fort-Bâtard, comm. et cant. d'Audruicq.
7. Fort-Rouge, comm. de Guemps, cant. d'Audruicq.

je m'étois servi, où j'avois mis à chacun dix mousquetaires, mais qu'il étoit facile de les empêcher de passer en faisant bonne garde à Saint-Folquin, [et de] faire un corps de garde de cavalerie à la Masure et des redoutes sur la digue d'entre la Bajette et le fort de l'Écluse[1], ce qu'il trouva fort à propos. Mais il ne s'en fit rien, parce que M. de la Rivière[2], qui n'étoit pas homme de guerre, s'y opposa, et, la garde de Saint-Folquin ayant été négligée, les ennemis y passèrent sans donner l'alarme, au nombre de six cents hommes choisis, pendant la nuit obscure et un brouillard fort épais, et ne furent aperçus du corps de garde de la Masure qu'en montant sur la digue que j'ai dite, de laquelle ils alloient par-dessus une grande digue droit à la ville, lorsqu'ils furent brusquement chargés par le capitaine qui commandoit le corps de garde et par la garde du régiment de Piémont, qui étoit le long de la rivière d'Aa, qui y accourut, et tout ce secours fut tué ou fait prisonnier, excepté cinquante-deux qui passèrent dans la ville à la nage, la marée étant haute. Ce secours ne se présenta pourtant qu'environ un mois après que nous eûmes commencé le siège, [alors] que Monsieur disoit hautement que je devrois avoir été cru, la plupart des officiers d'armée et les ingénieurs de M. le prince d'Orange[3] ayant été de mon avis.

1. A l'ouest de Gravelines.
2. Louis Barbier, abbé de la Rivière (1595-1670), aumônier de Gaston d'Orléans et son favori. Disgracié en 1650, il devint évêque de Langres (*Historiettes de Tallemant des Réaux*, t. II, p. 98-99). Voy. aussi plus loin, année 1659.
3. Henri-Frédéric de Nassau, prince d'Orange (1584-1647), fils de Guillaume le Taciturne, avait succédé à son frère Mau-

Gravelines est située sur la rivière d'Aa et fortifiée de six grands bastions, dont il y en a un tenaillé, revêtus de murailles de briques. Ses fossés sont fort larges et profonds, avec bonnes demi-lunes et chemins couverts. Outre toutes ses fortifications qui la rendent une des meilleures places de Flandre, il y a, du côté de la campagne, un fossé d'environ soixante pieds de large, de dix à douze pieds de profond, au pied du glacis du chemin couvert. Auparavant que de l'attaquer, il fallut prendre les forts et redoutes qui sont de l'autre côté de la rivière, savoir : le fort de l'Écluse, qui est entre les retranchements des Bajettes, que M. le maréchal de la Meilleraye avoit pris par derrière, et le fort Philippe[1], ledit fort Philippe, de quatre bastions, [avec] fraises et palissades [et] avec un grand fossé. Les sept tours ou redoutes d'entre ledit fort et la ville couvrent un canal d'environ douze cents pas de long et fort large, où les Espagnols avoient commencé une œuvre dont l'extrémité étoit couverte dudit fort, duquel il y avoit une forte et double palissade jusqu'à la mer, où il y avoit une redoute. La distance étoit d'environ six cents pas, qui étoit inondée en marée haute ; mais l'on y pouvoit aller à pied sec à marée basse.

Le jour même que nous ouvrîmes la tranchée de l'attaque du fort Philippe [vint] l'amiral Tromp[2], qui

---

rice de Nassau comme stathouder des Provinces-Unies en 1625.

1. Le fort Philippe est à l'embouchure de l'Aa, à deux kilomètres au nord de Gravelines.

2. Martin Tromp, né en 1597, lieutenant amiral en 1637, remporta en 1639 la victoire des Dunes sur les Espagnols et fut tué, en 1653, à l'affaire de Katwik.

commandoit la flotte hollandoise, composée de vingt-neuf grands vaisseaux, qui tirèrent plus de cinq cents coups de canon à ladite redoute, que les ennemis abandonnèrent. Alors on croyoit qu'ils l'avoient mise en poussière. Monsieur m'ayant envoyé voir en l'état qu'elle étoit, je lui rapportai qu'elle étoit si peu endommagée, que les ennemis s'y pourroient remettre, comme [ils] firent sur le soir que les Hollandois furent retirés.

Le cinquième jour de l'ouverture de la tranchée sur le bord du fossé du fort Philippe, voyant que les ennemis pourroient nous arrêter trop longtemps, tant qu'ils seroient assurés de se pouvoir retirer quand ils voudroient, nous résolûmes d'attaquer le fort du côté de la ville et fermer le chemin de leur retraite. Pour cet effet, nous coupâmes la double palissade d'entre le fort et la mer, de la largeur d'environ trente pieds, et, ayant fait une place d'armes de notre côté et commencé à ouvrir la tranchée, les ennemis abandonnèrent ledit fort la nuit ensuivant, ayant laissé une traînée de poudre, qui fit brûler toute celle qui étoit dedans et crever quelques-unes des sept pièces de canon qu'ils y laissèrent. Le lendemain, Monsieur, avec toute la Cour, alla loger au fort Philippe et me commanda d'y loger aussi.

Tous les forts et redoutes détachés de Gravelines étant pris, l'on commença à ouvrir la tranchée pour attaquer la place. L'on fit deux attaques à deux bastions près l'un de l'autre. M. le maréchal de la Meilleraye commanda la droite avec les régiments des Gardes françoises et suisses et autres; M. le maréchal de Gassion, la gauche, avec Piémont, Navarre et autres régiments. D'abord nous fîmes une grande diligence, comme il arrive souvent, de bien avancer la tranchée de loin; mais, étant parvenus sur le bord du fossé qui étoit au pied du glacis du chemin couvert, ce fut la pierre d'achoppement qui nous arrêta tout court. D'abord M. de Courteilles commença par son pont de fascines qu'il conduisoit avec beaucoup d'adresse; mais ce que le flux et reflux de la marée pouvoient en porter étoit bientôt consumé par les feux d'artifice des ennemis; aussi bien, les ponts de bateaux, la matière plus rare, quoiqu'à l'épreuve des feux d'artifice, n'y furent pas plus utiles que le pont flottant de M. de Rantzau[1]. L'on tint plusieurs fois conseil là-dessus. L'on tomboit bien d'accord qu'il falloit passer le fossé et faire un bon logement au delà; mais personne ne donnoit les moyens de le faire, d'autant que les ennemis, qui tiroient incessamment du chemin couvert, en faisoient des sorties en assurance pour rompre et brûler nos ponts, et tailler en pièces ceux qui commençoient quelque logement au delà.

En cette conjoncture, le marquis de Lavardin[2], ayant relevé le marquis de la Ferté-Imbault de la tranchée, à la tête de laquelle le régiment des Gardes étoit en garde, en y rentrant se brouilla[3] avec M. de Mont-

1. Josias, comte de Rantzau (1609-1650), né dans le Holstein, vint en France avec les Suédois et y prit du service en 1635. Fait maréchal de camp par Louis XIII, il devint maréchal de France en 1645, après avoir abjuré le protestantisme.

2. Henri de Beaumanoir, marquis de Lavardin (1618-1644), fils d'Henri de Beaumanoir, marquis de Lavardin, et de Marguerite de la Baume, maréchal de camp le 12 mai 1644. Il avait obtenu une compagnie aux Gardes à dix-sept ans.

3. Il y a dans le texte : *il se brouilla*.

mège[1] qui le commandoit, sur ce que, ayant voulu changer quelque chose sans l'en avertir, il s'en offensa, et, comme j'étois demeuré en garde avec lui, je ménageai si bien les choses qu'ils s'en accommodèrent. Mais pourtant M. de Montmège ne commandoit pas tous les soldats qu'il désiroit pour le travail, ceux mêmes qui étoient commandés ne le faisant pas avec vigueur. M. de Lavardin et moi nous avançant diverses fois pour les animer, nous y perdîmes quantité de soldats. Lui-même y reçut une mousquetade au travers du corps, dont il ne mourut que deux jours après.

Enfin, après avoir perdu deux mille hommes sans nous pouvoir bien établir au delà du fossé, tant à cause du flux et du reflux de la marée et des feux d'artifice, et des sorties des ennemis, qui renversoient nos logements avant qu'ils fussent achevés, il fut résolu de faire une digue à travers le fossé, mettre des pièces de canon à droite et à gauche, avec quantité de mousquetaires et des bataillons, qui auroient ordre de passer aussitôt que les ennemis sortiroient de leur contrescarpe, pour attaquer ceux qui travailleroient au logement au delà du pont. M. le maréchal de la Meilleraye fit exécuter cet ordre avec tant[2] de vigueur que les ennemis, ayant été bien battus aux deux sorties qu'ils firent en après, ne s'y hasardèrent plus, si bien qu'en trois ou

1. Montmège était capitaine au régiment des Gardes (*Mém. de Monglat*, t. I, p. 447). Jean de Souillac, marquis de Montmège, mestre de camp d'un régiment d'infanterie de son nom en 1634, maréchal de camp, conseiller d'État, lieutenant général en 1652, capitaine colonel de la compagnie des Cent-Suisses en 1653, mourut en 1655.

2. Il y a *autant* dans le texte.

quatre jours ensuivant, nous nous logeâmes sur la hauteur du chemin couvert que nous leur fîmes abandonner entièrement à coups de grenades.

C'étoit à l'attaque de M. le maréchal de la Meilleraye que j'étois ordonné, et n'allai qu'une fois ou deux, le jour, à celle de M. le maréchal de Gassion, qui s'établit presqu'en même temps au delà dudit fossé. Outre l'émulation d'honneur qui étoit entre eux, il y avoit une jalousie particulière, fomentée par plusieurs personnes qui étoient plus propres aux artifices de la Cour qu'à la sincérité de l'armée, jusqu'à tel point qu'ils ne vouloient point faire de communications entre eux. J'avertis Monsieur que cela étoit cause qu'il avoit été tué quantité de gens, en allant d'une attaque à l'autre, et de la difficulté de se pouvoir entr'aider de plusieurs choses nécessaires. Sur quoi, Son Altesse Royale me commanda de le faire moi-même, comme je fis. Quand je voyois arriver des choses qui excédoient ma petite portée, j'en donnois avis à M. de Guise[1], prince très débonnaire et bienfaisant, qui avoit la bonté d'accommoder celles qui lui étoient possibles, ou faire en sorte que Monsieur les mît d'accord, — M. de la Rivière, du depuis Monsieur de Langres, étant tout à fait pour M. le maréchal de Gassion contre M. le maréchal de la Meilleraye, lequel, afin qu'on ne lui pût objecter qu'il eût aucun avantage sur son concurrent, ni pouvoir être

1. Henri II de Lorraine, duc de Guise, quatrième fils de Charles, duc de Guise (1614-1664), fut archevêque de Reims à quinze ans, puis quitta l'Église et revendiqua plusieurs fois des droits sur le royaume de Naples en vertu d'anciens titres de famille. Il servait alors comme volontaire, n'ayant aucun commandement.

blâmé ou soupçonné de la dépense d'un si grand siège, ne voulut point qu'elle en fût faite, ni aucun travail, par l'ordre de l'artillerie, dont il étoit grand maître, si bien que, sur nos certificats, M. de Villemontée[1], intendant de l'armée, faisoit payer les travaux de chaque jour.

Pour lors, j'y étois seul maréchal de bataille. Sur la fin du siège, l'on en créa deux, savoir : M. de [Puységur[2]], major au régiment de Piémont, duquel il a été depuis mestre de camp, et M. d'Argenvieux, lieutenant-colonel du régiment d'Angoulême[3].

Monsieur exerça sa libéralité envers la plupart des officiers blessés, et faisoit tenir une table de cent couverts pour les volontaires, dont il y en avoit quantité, plusieurs desquels prétendant se rendre considérables pour espérer par quelque belle action d'avoir abolition de leurs crimes, bien dorés sur leurs habits, mais incommodants envers ceux de qui ils vouloient emprunter de l'argent.

1. François de Villemontée, maître des requêtes en 1626, intendant de Poitou, Saintonge et Angoumois en 1631, conseiller d'État en 1657, évêque de Saint-Malo la même année, mourut en 1670. Tallemant des Réaux lui a consacré une historiette, t. IV, p. 346-349. Voy. aussi *Bull. des arch. hist. de la Saintonge*, t. IV, 1880-1882, p. 145.

2. Le nom est en blanc dans le manuscrit. Jacques de Chastenet de Puységur, seigneur de Buzancy et de Bernoville (1600-1682), maréchal de camp en 1651, mestre de camp du régiment de Piémont en 1655, quitta le service en 1659. Il a raconté le siège de Gravelines dans ses *Mémoires* (t. II, p. 19), édit. Tamizey de Larroque, 1883.

3. Le régiment d'Angoulême, levé en 1643 par Charles de Valois, comte d'Auvergne, fut donné, en 1644, au duc d'Angoulême, et licencié en 1650.

Monsieur me fit l'honneur d'ordonner que je mangerois tous les jours avec M. du Mont, son premier maître d'hôtel, duquel j'ai grand sujet de me louer, [lors]qu'il nous envoya tous deux trouver l'amiral Tromp à son bord et lui fit un beau présent. Faute de savoir bien l'humeur de Monsieur, je demeurai plus d'une heure à lui demander le mot, parce qu'en jouant il perdoit et étoit fort en colère, ce me sembloit. J'attendois toujours qu'il eût plus beau jeu et fût de plus belle humeur. M. de la Frette, son capitaine des gardes[1], s'en aperçut, et, m'ayant dit que je ne devois pas m'arrêter pour cela, aussitôt que je m'avançai près de Monsieur, il mit ses cartes sur la table et me demanda avec beaucoup de bonté ce que nous ferions cette nuit-là à la tranchée, et me donna l'ordre, que je portai.

Pour servir d'avis aux officiers d'armée de ne point monter des chevaux qui ne soient bien assurés, je dirai qu'en accourant à l'alarme des lignes, le cheval que je montois fut si épouvanté des mousquetades que l'on y tiroit, qu'il voulut tourner bride et se coucha le ventre en terre, quand je voulus le presser, si bien qu'il me fallut lui tourner la tête du côté de mon logis, où il courut de toute sa force. Par bonne fortune, j'y trouvai mon palefrenier Étienne qui m'avoit déjà sorti un autre cheval de l'écurie, se méfiant de celui-là. Je montai dessus et trouvai que l'attaque des lignes étoit fausse.

1. Pierre Gruel de la Frette fut nommé maréchal de camp le 10 mai 1644. Il est cité dans la *Gazette de France*, p. 405, comme commandant la tête du travail du maréchal de la Meilleraye au siège de Gravelines. Il mourut en 1656.

M. le comte de Saint-Aignan[1], étant encore si incommodé d'un coup de mousquet dans le genou qu'il ne se pouvoit soutenir qu'à grand'peine, m'ayant prié [de] supplier Monsieur lui permettre d'entrer le lendemain en garde à la tranchée, je dis bien à Monsieur qu'il m'en avoit chargé, et, en même temps, l'état où il étoit me faisoit le supplier très humblement lui faire ordre de ne point sortir de sa tente qu'il ne fût guéri, ce qui fut fait.

Un soir que je sortois de la tranchée, je reçus un billet par lequel le baron des Prez, qui a été mestre de camp du régiment d'Auvergne, me prioit de lui prêter trente pistoles sur le récépissé qu'en feroit Jacob, son homme. Je lui baillai un billet pour recevoir, en mon nom, trois cents livres du trésorier de l'armée, qui les lui compta, et dont je n'ai jamais rien eu, quelque instance que j'aie faite envers Mme de Tulon, sa sœur, demeurant en Beaujolois[2], laquelle a fait sa déclaration qu'il est mort insolvable, quoiqu'il y ait peu d'apparence.

Je ne pensois, pendant le siège, qu'à faire mon devoir et nullement la cour, quoique Monsieur me fît l'honneur de me parler toutes les fois que j'avois celui de le voir. Après cela, je me privois souvent du repos et

1. François de Beauvillier, comte puis duc de Saint-Aignan, fils d'Honorat de Beauvillier, comte de Saint-Aignan, et de Jacqueline de la Grange, était capitaine des gardes de Monsieur.
2. Isabeau de Noblet des Prez épousa, en 1621, Philibert Thibaud, écuyer, seigneur de Tulon, dans la paroisse de Lentigny, en Forez. Son fils, Philibert-Claude, qui fut, en 1650, mestre de camp du régiment d'Auvergne, hérita de ses deux oncles, MM. de Noblet des Prez, à charge de porter leurs nom et armes.

du sommeil pour écrire à ma chère femme presque tous les jours, et lire ses lettres que je recevois ponctuellement deux fois la semaine.

Il ne me souvient pas particulièrement de tout ce qui se passa de considérable en ce siège après le passage du premier fossé, qui se défendit si longtemps, par le moyen des fréquentes sorties que les ennemis faisoient sûrement de leurs chemins couverts. Les fossés des demi-lunes et ceux du corps de la place ne pouvoient être si bien défendus, mais ne donnèrent pas tant de peine.

MM. les maréchaux de la Meilleraye et de Gassion agissoient si exactement, qu'ils laissoient peu de chose à faire à MM. les maréchaux de camp, ni à moi, qui fus surpris de deux choses : la première, de voir que M. le maréchal de Gassion, qui n'avoit jamais été dans l'infanterie, pût si bien entendre un siège ; la seconde, de son indicible promptitude à repousser les ennemis, ce que je reconnus particulièrement la nuit que je le fus visiter à son attaque, lorsque les ennemis firent une sortie sur le régiment de Navarre et mirent le feu à une gabionnade. J'étois assis auprès de lui, à la tranchée, quand nous entendîmes le bruit, qu'il partit comme un éclair, et, quoiqu'alors je fusse assez dispos, je ne le pus attraper qu'il ne fût mêlé l'épée à la main avec les ennemis, qui se retirèrent à l'instant.

Quelques jours après, que je fus visiter la mine au bastion de son attaque, les ennemis firent rouler une bombe d'en haut, qui éclata de sorte que le trou de la mine en fut bouché, et que nous eussions été étouffés si on ne l'eût promptement ouverte.

Enfin, après avoir fait nos galeries à travers le fossé

et fait jouer des mines aux deux bastions attaqués, nous nous logeâmes dessus ; en suite de quoi, les ennemis ayant demandé à parlementer, l'on fit la capitulation, Monsieur ayant accordé à Ferdinand de Limontis de sortir le lendemain avec sa garnison, armes et bagages, tambour battant, etc.[1].

Il y eut alors un si furieux démêlé entre MM. les maréchaux de la Meilleraye et de Gassion, que, sans la prudence et l'adresse de M. de Lambert[2], qui les empêcha d'en venir aux mains, ayant tous deux l'épée à la main, le premier à la tête des Gardes et l'autre à celle de Piémont, ils eussent couru fortune de se couper la gorge, sur ce que M. de Gassion prétendoit d'entrer aussi tôt dans la place, avec les troupes de son attaque, que M. de la Meilleraye avec les siennes, de sorte que ce ne fût pas sans difficulté que leur accommodement fut fait de l'avis de Monsieur. En suite de quoi, Son Altesse Royale me commanda d'accompagner

---

1. Ce général espagnol est plus souvent désigné, dans les *Gazettes* et *Mémoires*, sous le nom de Don Fernando de Solis : « Le 29 [juillet], Don Fernando Solis sortit de Gravelines avec sa garnison, et, ayant baisé la botte à M. le duc d'Orléans, fut conduit à Dunkerque. » (*Mémoires de Monglat*, t. II, p. 449.) Don Fernando de Solis devait défendre Vervins contre les Français en 1653. Voy. *Recueil des Gazettes* de l'année 1653, p. 147. Les articles de la capitulation sont donnés dans le *Mercure françois*, t. XXV, année 1844, p. 45, et aussi dans la *Gazette de France*, dont l'année 1644 fournit près de dix articles détaillés sur le siège de Gravelines.

2. Jean de Lambert, baron de Chitry, marquis de Saint-Bris en Auxerrois, page de Henri IV, maréchal de camp en 1635, lieutenant général en 1648, commandeur de l'ordre du Saint-Esprit, fils de Jean, gentilhomme ordinaire de la chambre, et de Marguerite Robinet de la Serve.

jusqu'au delà de nos gardes avancées Ferdinand de Limontis, qui sortoit de la place avec sa garnison. Chemin faisant, il me pria de lui dire la vérité en quelle estime il étoit parmi nous. Je lui répondis qu'il ne pouvoit espérer un plus grand honneur, à la défense de Gravelines, que d'avoir eu un maréchal de France logé sur chacun des bastions attaqués, et que nous avions beaucoup d'estime pour sa personne, de sa prudente conduite durant le siège. Il me dit là-dessus : « C'est un plus grand avantage pour moi que vous autres, Messieurs les François que j'honore, croyiez que je me suis bien acquitté de mon devoir ; mais je vous dirai franchement que je suis averti de l'information que quelques officiers, mes ennemis, ont faite contre moi, disant que le secours seroit entré dans la ville, si j'avois tenu des bateaux à temps à l'endroit où ils se présentèrent . . . . . à l'heure qu'ils devoient . . . . .[1] [devant] le fort Philippe. Pour le premier, il est constant que, si j'avois mis des bateaux de ce côté-là, je vous aurois montré l'endroit par lequel j'attendois le secours, et vous l'auriez empêché d'entrer, et que, si j'eusse attendu encore deux jours à abandonner le fort Philippe, j'aurois perdu quatre cents hommes qui m'ont fait tenir plus de quinze jours dans Gravelines. J'ai mon journal et les témoignages des gens de bien pour ma justification. »

Ayant conduit ledit Ferdinand de Limontis, nous nous séparâmes. Il continua son chemin à Dunkerque, et moi je retournai trouver Monsieur, qui, le même jour, donna l'ordre à l'armée de démolir les lignes, et

1. Quelques mots sont rognés sur deux lignes au bas de la page 437 du manuscrit.

à M. de Grancey[1], qu'il établit gouverneur à Gravelines, de réparer les brèches et nettoyer les fossés de la ville avec sa garnison.

Pendant la capitulation de Gravelines, M. d'Aumont[2], gouverneur du Boulonnois, se saisit du poste de Watten[3], avec des troupes de son gouvernement, que M. le maréchal de Gassion fortifia d'une partie de l'armée, et, sur l'avis qu'eut Monsieur que toutes celles des ennemis marchoient de ce côté-là, il nous y envoya encore, M. de la Ferté-Imbault et moi, avec deux mille hommes de pied et six cents chevaux. Nous prîmes le fort de Wattendam[4] sur la rivière d'Aa, de laquelle on a tiré un canal qui fait la rivière de Colme[5]. Après que notre retranchement fut bien fait à Watten et que j'eusse été à la guerre du côté de Saint-Omer avec M. le maréchal de Gassion, je m'en allai à Ardres trouver Monsieur, lequel je suppliai de me donner mon congé et de l'accompagner, puisqu'il quittoit l'armée, en laquelle j'étois venu servir de maréchal de bataille sous son autorité, et ne désirois point servir sous un autre général, ce que Son Altesse Royale m'ayant accordé

1. Jacques Rouxel, comte de Grancey et de Médavy (1603-1680), maréchal de camp en 1636, maréchal de France en 1651, gouverneur de Gravelines et de Thionville, fils de Pierre, baron de Médavy, et de Charlotte de Hautemer, comtesse de Grancey.
2. Antoine d'Aumont, marquis de Villequier, puis duc d'Aumont, maréchal de France en 1651, second fils de Jacques d'Aumont, baron de Chappes, et de Charlotte-Marie de Villequier, mourut en 1669.
3. Watten, cant. de Bourbourg, arr. de Dunkerque.
4. Wattendam, comm. de Watten.
5. Le canal de la Colme part de l'Aa, au sud de Wattendam, passe à Bergues et finit à Furnes en Belgique, où il se rattache au canal de Dunkerque à Newport.

avec des bontés extrêmes, il donna en même temps congé à M. de Roncière, aide de camp. Étant arrivé à Montreuil, M. le comte de Lannoy[1] en étant gouverneur, y faisant voir sa place, dit, pour m'obliger, que je l'y saurois mieux conduire que lui-même, y ayant bien fait des rondes, et [je] répondis que je m'y pourrois égarer à cause de la quantité des beaux ormeaux et ypréaux[2] qu'il y avoit fait planter sur les remparts, devenus admirablement grands depuis vingt ans que j'y avois été en garnison. [M. de Lannoy] ayant eu beaucoup de satisfaction de notre régiment, spécialement de M. de Beauregard, mon oncle, qui le commandoit, duquel il étoit ami intime, j'en trouvai beaucoup en renouvelant mes anciennes connoissances.

Lorsque Monsieur arriva au château de Creil, maison royale située sur la rivière d'Oise[3], il me fit l'honneur, l'espace de plus de deux heures qu'il se promena, de s'appuyer toujours sur mon bras, parlant du siège de Gravelines et qu'il diroit bien à M. le Cardinal de la façon dont je servis. Il[4] eut la bonté d'en dire bien davantage que je n'en avois fait; car, en rencontrant M. le Cardinal à la Chevrette, près Saint-

1. Charles de Brouilly, seigneur de Piennes, comte de Lannoy, leva en 1641, pour la garnison de Montreuil, un régiment d'infanterie qu'il donna, en 1643, à son gendre Roger du Plessis, comte de la Rocheguyon.

2. L'*ypréau* est un des noms vulgaires du peuplier blanc ou blanc de Hollande.

3. Forteresse élevée au moyen âge contre les Normands, le château de Creil fut pris une dernière fois par les ligueurs en 1588 et fut souvent habité par Henri IV, à cause du voisinage de Verneuil. Vendu pour être détruit en 1780, il en reste encore des vestiges.

4. Il y a *qu'il* dans le texte.

Denis, [où] M. de Montozon les traita tous deux avec leur cour, Monsieur lui dit qu'il lui avoit baillé l'homme qu'il y falloit pour prendre Gravelines, quoiqu'effectivement MM. les maréchaux de la Meilleraye et de Gassion m'y aient laissé peu de chose à faire.

Le même jour, M. le Cardinal, me l'ayant dit, ajouta qu'il étoit bien aise de cela, afin que je fusse bien connu en Flandre et qu'il fît plus facilement ma fortune, dont il faisoit son fait propre. Après m'avoir tenu environ trois semaines à Paris dans cette espérance et fait connoître qu'il me désiroit comme domestique, à quoi je ne voulois point m'engager, quoi[que] plusieurs personnes de haute qualité et de mérite se soient estimées heureuses de s'être données à Son Éminence, qui en a fait des grands seigneurs, parce que je ne voulois point avoir d'autre maître que le Roi, ni demeurer si longtemps éloigné de ma femme, que j'aimois et estimois plus que tous les biens du monde, je pris congé de Son Éminence, ayant laissé par son ordre un mémoire à M. de Lionne[1] de mon adresse, afin qu'il me pût faire savoir quand il faudroit que j'allasse le trouver et être employé pour le service du Roi et de Son Éminence.

Auparavant partir de Paris, j'obtins un arrêt avec Messieurs les cinq frères de Sourdis d'Escoubleau, cohéritiers de Mme de Montagnac, leur mère[2], signé

---

1. Hugues de Lionne (1611-1671), neveu d'Abel Servien, venait d'être nommé conseiller d'État. Secrétaire des commandements de la Reine mère de 1646 à 1653, il devint ambassadeur, puis ministre d'État en 1659 et secrétaire d'État des Affaires étrangères en 1663.

2. Anne de Rostaing, mariée en secondes noces, en 1605,

du 10e août 1644[1], par lequel il fut dit que le procès d'entre elle et demoiselle Louise de Villars, ma belle-mère, seroit mis au néant et les parties hors des procès et sans dépens, qu'il seroit fait une quinte et surabondante criée pour le décret de Trocezard, et que l'adjudication en seroit faite par les officiers de justice de Châtelus[2].

En après, je m'en allai voir mon frère le doyen[3] à Jargeau, qui me fit la faveur d'aller avec moi en Lyonnois. Je trouvai ma femme à Longes, avec Madame ma belle-mère, en bonne santé, M. l'archevêque de Vienne, MM. les barons de Virieu[4], de Villars[5], et toute la

avec Jacques de la Veue de Montagnac, dont elle n'eut pas d'enfants, avait eu six fils et une fille de son premier mari, René d'Escoubleau, seigneur de Sourdis, chef de la branche aînée de la maison d'Escoubleau, dont une branche cadette a fourni les deux frères archevêques de Bordeaux.

1. Il y a en marge dans le manuscrit : *Arrêt pour le décret de Trocezard, août 1644*. Le décret était une ordonnance portant saisie ou prise de corps.

2. Châtelus, cant. de Saint-Galmier, arr. de Montbrison, Loire. D'après l'*Almanach de Lyon et des provinces de Lyonnois, Forez et Beaujolois*, la justice de Châtelus comprenait la paroisse de Saint-Denis-sur-Coise et une partie de celle de Coise. Elle était assurée par un juge, un châtelain, un procureur fiscal et un greffier.

3. Pierre Gangnières, né en 1610, n'était pas encore doyen. Dans le *Registre des actes capitulaires du chapitre de l'église collégiale de Saint-Vrain de Jargeau*, commençant en 1631 (archives du Loiret), il figure comme « escolier chanoine » en 1632. Il est fait sous-diacre la même année. Il devint doyen du chapitre en 1651.

4. Gabriel de Fay, baron de Virieu, seigneur de Malleval, fils de François et de Catherine de Morges de la Motte, épousa, en 1631, Marguerite de Murat, sœur de Charles de Murat, seigneur de la Sône.

5. Claude V de Villars, baron de Masclas, fils de Claude IV

famille de même, et je puis dire que notre satisfaction étoit fort grande, nous occupant à faire réparer la maison forte de Longes, planter, et retirer des fonds aliénés, en acquérir d'autres. J'étois bien séant de liquider les dettes de Trocezard et faire des échanges et petites acquisitions; et, le 10° décembre de ladite année 1644, pour purger les hypothèques et sortir nettement d'affaires, je fis passer le décret de la maison forte de Trocezard, rentes et domaines en dépendant, en la juridiction de Châtelus. Conformément à l'arrêt du Parlement, M. Melchior Harenc de la Condamine, doyen de l'église de Saint-Pierre de Vienne, mon beau-frère[1], qui représentoit l'héritier de la maison[2], présent, [fut] sommé, avec les procureurs des créanciers, de surdire et enchérir, si bon leur sembloit, de plus que la somme de vingt-sept mille livres que mon procureur en avoit offerte pour moi; mais, personne n'en voulant rien faire, d'autant que Mme de Montagnac avoit désavoué son procureur, auquel Trocezard avoit été adjugé au nom de ladite dame, pour ladite somme de vingt-sept mille livres, en la même juridiction de Châtelus, de laquelle ayant fait infirmer la sentence au bailliage de Montbrison, ma belle-mère avoit appelé au Parlement pour lui faire tenir ladite enchère et adjudication de vingt-sept mille livres, de laquelle ayant pris le fait et cause en main, j'obtins le susdit arrêt en vertu duquel

---

et de demoiselle de Fay-Virieu, épousa Charlotte de Nogaret-Calvisson. Voy. p. 72.

1. Il y a en marge dans le manuscrit : *Je fus adjudicateur de Trocezard du 10° décembre 1644.*

2. Le doyen Melchior Harenc de la Condamine représentait son frère, Claude-Henri, capitaine, que nous avons déjà vu désigner sous le nom de M. de Trocezard, p. 73 et 87.

a été faite en mon nom cette dernière adjudication audit Châtelus.

Après quoi, m'étant enquis des praticiens qui s'y trouvèrent s'il n'y avoit rien à redire audit décret, ils me répondirent que toutes les solennités y avoient été observées et ne s'y pourroit rien ajouter. Il n'y en eut qu'un qui me dit qu'il pourroit arriver un jour que quelque chicaneur y trouveroit à redire, parce que ce décret avoit été passé le jour de Sainte-Luce, fête fériale à la cour de Montbrison d'où dépend la justice de Châtelus, et, quoique tous les autres fussent d'avis contraire, pour mieux assurer les choses et n'y laisser aucun ombrage, je fis derechef faire toutes les formalités requises et, dans quelques jours après, une nouvelle adjudication, qui fut aussi en mon nom, parce que Monsieur mon beau-frère ni les procureurs des créanciers ne voulurent pas enchérir; et je me serois bien gardé d'un si haut prix, si [ce] n'eût été pour assurer plus de vingt-trois mille livres que mondit sieur le doyen, mon beau-frère, avoit déjà payées de mon argent à l'acquit des dettes de Trocezard, à mon absence; et, comme il en paya plusieurs qui n'étoient pas si utilement colloquées que le nommé Mellier, qui étoit aussi au cinquième rang de l'ordre de la distribution du prix, et par conséquent premier en ordre que Madame ma belle-mère et demoiselle Gabrielle de la Condamine[1], à laquelle il bailla deux mille trois cents livres de mon argent, comme aussi, devant trois autres créanciers qui étoient intervenus au décret sur l'allocation de ma belle-mère, mon beau-frère s'opiniâtra, à

---

1. Voy. p. 74, note 1.

mes dépens, de son allocation, disant qu'il ne lui[1] étoit rien dû, [il] fut condamné à Montbrison, dont ayant été à Paris[2], je fus contraint de prendre le fait et cause en main ; et, ayant soutenu le procès plus de vingt ans, j'ai finalement été conseillé de m'en accommoder, comme j'ai fait, ayant payé audit Mellier la somme de quatre mille quatre cents livres, selon sa quittance contenue à la transaction que nous avons passée ensemble, par laquelle nous sommes demeurés quittes de toutes choses, le ... 1666.

1645.

Après que Trocezard fut adjugé à mon nom, ainsi que j'ai dit, je fus retrouver ma femme à Longes. Elle en fut bien aise et ma belle-mère aussi, [que] j'honorois bien fort et qui m'aimoit d'une tendresse toute particulière. Je ne fus pas assez heureux pour demeurer plus longtemps avec elles, jusqu'environ le 15ᵉ janvier 1645 que j'en pris congé, sur une lettre de M. le Cardinal de l'aller trouver. Il me dit à l'abord qu'il m'avoit destiné pour servir de maréchal de bataille à l'armée de Catalogne, dans le corps particulier qui assiégeroit Roses, sous le commandement de M. le comte du Plessis, parce qu'il appréhendoit quelque brouillerie entre lui et M. le comte d'Harcourt, qui commandoit l'armée plus avancée dans le pays de Catalogne[3]. Sachant bien qu'ils étoient tous deux de

1. C'est-à-dire au sieur Mellier.
2. C'est-à-dire ayant appelé au parlement de Paris.
3. Le comte d'Harcourt venait d'être nommé, en février, vice-roi de Catalogne à la place du maréchal de la Motte-Hou-

mes amis et qu'il ne pouvoit choisir personne plus propre à maintenir la bonne intelligence qui étoit nécessaire entre eux en cette occasion, c'est de cette façon qu'il récompensa mes services et dora la pilule pour me faire encore servir de maréchal de bataille auparavant d'avoir mieux. J'aimai mieux prendre ce parti où l'honneur m'engageoit, avec l'espérance d'être récompensé, et, après avoir reçu les arrérages de ma pension, je pris congé de Son Éminence et m'en revins trouver ma femme, Monsieur le bonheur étant, en ce rencontre, qu'elle se trouvoit à Longes sur mon chemin de Catalogne. Je ne lui pus dissimuler que je devois faire ce voyage, parce qu'il me fallut prendre mon équipage. Je tâchai seulement à la consoler de l'espérance d'un prompt retour, et ma belle-mère aussi. Je ne veux pas dire de regrets de notre séparation, [mais] que je louai un bateau à Condrieu pour Beaucaire et m'en allai coucher chez M. de Villars, qui avoit alors la terre de Sarras[1], où il ne se contenta pas de me faire bonne chère : il fit mettre dans mon bateau quantité de bons vivres.

Passant à Valence, je rencontrai deux capucins, que je fis mettre dans mon bateau. Sur le midi, ces bons pères commencèrent à manger d'un petit morceau de pain qu'ils avoient, en sortant une petite bouteille, disant qu'ils faisoient collation parce qu'il étoit un

---

dancourt. Le comte du Plessis commandait un corps particulier, chargé du siège de Roses. Il ambitionnait le bâton de maréchal, qu'il reçut en effet après la prise de la ville. — Roses, en espagnol Rosas, dans la province de Girone, petit port situé à l'extrémité nord d'une baie circulaire.

1. Sarras, sur le Rhône, cant. et arr. de Tournon, Ardèche.

jour de jeûne. Je leur dis que j'avois de quoi leur bailler bien à dîner et qu'il valoit mieux remettre à faire leur collation au soir, et, ayant fait apporter les provisions de M. de Villars, je pris grand plaisir et appétit de voir si bien manger ces bons pères. Après notre dîner, il se leva une furieuse bise, qui est assez commune sur le Rhône, au mois de février où nous étions. Plusieurs s'en trouvèrent mal et moi plus que les autres. Je ne sais si ce fut pour avoir mangé trop de poisson, il me prit un dévoiement avec douleur et fièvre qui me continua tout le jour et toute la nuit, que je logeai au Pont-Saint-Esprit[1]; et même, en arrivant à Beaucaire, m'étant fait traiter, je fus guéri le huitième jour, quoique bien foible, et trouvai M. le comte du Plessis à Perpignan le lendemain qu'il y étoit arrivé. Il fut bien aise de me voir, sachant bien que je devois servir dans son armée. Je l'accompagnai à Collioure et au Port-Vendres, où nous vîmes mettre pied à terre à la plupart de l'infanterie de notre armée, avec laquelle nous allâmes loger au Boulou[2], passâmes la montagne au col de Perthus[3] et [vînmes] loger à Figuières[4], marchant en bon ordre, sur l'avis que la garnison de Roses, au nombre de quatre cents officiers réformés, la plupart montés sur des chevaux castillans, avoient défait la compagnie de la Reine[5] et fait prison-

1. Pont-Saint-Esprit, ch.-l. de cant., arr. d'Uzès, Gard.
2. Le Boulou, arr. et cant. de Céret, Pyrénées-Orientales.
3. Le Perthus, comm. du cant. de Céret, entre deux talus formant col, dans une vallée des Albères, sur la frontière franco-espagnole, est un des principaux passages de la région.
4. Figueras, prov. de Girone, Catalogne, garde la route de Perthus.
5. Anne d'Autriche avait ajouté, le 18 juin 1663, à sa com-

nier M. de Fabert, maréchal de camp, auquel elle servoit d'escorte, sur le chemin entre la Jonquière[1] et Figuières, et l'avoient conduit à Roses.

Toutes nos troupes étant assemblées à Figuières, nous en partîmes le premier jour d'avril 1645 et passâmes par l'Escadirette pour faire les approches de Roses. Toute la cavalerie de la ville, avec quelques mousquetaires, vint au-devant de nous jusque sur la hauteur de la tour de la Garrigue, faisant contenance de la vouloir défendre; mais, après quelques légères escarmouches, [les ennemis] se retirèrent et nous laissèrent librement faire notre campement au vallon couvert de ladite hauteur, depuis la mer jusqu'à la montagne. Nous étions en peine de fourrages et d'eau; mais nous trouvâmes que le grand étang qui se dégorgeoit à la mer, étoit d'eau douce, mais encore [qu'il y avoit] de très bonnes fontaines par tous les camps, après y avoir creusé environ deux pieds, et beaucoup d'herbe entre la colline et l'étang.

Pendant qu'on travailloit à retrancher et loger, nous allâmes à diverses fois autour de la ville, M. le comte du Plessis, M. le marquis d'Huxelles et moi, reconnoître par où nous devions faire notre attaque, que [nous] résolûmes faire au bastion Saint-Georges et à celui qui en étoit proche, du côté de la mer, pour plusieurs raisons. La dernière fois que la chose fût résolue, étant sur une hauteur à la vue des ennemis, ils nous firent

pagnie de gendarmes une compagnie de chevau-légers, commandée par le marquis de Saint-Mégrin, et qui était alors en Catalogne.

1. La Junquera, premier village d'Espagne, au débouché sud du col de Perthus.

couper le chemin par cent chevaux, et nous nous sauvâmes à grand'peine aux deux escadrons éloignés de nous, [donnés] pour escorte.

La ville de Roses est située entre la montagne et la mer, qui baigne ses murailles, et fortifiée de cinq bastions, dont il y en a un tenaillé. Les flancs sont extraordinairement petits et les angles flanqués beaucoup plus aigus qu'à l'ordinaire. Le fossé est long et profond, revêtu d'une forte muraille en dehors, peu de terre aux remparts, point de chemin couvert qu'un marchepied que Don Diègue Cavalis[1], gouverneur de la place, fit faire suspendre sur les fossés, point d'autre demi-lune qu'une petite entre les deux bastions de notre attaque, le glacis médiocrement bon, le terrain étant soutenu par des fascines en divers endroits pour le défendre des inondations de la montagne, trente-six grosses pièces de canon, dont il y en avoit douze qu'on appeloit les douze apôtres, quatre autres pièces de plus de soixante livres de boulets qu'ils mirent aux flancs et [qui] servirent fort peu, plusieurs fauconneaux et mousquets à chevalet, si grande quantité de poudre que nous y en trouvâmes plus de cinq cent milliers, quoique celle qu'ils avoient dans ces grandes tours fût brûlée, ce qui ne s'est point fait des sièges de notre temps où il s'est tant tiré de coups de canon. La garnison étoit composée de trois mille six cents hommes de pied, bonne infanterie espagnole, et d'environ quatre cents chevaliers, la plupart officiers réformés, montés sur des chevaux castillans. Outre la ville de Roses, les ennemis tinrent le château de la Trinité, distant d'une

1. Don Diego Cavallero.

portée de canon, situé sur une hauteur à l'extrémité d'une montagne fort haute, d'une figure triangulaire, mais assez bon[1]. Il y avoit soixante hommes dedans et quatre pièces de canon et environ cinquante milliers de poudre. Au-dessous dudit château les vaisseaux et galères peuvent mouiller en sûreté, à moins qu'il fasse un vent de Ponant extraordinaire.

Notre armée étoit composée de cinq mille quatre cents hommes de pied et de sept cent soixante chevaux, savoir, infanterie : Normandie, Sault, Vaubecourt, Plessis-Praslin, Lyonnois, Huxelles[2], Roussillon[3], Guyenne, Tavannes[4], Calvières, Saint-Paul[5], Chaussoy[6], Praroman, suisse[7]; de cavalerie : les régiments de Boissac, de Feuquières, de Gault[8], et les compagnies de la Reine et de Schönberg ; pour général : M. le comte du Plessis, qui fut fait maréchal de France après la

1. Le promontoire de Santa-Trinitad, couronné par un fort, défend, à l'est, la baie circulaire de Rosas.
2. Régiment d'Huxelles, levé en 1634, devenu 41ᵉ régiment d'infanterie en 1794.
3. Régiment de Roussillon, levé en 1635, licencié en 1644.
4. Régiment de Tavannes levé en 1639, licencié en 1648.
5. Régiment de Saint-Paul, levé en 1625 par Balthazar de Girard de Saint-Paul; donné, en 1637, à son fils; licencié en 1647.
6. Régiment de Chaussoy, levé en 1645 par M. de Chaussoy, licencié la même année.
7. Régiment de Praroman, suisse, levé en 1641, devenu régiment de Reynold, licencié en 1653.
8. Le 24 janvier 1638, on avait enrégimenté la cavalerie en délivrant des commissions pour trente-huit régiments, composés de huit compagnies et d'une compagnie de mousquetaires. Ces régiments s'ajoutèrent aux vingt-cinq régiments de cavalerie qui venaient de passer des troupes weimariennes au service de la France.

prise de la place ; pour maréchaux de camp : MM. de Vaubecourt[1], d'Huxelles et de Saint-Mégrin[2] ; MM. de Saint-Paul[3], d'Alvimar et moi, maréchaux de bataille.

Nous n'avions pas à craindre que la place fût secourue par terre, parce que M. le comte d'Harcourt étoit avancé avec son armée bien avant en Catalogne, ni du côté de la mer, qui étoit gardé par notre armée navale, composée de dix-sept vaisseaux et dix-neuf galères, commandée par le commandeur des Gouttes.

M. le comte du Plessis m'ayant offert le choix de faire à mon particulier l'attaque du château de la Trinité, comme premier maréchal de bataille, ou de demeurer avec lui à l'attaque de la ville, après l'en avoir remercié, je lui dis qu'il sembloit, sous son meilleur avis, que ledit château devoit suivre la fortune de la ville, pour l'attaque de laquelle il n'avoit pas trop de gens et n'en pouvoit détacher qui ne lui fît faute. Après quoi, il y envoya M. d'Alvimar, pendant que nous avançâmes notre tranchée, laquelle se trouva d'environ sept cent cinquante pas de long, avec quatre redoutes le long du vallon, entre la hauteur de la campagne et la mer, lors-

---

1. Nicolas de Nettancourt-Haussonville, comte de Vaubecourt (1603-1678), fils de Jean, lieutenant général, et de Catherine de Savigny, gouverneur de Landrecies, de Perpignan et du comté de Roussillon, maréchal de camp en 1642, lieutenant général en 1651.

2. Jacques de Stuert de Caussade, marquis de Saint-Mégrin, maréchal de camp en 1643, lieutenant général en 1650, fut tué au combat de la Porte Saint-Antoine en 1652.

3. François de Girard de Saint-Paul, fils de Balthazar, lieutenant général, et d'Espérance de la Porte de Boscozel, mestre de camp, fut tué devant Roses. Son frère Jacques lui succéda comme mestre de camp et fut tué devant Arras en 1654.

qu'il vint un si furieux orage, le mercredi de la semaine sainte, qu'il inonda ledit vallon et nos redoutes, où étoit en garde le régiment de Tavannes, commandé par M. de Montmoyen, lieutenant-colonel; sur quoi, l'ayant été visiter, je lui demandai la raison pourquoi il ne faisoit [pas] retirer les soldats qui se noyoient dans la dernière [redoute]. Il me dit que c'étoit pour obéir à un maréchal de camp de jour, auquel il avoit demandé ce qu'il avoit à faire, qui lui avoit répondu qu'il falloit mourir là, ce qu'ils sauroient bien faire en gens de bien. Je leur dis qu'il étoit trop sincère au service du Roi pour périr si mal à propos, que non seulement il falloit retirer ses gens de là, mais encore tout le régiment, et que les ennemis n'étoient pas des poissons, non plus que nous, qu'ils ne pouvoient occuper le poste sans se noyer : « Enfin je vous déclare à vous, M. de Montmoyen, et à tous ceux de votre corps, que je me chargerai et répondrai du commandement que je vous fais de vous retirer avec moi dans le camp, après que vous aurez fait prendre par vos soldats la munition de guerre et les outils qui sont ici; » ce qui fut promptement fait. Les soldats qui les portoient étoient déjà avancés environ deux cents pas du côté du camp, et nous commencions à nous y acheminer, quand les ennemis sortirent sur notre cavalerie et infanterie, sans nous pouvoir approcher, parce que la campagne étoit si trempée que les chevaux en avoient jusqu'au ventre et les hommes n'en pouvoient sortir. Je montois alors un assez bon cheval, qui fut légèrement blessé d'un éclat de canon, dont il fut si épouvanté, que du depuis il me fut impossible de lui faire tourner la tête du côté de la ville de tout le siège. Quand je fus arrivé sur le bord du ruisseau, au vallon duquel, dans le commencement du siège, nous mettions notre garde de cavalerie, je le trouvai si enflé et si impétueux qu'il me fallut faire marcher le régiment de Tavannes en corps de bataillon, mettant les piquiers au-dessus du courant de l'eau avec ordre de se tenir bien joints ensemble, et aux mousquetaires aussi, et, quoique cette masse rompît l'impétuosité de l'eau, nous eûmes grand'peine à la passer et ne l'aurions pu faire une heure après.

M. le comte du Plessis fut bien aise de me voir arriver au camp avec ledit régiment de Tavannes, dont il étoit d'autant plus en peine que le débordement des eaux dans notredit camp, qui fit abandonner les huttes pour se sauver sur les hauteurs, en avoit emporté quantité de bagages à la mer avec des affûts d'artillerie. L'orage et la pluie qui tomboit à verse ayant abattu toutes les huttes, tentes et pavillons, éteignirent aussi tous les feux, de sorte que nous en fûmes entièrement privés aussi bien que de lumière, dans tout notre camp, depuis le mercredi au soir jusqu'au samedi ensuivant[1], veille de Pâques, sur les six heures de matin que le temps se mit au beau [et] l'air [à] devenir serein. Par un bonheur et une grâce du ciel toute particulière, notre armée [navale], sans port, exposée à l'injure du temps, se tint si ferme sur ses fers et ancres, qu'il ne se perdit que deux galères, qui donnèrent bout à terre dans le sable. Encore se perdit-il peu des gens d'une d'elles, celle de Saint-Just, qui eut la prévoyance et la charité de faire détacher les forçats qui se sauvèrent. L'autre n'ayant pas fait de

---

1. Effacé : *sur le midi que l'orage commença à se calmer.*

même, ils se noyèrent tous et leurs corps, flottant sur les eaux, portaient après leur mort les chaînes de leur captivité.

Nous nous trouvâmes en tel état qu'il ne restoit pas cinquante cavaliers dans le camp, ni la moitié des soldats des régiments d'infanterie, excepté les Suisses de Praroman dont il ne se débanda pas un. M. le maréchal du Plessis me commanda, avec tous les majors et plusieurs officiers de chaque corps, pour ramener dans le camp les déserteurs. Nous en trouvâmes plus de deux mille dans la colline, presque demi-morts de froid et de faim, qui se chauffoient à l'abri des arbres et de quelque muraille, restée de la démolition générale que Don Diègue avoit faite de toutes les maisons qui étoient autour de sa place. Après avoir fait mettre des officiers à la tête et à la queue de chaque centaine des soldats, et qu'ils commencèrent à marcher pour retourner au camp, je m'acheminai du côté de Castillon[1], suivant l'ordre de M. du Plessis de tenter le passage pour m'y rendre, et allai prier de sa part M. Imbert, intendant de l'armée[2], de faire tous ses efforts pour nous en faire venir du pain, qui avoit manqué dans notre camp dès le jour précédent, et ne nous en pouvoit venir d'ailleurs [que] de Castillon, où il se faisoit. Il me fut bien néces-

1. Castellon-de-Ampurias, à mi-chemin entre Rosas et Figueras.
2. M. Imbert, intendant de justice et finances en Roussillon, avait envoyé, dès 1644, un mémoire sur l'attaque de Roses, qui se trouve aux archives du Dépôt de la Guerre, n° 253. On trouve à la Bibliothèque nationale des lettres de Le Tellier, secrétaire d'État à la Guerre, à l'intendant Imbert, à l'armée de Catalogne, années 1645 et 1647, notamment dans le manuscrit Franç. 4172, fol. 282 et suivants.

saire d'avoir un bon guide; car la plupart de la plaine étoit inondée, et fallut que nos chevaux passassent à nage en plusieurs endroits plus enfoncés.

En arrivant à Castillon, je demandai premièrement du pain pour l'armée à M. Imbert et, en après, qu'il fît en sorte que le pays fournit promptement cent mules, et [de] les envoyer à M. le comte du Plessis, suivant son ordre; car nous n'avions point de chevaux d'artillerie, non pour lever le siège, comme on croyoit, mais pour changer notre poste d'artillerie qui étoit inondé. Après qu'il m'eut promit qu'il alloit promptement travailler à l'un et à l'autre, je m'en allai à mon logis me mettre dans le lit, pendant que l'on sécha tous mes habits qui étoient tous mouillés.

Après avoir pris congé de M. Imbert, je fus trouver M. le comte du Plessis, qui fut bien satisfait de mon voyage et dit tout haut à la plupart des officiers de l'armée qui se trouvèrent à mon retour auprès de lui : « Messieurs, il nous faut demain matin (qui étoit le jour de Pâques) ressusciter avec Dieu. En après nous verrons ce que nous aurons à faire. » Environ sur les deux heures après midi, il fut résolu dans le conseil de ne nous point servir de notre première tranchée ni de nos redoutes inondées, mais d'aller ouvrir la tranchée sur la gauche, en un lieu qui étoit presque aussi avancé que la tête de notre premier travail, — c'étoit un terrain penchant, au derrière duquel il y avoit un rideau où l'on pouvoit mettre cent chevaux à couvert, — que nous ferions à travers dudit penchant un retranchement en ligne à peu près parallèle à la place, de cent pas de longueur, et deux redoutes aux extrémités. M. Garnier, gouverneur de Toulon, faisant la charge de maréchal de bataille, fut ordonné pour la [redoute de] droite et moi pour celle de la gauche. Je n'ai jamais vu travailler des soldats et officiers avec tant d'ardeur et de désir de regagner le temps que l'inondation nous avoit fait perdre. La ligne fut achevée avant soleil levé et le retranchement si élevé qu'il y avoit pour mettre deux mille hommes à couvert. La redoute de M. Garnier le fut aussi, plus basse que la mienne à cause de sa situation, laquelle étoit vue de trois bastions auparavant que l'on ait eu le temps d'achever la vidange du dedans. Elle fut si furieusement battue du canon pendant deux heures que les ennemis croyoient l'avoir mise en poussière ; l'ayant vigoureusement attaquée, [elle] fut encore mieux défendue par le régiment Lyonnois, qui y étoit en garde et les repoussa brusquement. Presqu'en même temps Don Diègue fit une rodomontade espagnole ; car il vint camper devant nous, au retranchement qu'il fit faire entre le ruisseau et la place, avec la plupart de sa garnison, cavalerie et infanterie ; mais il retira promptement le tout, quand M. le comte du Plessis commença à l'attaquer par divers endroits.

M. d'Alvimar ayant attaqué le château de la Trinité par la hauteur de la montagne, qui alloit toujours en penchant[1] vers la place, la roche toute nue, étant contraint [de] se porter de quoi se loger, perdoit beaucoup des gens sans guère avancer ; ce que voyant Messieurs de l'armée navale, ils députèrent le chevalier de la Roche-Allard[2] à M. le comte du Plessis, qui lui dit que

1. Effacé : *descendant*.
2. Le chevalier de la Roche-Allard commandait quatre navires dans le combat naval que le duc de Brezé livra aux

ces messieurs l'avoient envoyé lui dire que, quand ils auroient pris le château de la Trinité, toute leur armée, vaisseaux et galères mouilleroient au-dessous et répondroient de la mer; sinon qu'ils protestoient, pour leur décharge, qu'ils ne répondoient de rien, ne pouvant empêcher de secourir Roses s'ils n'occupoient ce poste. Ayant le château, ils pourroient combattre par leurs feux quelque armée qui se pût présenter, et qu'autrement, s'il venoit encore une autre bourrasque comme celle de la semaine sainte, ils seroient contraints de lever l'ancre, mettre à la voile et se sauver à la mer. M. le comte du Plessis, bien informé de la mésintelligence qu'il y avoit eu les années précédentes, en Catalogne, entre les généraux des armées de terre et les commandants des armées navales, spécialement à Tarragone[1], où chacun, pour se décharger, avoit déchargé sur l'autre la faute du mauvais succès qui en étoit arrivé, il se résolut, selon sa prudence ordinaire, de conférer lui-même avec tous ces messieurs et, pour toute réponse, dit qu'il iroit demain dîner à leur bord.

Il voulut que j'eusse l'honneur d'être de la partie avec quelque autre officier d'armée. Après dîner, il leur dit : « Messieurs, je suis bien aise de vous faire moi-même réponse à la proposition que vous m'avez envoyé faire par le chevalier Allard. Vous avez grande raison de souhaiter la prise du château de la Trinité pour mouiller vos vaisseaux et galères au-des-

Espagnols, devant Carthagène, en septembre 1643. (Pièce publiée par Chéruel, *Hist. de France pendant la minorité de Louis XIV*, t. I, p. 402.)

1. Tarragone, chef-lieu d'une province de la Catalogne, port sur la Méditerranée.

sous et voyez bien les efforts que je fais pour cela. Je n'en veux point d'autre témoignage que le vôtre ; mais, quoi qu'il en arrive, je prends tout sur moi et, dès à présent, vous déclare de vous décharger envers le Roi de tout ce qui concerne l'armée navale, [ne] sachant que votre fidélité au service de Sa Majesté, et que vous êtes tous gens d'honneur, qui ferez toujours des actions dignes de gloire et de louanges, étant votre très humble serviteur. » Ces messieurs se trouvèrent plus satisfaits de la déclaration de M. du Plessis. Au lieu de parler de protestations, leur conclusion ne fut que des assurances à M. le comte du Plessis qu'ils tenoient à honneur de servir sous ses commandements et feroient au delà de ce qu'on pouvoit attendre d'eux, desquels il [se] sépara pour revenir au camp.

De notre grande place d'armes nous ouvrîmes la tranchée, qu'il fallut toujours soutenir d'un bataillon à la droite et l'autre à la gauche, sur le ventre, à cause des fréquentes sorties des ennemis, lesquels en étant bien rebutés, une nuit que Don Diègue, voyant nos travaux si avancés et blâmant celui qui les avoit ordonnés, pour le divertir disant qu'il falloit sortir sur eux, on[1] lui répondit : « Voyez-vous pas ces deux bataillons ? » A quoi il dit, bravant à l'espagnole, que c'étoient des corps morts et fit une sortie à l'heure même sur eux, qui les attendirent à bout portant et, par leur première salve ayant renversé les premiers, les piquiers renversèrent les autres dans leurs fossés.

Une nuit que nous visitions la tête de la tranchée, M. de Vaubecourt et moi, nous vîmes deux grandes

---

1. Il y a *il* dans le texte.

flammes et, en même temps, entendîmes le bruit que fit le feu qui se mit aux poudres des deux grandes tours de la ville, du côté du château de la Trinité, dont les ruines écrasèrent environ les deux tiers des maisons et tuèrent beaucoup d'hommes et de chevaux. Nous nous aperçûmes incontinent après de l'affoiblissement de leur cavalerie, d'autant que, jusqu'alors, il faut dire la vérité, elle avoit presque toujours l'avantage sur la nôtre, qu'elle l'attaquoit hardiment et, après leurs salves de mousquetons, si un escadron faisoit ferme, elle s'ouvroit à droite et à gauche par l'intervalle pendant que leur canon tiroit au nôtre, et s'alloit rallier à cent pas de là, à la Cravate[1]; que si l'escadron venoit à s'ouvrir après ledit salut, ils donnoient hardiment dedans, étant montés avantageusement et armés de bonnes cuirasses, et presque tous officiers réformés. Le lendemain de cet incendie, l'escadron de Gault, qui étoit en garde avec ce qui arrivoit du camp sur l'alarme, les repoussa jusque dans leur porte et, du depuis, leur cavalerie ne fit aucunes sorties considérables, mais bien l'infanterie, à la première desquelles ils furent battus par le régiment de Praroman qui avoit la tête de la tranchée, près du bastion de la mer. A la seconde, ils remportèrent grand avantage sur le régiment de Tavannes, où M. de Montmoyen, lieute-

1. A la Cravate, c'est-à-dire : à la Croate. Dès Louis XIII, il y eut dans l'armée française des détachements de cavalerie légère formés de Croates qui éclairaient l'avant et les flancs de l'armée, se dispersant et se ralliant avec rapidité. Louis XIV, en 1666, en créa un régiment : Royal-Cravates. Par euphonie, on avait fait promptement *Cravate* de *Croate*. Dans l'ajustement de ces cavaliers se trouvait d'ailleurs la pièce de vêtement qui garda depuis lors le nom de cravate.

nant-colonel, son fils et plusieurs officiers de leur corps furent tués par la faute d'un officier que je ne veux pas nommer, qui empêcha le corps de cavalerie, destiné pour soutenir la tranchée, d'y aller, comme firent les cent hommes de Lyonnois qui servirent bien. Je dois dire ceci pour exemple. Jamais auparavant, ni du depuis, cette personne fort brave ne s'étoit laissé surprendre à la débauche à laquelle sa complaisance l'engagea cette fois-là.

Enfin nous repoussâmes les ennemis et tirâmes deux sacs[1] près la hauteur de la contrescarpe, où nous fîmes notre logement en plein jour, roulant jusqu'au haut de grosses fascines, d'environ deux pieds et demi de long, que nous appelions des rouleaux. Cela se fit avec facilité, parce que les ennemis n'avoient point de chemin couvert et avoient abandonné le marchepied suspendu sur le fossé, qui étoit profond et revêtu d'une bonne muraille. C'étoit vis-à-vis la face du bastion Saint-Georges. Ensuite de quoi, nous forçâmes un petit retranchement qu'ils avoient sous une demi-lune, laquelle ayant abandonnée, nous fûmes maîtres de la contrescarpe, au droit de la courtine et des deux fossés des deux bastions attaqués; ensuite de quoi, nous perçâmes le fossé avec peine, parce qu'il étoit revêtu d'une muraille bâtie de gros quartiers de rochers qui y étoient tombés de la montagne, et fîmes facilement notre pont et pûmes attacher notre mineur à la face du bastion Saint-Georges.

En ce temps-là, M. de Fabert s'étoit si adroitement conduit et avoit su si bien flatter l'humeur bravade de Don Diègue, qu'il lui communiquoit ses desseins et,

1. Galeries en forme de sac.

parlant de son fossé, lui disoit : « Je ne sais pas s'il vous est plus avantageux qu'il fût sec ou d'y avoir de l'eau ; mais je sais bien que vous avez affaire à un homme bien fin et que le comte du Plessis a avec lui des gens entendus à vider l'eau d'un fossé[1]. » Don Diègue lui répondit qu'il avoit donné si bon ordre aux siens qu'il l'en empêcheroit bien, M. de Fabert l'ayant porté adroitement à la résolution de garder l'eau dans son fossé, comme nous désirions. Lorsque notre première mine fut prête à jouer, il nous fit encore connoître que c'étoit l'appréhension de Don Diègue, qui étoit plus capable de se battre en campagne que de défendre une place, en écrivant à M. du Plessis que l'on en parloit dans Roses et que, si on se portoit à cette extrémité, il[2] en arriveroit un grand malheur. M. du Plessis, prenant le contre-pied, fit travailler diligemment à la mine. Il faut dire [que] le prétexte que prenoit M. de Fabert d'écrire est qu'il envoyoit deux ou trois fois la semaine quérir quelque habit ou linge au camp, du consentement de Don Diègue, [et] qu'il ne marquoit dans ses lettres que des louanges de sa conduite[3].

1. M. de Fabert était alors prisonnier dans Roses. Voy., au sujet du siège de cette place, *Vie du maréchal de Fabert*, par le lieutenant-colonel Bourelly, livre II, chap. II. Ci-dessus, p. 136.
2. Il y a dans le texte : *qu'il*.
3. Sur le rôle de Fabert en cette occasion, voy. *Mémoires du maréchal du Plessis*, où est raconté en détails le siège de Roses (coll. Petitot, t. LVII, p. 210 à 232). Lire dans le même volume la *Relation du siège de Roses*, extraite des *Mémoires du marquis de Chouppes*, p. 442, commandant de l'artillerie, et *Mémoires du marquis de Chouppes*, 1 vol., 1861, éd. Moreau. Voy. aussi *Monglat*, t. II, p. 19.

Notre première mine, ayant rencontré un éperon ou arc-boutant, ne fit qu'enlever la chemise de la muraille. La seconde fit un bon effet; ensuite de quoi on se logea sur la brèche, où nous perdîmes d'honnêtes gens, entre autres M. de Saint-Paul, maréchal de bataille et mestre de camp, qui mourut le lendemain de ses blessures, après s'être disposé à la mort. Il me pria de prendre deux beaux chevaux castillans en paiement de trois cents pistoles qu'il devoit à mon frère de Champfort et que j'acceptai pour mon frère, quoiqu'ils ne valussent pas plus de deux cents pistoles. Lorsqu'on fit le logement sur la brèche, je fus commandé, n'étant pas de jour à la tranchée, avec trois cents chevaux et cinq cents hommes de pied pour faire diversion du côté du château de la Trinité.

Enfin, les ennemis, nous voyant logés sur le bastion de Saint-Georges, demandèrent à capituler et sortirent de la place le dernier jour de mai 1645, qu'ils s'embarquèrent en des vaisseaux et barques pour Alicante[1] en Espagne.

Il fallut toute la constance et l'intrépidité martiale de notre général pour cueillir cette piquante rose de mai, n'y en ayant guère qui eussent voulu opiniâtrer ce siège, après les accidents des inondations arrivés dans notre camp et dans nos tranchées, naufrage des deux galères et le danger de toute l'armée navale, s'il fût arrivé encore une pareille tempête, parce que nos vaisseaux et galères ne pouvoient mouiller que sous le château de la Trinité que les ennemis tinrent durant

---

1. Alicante, port sur la Méditerranée, prov. de Valence. — En marge dans le manuscrit : *Prise de Roses le dernier mai 1645.*

le siège, et lequel ils rendirent après la prise de Roses, ainsi que j'avois dit à M. le comte du Plessis qu'il arriveroit, lorsqu'il me voulut envoyer l'attaquer.

M. le comte d'Harcourt, ayant envoyé à M. le comte du Plessis des félicitations de la prise de Roses, m'écrivit aussi d'aller en après servir en son armée, et donna charge à mon frère de Champfort, qui m'étoit venu trouver, de m'en parler; mais, comme il savoit mon intention, et, bien mieux que moi, que ma femme étoit malade, il me conseilla de l'aller trouver, comme je fis, après avoir travaillé avec M. le marquis d'Huxelles à la démolition de nos lignes et fait les brigades des troupes pour retourner en France par étapes[1].

Il me prit alors un serrement de cœur, comme un présage du déplaisir qui m'arriva après; mais, comme les remèdes que je pris à Figuières me furent inutiles, je me résolus de faire mes efforts pour me rendre chez moi ou au moins repasser les monts. Je m'en allai loger à la Jonquière et, le lendemain, dîner au Boulou, en intention d'y coucher. Mais, comme je me sentis un peu plus fort, je me rendis le même jour à Perpignan, où je séjournai un jour pour me remettre. Étant arrivé à Narbonne chez M. Cazarey, notre ami, j'y trouvai Étienne, mon palefrenier, qui étoit demeuré malade et me dit que La Roche avoit toujours marché avec mon bagage. Je le trouvai à Montpellier et, ayant rassemblé tous mes gens, je fis d'assez bonnes journées. Je couchai chez M. le baron de Virieu[2], qui ne voulut pas

1. Pour les routes, les troupes étaient fractionnées par brigades de deux ou trois régiments.
2. Au château de Virieu, comm. et cant. de Pélussin, Loire, à une demi-étape de Longes en venant du sud.

m'affliger par une mauvaise nouvelle; mais, en arrivant à Longes, où j'avois envoyé à l'avance un de mes gens, je ne fus que trop persuadé que l'on s'y portoit mal; car je ne vis point venir au-devant de moi ma belle-mère, ni ma femme, comme elles avoient accoutumé. Je trouvai seulement ma femme, à l'entrée de la grande porte du château, qui me parut en bonne disposition; mais le vermillon qu'elle avoit sur les joues, procédant de son émotion et de la joie de me recevoir, fut bientôt changé lorsque nous fûmes dans l'appartement d'en haut et [qu'elle] fût assise. Elle devint incontinent pâle et si oppressée de la poitrine qu'à peine pouvoit-elle respirer. Elle me dit à grand'peine qu'elle mourroit contente, ayant toujours compté jusqu'à ce jour qu'elle avoit cru être celui de mon retour, mais que sa mère, qui étoit en l'appartement d'en bas sur le jardin, s'en alloit mourir et qu'elle désiroit bien avoir sa bénédiction. Nous la trouvâmes encore le jugement assez bon, et [elle] nous donna sa bénédiction; mais, quand nous voulûmes parler de lui faire des excuses et lui demander pardon, elle dit que c'étoit à elle et, avec des termes et des bontés qui ne se peuvent exprimer, nous donna toutes les consolations que nous pouvions avoir en ce rencontre. Le jour même, Dieu l'appela de cette vie à une meilleure, ayant reçu tous ses sacrements avec tous les sentiments chrétiens, dignes de sa dévote vie[1].

Ce fut à moi à penser à la guérison de ma femme. L'on me proposa les eaux de Saint-Antoine de Vien-

---

1. D'après les registres paroissiaux de Longes, Mme du Chol fut inhumée le 14 juillet 1645.

nois[1]. Pour y aller nous fûmes coucher à Vienne, chez M. le Doyen, mon beau-frère, et, de là, au beau château de la Sône[2], où Mme de la Sône[3], parente de ma femme, nous traita parfaitement bien. Nous demeurâmes presque trois semaines logés au bourg de Saint-Antoine, pendant que ma femme alloit prendre les eaux avec sa cousine, Mme de Villars, qui est présentement abbesse de l'abbaye de Saint-André à Vienne[4]. Je ne

1. Saint-Antoine, cant. et arr. de Saint-Marcellin, Isère. Il y a à Saint-Antoine des eaux ferrugineuses utilisées par les gens du pays; mais il ne reste aucune trace de source méthodiquement exploitée. Il a dû cependant en être autrement au xviie siècle, d'après la phrase suivante du président de Boissieu : « Cette perte fut suivie, l'an 1645, de celle de M. Déageant, père de ma première femme, à Saint-Antoine, où il étoit allé prendre les eaux d'une fontaine minérale. » (*Relation des principaux événements de la vie de Salvaing de Boissieu, premier président en la Chambre des comptes de Dauphiné*, publiée par Alfred de Terrebasse, p. 52. Lyon, 1850.)

2. La Sône, comm. de Lens-Lestang, cant. du Grand-Serre, arr. de Valence, Drôme. Le château, aujourd'hui en ruines, fut brûlé en 1789.

3. Marguerite de Fay, fille de François de Fay, baron de Virieu, et de Catherine de Morges de la Motte, épousa Charles de Murat de Lestang, seigneur de la Sône, veuf d'Antoinette de Murat, qui devint marquis de Lestang en 1643. Elle mourut en 1656.

4. Élisabeth ou Isabeau de Villars (1629-1718), fille de Claude V de Villars et de Charlotte Louet de Nogaret-Calvisson, fit profession à l'abbaye royale de Saint-André-le-Haut, à Vienne, le 15 janvier 1645, fut nommée coadjutrice de l'abbesse Henriette de Villars, sa cousine, par bulle du 21 juin 1659, prit possession de l'abbaye, après la mort de celle-ci, le 19 avril 1662, et fut bénie, en cette qualité, par Henri de Villars, son frère, archevêque de Vienne, le 26 avril 1665. Elle avait élevé auprès d'elle sa nièce, Agnès, fille du maréchal de

remarquai qu'elles deux à qui lesdites eaux profitèrent parce qu'elles les prenoient à propos et vivoient de régime réglé, au contraire des autres dames qui voulurent danser et faire des excès, dont la plupart en furent malades à l'extrémité. Nous revînmes donc bien contents à Longes, avec grand sujet de louer Dieu.

Le 25ᵉ août 1645, ayant appris que M. d'Épernon étoit de retour d'Angleterre, que le Roi lui avoit donné abolition et qu'il étoit rétabli en son gouvernement de Guyenne[1], je me résolus de lui aller rendre mes respects. Je partis de Longes au commencement de septembre. Je passai à Trocezard, Saint-Rambert[2], Saint-Bonnet-le-Château[3], Lavoûte[4], Chaudeyrac[5],

Villars, avec l'intention de lui transmettre son abbaye; mais cette dernière mourut le 19 septembre 1707. Une autre de ses nièces, Claudine Charpin des Halles, lui succéda comme abbesse de Saint-André. (*Histoire et généalogie de la famille de Villars*, manuscrite, par H. de Terrebasse.)

1. En 1639, le duc d'Épernon, alors duc de la Valette, à la suite du siège de Fontarabie, avait été, par un tribunal spécial, « déclaré criminel de lèse-majesté, atteint et convaincu de perfidie, trahison, lâcheté et désobéissance ». L'arrêt portait qu'il aurait la tête tranchée, tous ses biens acquis et confisqués et ses terres mouvantes de la couronne réunies à icelle. L'exécution eut lieu en effigie en trois endroits : Paris, Bordeaux et Bayonne.

2. Saint-Rambert-sur-Loire, ch.-l. de cant., arr. de Montbrison, Loire.

3. Saint-Bonnet-le-Château, ch.-l. de cant., arr. de Montbrison.

4. Lavoûte-sur-Loire, la Voûte-de-Polignac d'après Cassini, cant. de Saint-Paulien, arr. du Puy, Haute-Loire.

5. Chaudeyrac, cant. de Châteauneuf-de-Randon, arr. de Mende, Lozère.

Chirac[1], et entrai dans le gouvernement de Guyenne à Laguiole[2], Espalion, Villefranche-de-Rouergue, Lhospitalet, Montcuq. Étant à Agen, j'appris que M. d'Épernon étoit à Cadillac[3]. Quand je fus à la plaine entre Marmande et la Motte-Mongauzy, je m'arrêtai au champ de bataille où notre armée s'étoit mise, l'an 1620[4] que le Roi passa en Béarn et nous laissa sous la conduite de M. de Contenant, les régiments de Picardie, Normandie, le nôtre, qui étoit alors commandé par M. d'Estissac, Chappe, autrement Nérestang, et quatre compagnies de chevau-légers, pour empêcher que les huguenots de Guyenne ne pussent secourir ceux de Béarn, où le Roi se mit en possession de Pau, Navarrenx et toutes les autres places, sans trouver aucune résistance, et en partit après avoir rétabli les ecclésiastiques en leurs biens, fait bâtir les autels et planter des croix par tout le pays; et, pour revenir au champ de bataille près la Motte-Mongauzy, j'y demeurai quelque temps à considérer la vicissitude du monde qu'en vingt-cinq ans je ne connoissois presque plus personne de tous ceux que j'avois vus là.

En arrivant à Cadillac, je mis pied à terre à la poste et m'en allai au château. Je rencontrai M. d'Épernon, qui traversoit la cour pour aller au pavillon du Trésor, qui ne s'arrêta point autrement pour me remémorer, ce qui me fît douter qu'il me reconnût. Je l'attendis à son retour et le saluai sans m'approcher de lui, mais

---

1. Chirac, cant. de Saint-Germain-du-Teil, arr. de Marvéjols, Lozère.
2. Laguiole, ch.-l. de cant., arr. d'Espalion, Aveyron.
3. Cadillac, ch.-l. de cant., arr. de Bordeaux, Gironde.
4 Voy. t. I, p. 64.

bien de son capitaine des gardes, auquel je demandai s'il n'avoit jamais connu un nommé Souvigny. Il me dit que oui, et qu'il étoit de ses amis. Je lui dis que c'étoit moi, qu'il ne me pouvoit consoler de la manière que M. d'Épernon m'avoit reçu, si je ne croyois qu'il ne m'auroit pas reconnu. Il ne lui eut pas plus tôt dit qui j'étois qu'il s'en revint courant à moi, et M. d'Épernon me venant au-devant, après m'avoir fait l'honneur de m'embrasser à plusieurs reprises, avec des bontés extraordinaires, me dit que j'avois bien raison de dire qu'il ne m'avoit pas reconnu : « Je vous connois bien pour un de mes plus chers et meilleurs amis. » A l'heure même il commanda de faire mettre mes chevaux dans son écurie et me fit conduire dans l'appartement qu'il me donna par M. de Hautmont[1], gouverneur du Château-Trompette[2], son écuyer et son maître d'hôtel.

J'étois logé dans une chambre garnie d'une tapisserie que Henri IIIe avoit donnée à M. d'Épernon le père, pendant sa faveur. L'on sait assez que Cadillac est une des plus belles maisons du royaume, [de sorte] que je n'en ferai pas la description. Mais ce que je trouve de plus remarquable, c'est que M. d'Épernon le père le fit bâtir après la mort de Henri IIIe, dont il étoit favori, et auparavant qu'il fût gouverneur de Guyenne[3]. Il fit venir toute la pierre des belles carrières

1. Le sieur de Hautmont, gentilhomme du second duc d'Épernon, est cité par Richelieu dans une lettre de 1638 à M. de la Valette (*Lettres, Instructions*, édit. Avenel, t. VI, p. 186).

2. Fort construit en 1454, aux portes de Bordeaux, en vue de la défense de la ville contre les Anglais.

3. La construction du château de Cadillac fut commencée

de Saintonge par la mer et la Garonne, où il fit un canal jusqu'à Cadillac, et, quoiqu'il eût aux environs de Cadillac quantité de terres, il n'en voulut pourtant exiger aucune corvée. L'on a trouvé, après sa mort, des mémoires de dix-sept cent à dix-huit cent mille livres que lui revenoit ledit bâtiment, sans les dedans.

Pendant le jour que j'y séjournai, il y dîna un président et quelques conseillers de Bordeaux, à qui il dit plusieurs choses pour m'obliger, que j'étois de ses amis fidèles dont il falloit faire état, quoique je ne lui eusse jamais rendu de service. Aussi crois-je qu'il le disoit en partie pour reprocher à quelques-uns qui lui avoient tourné le dos dans son adversité et sa disgrâce, et arriva au sujet de ce que les ennemis forcèrent le quartier de Monseigneur le Prince, au siège de Fontarabie, où il ne put arriver assez à temps pour le secourir[1], en suite de quoi le siège fut levé; et, comme il ne faut jamais parler des princes qu'avec respect et vénération, je ne m'étendrai sur ce sujet que pour dire que, sur l'information qui fut faite alors, il fut prononcé un arrêt sanglant contre M. d'Épernon, ce qui l'obligea à se retirer en Angleterre, où Madame sa femme[2] l'alla

---

en 1599, sous la direction de l'architecte Pierre Souffron et du sculpteur Girardon. Voy. *les Artistes du duc d'Épernon*, par Ch. Braquehaye (*Mémoires de la Société archéologique de Bordeaux*, 1888); voy. aussi une notice sur le château de Cadillac, dans *le Cardinal de la Valette*, par le vicomte de Noailles, p. 545.

1. Consulter sur cet événement *Mémoires de Bassompierre*, t. IV, p. 281; *Mémoires de Richelieu*, t. X, p. 276 et suiv.; *Mémoires de Monglat*, t. I, p. 214.

2. Marie du Cambout, dite Mlle de Pont-Château, sa deuxième femme, fille de Charles du Cambout, marquis de Coislin, baron

trouver, d'où il revint après que le Roi lui eut donné abolition, par laquelle il fut rétabli en ses biens, honneurs et dignités, et au gouvernement de Guyenne. Quelques-uns ont voulu dire que cela étoit venu en partie de la haine qu'avoit M. l'archevêque de Bordeaux[1] contre la maison d'Épernon, à cause du coup de canne que M. d'Épernon le père lui donna à la grand'porte de l'église Saint-André, à Bordeaux.

Le commencement de leur querelle étoit de ce que M. l'archevêque avoit fait faire une porte à la muraille de la ville de Bordeaux, pour aller de l'archevêché aux Chartreux, sans permission de M. d'Épernon, qui lui fit en après plusieurs pièces, entre autres une fois que deux Suisses, portant sa chaise, le suivirent jusqu'aux portes des maisons où il entra, toute la matinée, dont s'étant aperçu, il envoya son écuyer leur en demander la raison. Ils répondirent, demi en suisse et en françois, que Monseigneur leur avoit commandé de porter sa chaise à la porte de l'église où il prêcheroit ; ne l'ayant encore pu prendre, ils le suivoient là où il iroit ; ce qui étant rapporté à Monsieur de Bordeaux, il commanda à l'écuyer et à quelques valets de pied de maltraiter les Suisses. Ils n'eurent pas plus tôt commencé, qu'ils eurent sur les bras le lieutenant des gardes de M. d'Épernon, avec vingt-cinq cavaliers, qui en tuèrent

de Pont-Château, fils lui-même de Louise du Plessis de Richelieu. Le duc d'Épernon avait épousé en premières noces Gabrielle, fille légitimée de Henri IV et de la marquise de Verneuil, qui mourut en 1627.

1. Henri d'Escoubleau de Sourdis (1595-1645), intendant de l'artillerie, eut la direction générale des vivres au siège de la Rochelle, et succéda, en 1628, à son frère comme archevêque de Bordeaux.

ou blessèrent une partie et firent peur au maître. Après quoi, sur quelques discours qu'il eut avec M. d'Épernon, [où] l'on parla même d'un démenti, il reçut le coup de canne[1], ce que le Roi et Mgr le Cardinal trouvèrent si mauvais, que M. d'Épernon fut condamné à de grandes réparations et à fonder une chapelle de huit cents livres de rente pour mémoire perpétuelle, et fit une satisfaction à Monsieur de Bordeaux dans le château de Coutras[2], où il s'alla présenter à genoux, au premier degré du marchepied sur le haut duquel étoit Monsieur de Bordeaux, vêtu de ses habits sacerdotaux, aux mains brillantes de pierreries, et accompagné de plusieurs du clergé, de présidents et de conseillers de Bordeaux et de ses amis. M. d'Épernon monta trois ou quatre degrés. Monsieur de Bordeaux, en ayant descendu autant, lui dit : « Que demandez-vous ? » Il répondit : « L'absolution. » Après quoi Monsieur de Bordeaux, ayant lu quelque chose dans son bréviaire, lui demanda de rechef ce qu'il demandoit. Il répondit : « L'absolution. Je vous l'ai déjà dit. » Sur quoi, lui ayant été donnée, il se retira.

Il s'en alla [ensuite] trouver Monsieur de Bordeaux en son appartement et lui dit qu'il venoit lui faire ses excuses, ainsi que le Roi l'avoit commandé et

---

1. La scène eut lieu le 1er novembre 1633. Dans l'information qui fut faite, quelques semaines après, il fut déposé par les témoins que « M. d'Épernon, abordant l'archevêque, lui donna du poing dans l'estomac et au visage, le poussant rudement, et du bout de son bâton contre sa poitrine par trois ou quatre fois, lui disant que, sans le respect de son caractère, il le renverseroit sur le carreau » (*Mémoires de Richelieu*, t. II, p. 570, coll. Michaud).

2. Coutras, ch.-l. de cant., arr. de Libourne, Gironde.

M. le Cardinal avoit voulu, le tout en termes peu obligeants. Monsieur de Bordeaux l'ayant été visiter à son tour, ainsi qu'il avoit été arrêté, il[1] l'attendit jusque dans sa chambre, quoiqu'on lui dit de temps en temps qu'il s'avançoit, qu'il entroit dans la salle. Il dit seulement comme en colère : « Ce coquin ne m'apporte pas mon manteau. Je ne voulois pas vous recevoir en pourpoint. » Après quelques discours indifférents, ils se séparèrent sans aucune marque d'amitié. Ensuite de quoi, M. d'Épernon s'étant allé promener dans une allée de jardin, plusieurs de ces Messieurs de Bordeaux, qui avoient accompagné M. l'Archevêque, l'ayant abordé, il y en eut un qui lui dit éloquemment plusieurs belles actions de sa vie et ajouta qu'en cette dernière il s'étoit surmonté lui-même. Il repartit brusquement : « Vous vous trompez, Monsieur ; car se surmonter soi-même présuppose d'avoir aversion de la chose que l'on fait, et ceci est tout au contraire ; car je n'eus jamais tant de joie que d'avoir satisfait au désir du Pape, au commandement du Roi et à la volonté de M. le Cardinal, ce grand ministre », en disant tout le bien qu'il en pouvoit dire, sachant fort bien que c'étoit autant d'espions qui rapporteroient jusqu'à la moindre de ses paroles. La chose étant accommodée, M. d'Épernon le père se retira et alla demeurer à Loches, où il mourut quelque temps après.

M. d'Épernon, son fils, qu'on appeloit auparavant M. de la Valette, qui lui succéda en ses biens, gouvernements de Guyenne, Metz et pays messin et en sa charge de colonel général de l'infanterie de France, se

---

1. Le duc d'Épernon.

souvenant fort bien de la manière que feu Monsieur son père m'avoit fait perdre la charge d'aide-major au régiment d'Auvergne, me la donna quand elle fut vacante par la mort de M. de Saint-Hilaire, tué au siège de Valence l'an 1656, laquelle je donnai à M. du Monceau le jeune[1]. M. d'Épernon me fit aussi cette faveur à Cadillac, audit an 1645, de me donner des provisions en blanc de ma charge de major au régiment d'Auvergne que je n'avois point exercée depuis l'an 1635, que je commençai de servir d'aide de camp au premier siège de Valence, de laquelle je m'accommodai avec M. Benoist, capitaine au régiment, et n'en eus que cinq mille cinq cents livres et quelques présents pour ma femme.

Et, pour revenir à M. d'Épernon, étant à Cadillac, il me dit qu'il s'en iroit le lendemain à Agen, sur des coureurs anglais, et qu'il vouloit que je m'y rendisse au petit pas. Quand il fut au droit du château d'Aiguillon[2], ayant devant lui son écuyer et, derrière, M. de Hautmont au galop, l'on tira deux coups de canon du château pour les saluer, qui effrayèrent tellement les chevaux, que celui de l'écuyer tomba par terre, et le sien dessus, et celui de M. de Hautmont tomba si rude-

---

[1]. Pierre Piochon, sieur du Monceau, était parent de Souvigny. Né à Jargeau en 1640, il était fils de Jean Piochon et d'Anne Ribou, et eut pour parrain le chanoine Pierre Gangnières. Aide-major au régiment d'Auvergne, puis lieutenant dans la compagnie de Souvigny, à Monaco, en 1660, il est qualifié capitaine au régiment d'Auvergne dans un acte de la famille Gangnières, reçu par Me Gaucher, notaire à Jargeau, le 12 septembre 1675. Souvigny parle plus loin de son frère, M. du Monceau l'aîné.

[2]. Aiguillon, ch.-l. de cant., arr. d'Agen, Lot-et-Garonne.

ment sur sa personne qu'il lui rompit une épaule. Dans cet accident, son carrosse se trouva heureusement là auprès pour le porter à Agen, où je me rendis le lendemain. Je trouvai toute sa maison et toute la ville dans l'affliction de ce qui lui étoit arrivé, et, quoique personne ne le vît encore que ses domestiques, il me fit entrer dans sa chambre avec beaucoup de bonté, et [je] demeurai auprès de lui encore trois ou quatre jours qu'il commença à se bien porter, et, en ayant pris congé, je m'en revins par le même chemin. Je trouvai ma femme qui m'attendoit [et] qui disoit toujours que je devois arriver ce jour-là. Pendant le reste de l'année 1645, nous nous occupâmes à quelques réparations et plants d'arbres avec satisfaction.

1646.

Au commencement de l'année 1646, je reçus une lettre par laquelle M. de Couvonges[1] me manda, de la part de M. le Cardinal, de l'aller trouver pour retirer les commissions du gouvernement de la citadelle de Turin qu'il me donnoit. Je n'eus pas de peine à disposer ma femme à ce voyage, tout emploi lui étant bon pour moi pourvu que nous puissions demeurer ensemble. Quand j'arrivai auprès de Son Éminence, elle ne me dit autre chose sinon que d'aller trouver M. Le Tellier, qui me diroit ce que j'avois à faire.

Je le trouvai prêt à partir pour aller au conseil de guerre, qui se tenoit pour lors au Luxembourg, où logeoit M. le duc d'Orléans. Il me fit mettre dans son carrosse

1. Voy. p. 3.

et, ayant mis pied à terre auparavant monter le grand degré, il me dit que M. le Cardinal me donnoit le gouvernement de la citadelle de Turin, mais qu'il y auroit un maréchal de France au-dessus de moi. Cela m'ayant surpris, il ajouta qu'il croyoit que j'en serois bien aise quand je saurois qui il est; il me dit : « M. le maréchal du Plessis », et que j'aurois pour sous-lieutenant M. de Varennes, son parent, qui étoit lieutenant de Roi à Carmagnole sous lui[1]. Je répondis que, pour servir sous lui, je le ferois parce que j'étois son serviteur, mais que je ne m'engageois point dans la citadelle de Turin sans choisir moi-même le lieutenant, que j'avois mon frère de la Motte, capitaine et major au régiment d'Auvergne, à qui je la[2] baillerois : « Il ne faut pas penser à celui-là, dit M. du Tellier, il est trop nécessaire en ce régiment-là. — J'ai mon frère du Fresnay, qui y est aussi capitaine, qui a été major au régiment de Courcelles et servi d'aide de camp. — Enfin, dit M. Le Tellier, vous fâcherez M. le Cardinal par votre difficulté et lui pourriez faire changer la bonne volonté qu'il a pour vous. Je verrai pourtant ce que je pourrai faire pour votre satisfaction. » En sortant du Conseil, il me dit que M. le Cardinal m'avoit accordé de me donner mon frère pour sous-lieutenant et un régiment de douze compagnies pour la citadelle de Turin, sous le nom de maréchal du Plessis, dont je serois lieutenant-colonel et mon frère premier capitaine.

Ayant retiré les ordres pour la levée et les routes,

---

1. Effacé : *M. le maréchal du Plessis.*
2. C'est-à-dire : la charge de lieutenant.

je fis ma compagnie et celle de mon frère, qui étoit lors en Piémont, en Lyonnois, et envoyai à l'avance à M. le maréchal du Plessis, qui étoit à Turin, le jour que je m'y rendrois avec les troupes. Le même jour, M. de Méjanes[1] en sortit avec le régiment d'Aiguebonne[2], et j'y entrai avec huit compagnies des nôtres, les quatre autres n'étant pas encore arrivées.

Je trouvai la place en fort mauvais état, n'ayant point été réparée depuis le siège qu'elle avoit soutenu, les logements de la garnison la plupart rompus et découverts, aussi bien que les corps de garde et guérites, plus de fraises ni palissades aux demi-lunes, les ponts et portes pourris, spécialement celle-là de la porte du secours que l'on ne pouvoit passer; et, ce qui est le plus considérable comme le plus périlleux, à quoi l'on pouvoit avoir[3] remédié avec peu de frais, c'est que les fausses portes, qui sont deux à chaque courtine de la place, grandes, spacieuses et bien voûtées, n'étoient fermées que d'une muraille de briques sèches d'environ un pied de large, enduite de chaux par le dehors. J'avoue franchement que je ne me serois pas aperçu de ce manquement si des soldats ne se fussent évadés par ces lieux-là. Je les fis raccommoder promptement, aussi bien que plusieurs autres choses nécessaires, sans en avoir de remboursement, ni de la dépense de

1. Les seigneurs de Méjanes formaient une branche de la maison d'Aiguières en Provence.
2. Le régiment d'Aiguebonne, levé en 1628 par Rostaing-Antoine d'Urre, marquis d'Aiguebonne, fut plusieurs fois réformé, et licencié définitivement en 1658, après la mort de ce mestre de camp.
3. *Pouvoit avoir* pour *auroit pu*.

l'inventaire, où je demandai qu'il assistât un commissaire des guerres avec un commissaire de l'artillerie[1]. Nous eûmes bientôt fait quant aux vivres : car il n'y en avoit pas pour huit jours; mais nous demeurâmes plus de quinze jours à achever le reste, y ayant quantité d'artillerie, armes, tant du Roi que du désarmement des habitants de Turin, munitions de guerre de Sa Majesté et Son Altesse Royale de Savoie.

Notre commencement fut assez agréable, mais, [vu] les maladies qui se mirent à la garnison au mois de septembre, je mandoi à ma femme qui étoit allée prendre les eaux à Aix en Savoie, chemin faisant pour me venir trouver, qu'elle s'en retournât à Longes pendant que la maladie fût passée, lui faisant encore le mal plus grand qu'il n'étoit; mais il me fut impossible de l'en empêcher. Les eaux d'Aix ne lui ayant pas profité, elle se remit pourtant peu à peu à la citadelle et alla rendre ses devoirs à Madame Royale, qui la reçut dans son cabinet, comme elle auroit fait une ambassadrice et lui a toujours témoigné du depuis beaucoup d'estime et d'amitié, à tel point que, quand il lui survenoit quelque affaire extraordinaire, elle lui faisoit la faveur de la lui communiquer et prendre son conseil. Pour cet effet, elle lui donnoit rendez-vous aux Carmélites, où elle entendoit quelquefois cinq messes l'une après l'autre, les genoux sur le pavé sans carreau, le visage tout baigné de larmes. Elle faisoit toujours paroître beaucoup de consolation en sortant de là.

---

1. On trouvera à l'Appendice le mémoire des dépenses que Souvigny et son frère du Fresnay-Belmont firent personnellement pour l'entretien de la citadelle de Turin, où ils restèrent jusqu'en l'année 1657.

Toutes les fois qu'elle faisoit tenir le bal, elle envoyoit toujours demander ma femme, qui n'y alla jamais que pour lui faire honneur. A la venue de la reine de Suède[1], quoique Mme la marquise d'Urfé[2] lui eût donné avis que Madame Royale se tenoit offensée contre celles qui, étant averties, n'alloient pas au bal, elle n'en témoigna pourtant rien à ma femme qui étoit assez bien avec toutes les dames de la Cour, parce qu'elle n'étoit de nulle intrigue et ne faisoit que passer à la chambre de parade sans s'y arrêter, et s'en alloit trouver Madame, à laquelle ayant un peu fait sa cour, elle se retiroit, s'excusant sur l'heure qu'on fermeroit la citadelle.

1647.

Au commencement de mai de l'année 1647, pour éviter les chaleurs de l'été et le passer au frais[3], je conduisis ma femme à Chaumont en Dauphiné, à une lieue de Suse, le premier village de France. C'est un des plus beaux et des mieux situés du royaume, où il y a de bons vivres et de bonnes eaux. M. Paléologue,

---

1. Christine (1626-1689), fille de Gustave-Adolphe, abdiqua en 1654. Elle passa ensuite treize mois dans les Pays-Bas, qu'elle quitta le 22 septembre 1655, et, s'arrêtant à Turin, se rendit à Rome, où elle reçut la confirmation du pape Alexandre VII, après son abjuration. De Rome, elle gagna la France par mer, en juillet 1656.
2. Marguerite d'Alègre, fille de Christophe, marquis d'Alègre, et de Louise de Flaghac, épousa, en 1633, Charles-Emmanuel de Lascaris, marquis d'Urfé, bailli du Forez, qui devint maréchal de camp en 1649. Elle mourut en 1683.
3. *Au frais* en surcharge sur *en bon air*, effacé.

munitionnaire général de l'armée du Roi[1], qui y est logé en prince, nous donna un appartement en sa maison. M. le doyen de Saint-Pierre de Vienne, mon beau-frère, nous y vint trouver, et, après avoir demeuré environ trois semaines avec nous, nous dit qu'il avoit en main un parti très considérable pour M. de Trocezard, son frère, et qu'indubitablement le mariage se feroit si je lui voulois remettre le château et les dépendances de Trocezard. Je lui dis que je le ferois volontiers, sachant bien aussi l'intention de sa sœur que nous n'y voulions rien gagner, qu'il savoit mieux ce qu'il nous coûtoit, en ayant fait les paiements de notre argent, que nous l'en faisions juge lui-même, et, pour témoigner que nous désirions effectivement contribuer de notre bien à l'avancement et à la fortune de M. de Trocezard, encore qu'il nous coûtât plus de trente-quatre mille livres, nous [le] lui donnerions pour vingt-neuf, argent comptant. Après nous avoir remercié, reconnoissant bien qu'il nous en avoit obligation, il dit qu'il ne pouvoit faire état que de vingt mille francs comptant. Je lui répondis que cela n'empêcheroit pas que nous ne fissions affaire, que, pour leur faire plaisir, nous prendrions pour neuf mille livres de domaines et fonds écartés et leur laisserions pour leur vingt mille francs le château de Troczard, rentes nobles, domaines et fonds adjacents, à leur commodité. Il me dit là-dessus que c'étoit plus qu'il n'osoit espérer, et qu'il nous avoit beaucoup d'obligation. Je lui répliquai que ce n'étoit pas le tout que de tomber

1. Voy. t. I, p. 206-207. Paléologue fut munitionnaire de l'armée française en Italie en 1638. (*Arch. hist. de la Guerre*, 47-162.)

d'accord et convenir du prix, qu'il falloit un terme fixe pour exécuter les choses, qu'il prit quel temps il lui plairoit, afin que je puisse prendre mes mesures justes à employer la somme qu'il nous bailleroit : « Nous sommes déjà au quatrième de juin ; je ne compte pas le reste de ce mois que vous pourrez employer pour vous retirer à Vienne et ébaucher vos affaires. Considérez si vous ne les pouvez pas achever à la fin de septembre. » Il me dit qu'il y pouvoit avoir quelque difficulté et me demanda jusqu'à la Toussaint. Je lui répondis que je lui donnois jusqu'à Noël ensuivant et que, s'il y manquoit, notre pas demeureroit nul et [qu'il] n'en faudroit plus parler. Il en demeura d'accord et nous dit adieu avec beaucoup de témoignages d'être satisfait de nous.

Nous demeurâmes tout le reste de l'été à Chaumont, excepté quelques voyages que je fis à la citadelle de Turin, où mon frère demeuroit en mon absence. Ayant demandé mon congé au Roi pour repasser les monts, comme je vis que je ne l'avois pas encore obtenu en septembre, je fis mon possible pour faire partir ma femme, qui s'opiniâtroit d'un jour à l'autre à m'attendre. Je la résolus finalement à la fin d'octobre et nous partîmes de Chaumont le 3e novembre 1647, en résolution de ne point passer par la montagne de l'Hostalet[1] et ne point loger au village de Monestier[2] où nous [nous] étions mal trouvés. Mais, quand nous fûmes à

1. L'Hostalet, aujourd'hui Lautaret. Le col de Lautaret (2,057 mètres d'altitude) fait communiquer Briançon avec Grenoble par la vallée de la Romanche.
2. Le Monestier-les-Bains, ch.-l. de cant., arr. de Briançon, Hautes-Alpes.

Briançon, nous [nous] laissâmes persuader par le beau temps qu'il faisoit et les gens qui venoient, de sorte qu'au lieu de prendre le chemin d'Embrun, nous prîmes celui de l'Hostalet, d'autant plus facilement qu'au lieu du logis du Cheval-Blanc, au Monestier, que nous appréhendions, il s'en étoit établi un autre où nous serions bien traités et logés. Nous trouvâmes le contraire. Il fallut retourner au Cheval-Blanc sans le pouvoir éviter.

Le lendemain, dès que le jour commença à paroître, il fit une petite pluie sans vent. M'étant informé s'il ne feroit point mauvais temps à la montagne, on me dit que non, mais nous n'eûmes pas fait deux lieues qu'il tomba une si grande abondance de neige, large comme des écus blancs, que l'air en fut tout obscurci, avec un si grand vent, qui nous prenoit par derrière, que nous avions peine à nous tenir à cheval, et qui combla tellement les chemins de neige qu'ils ne se connoissoient plus. Par malheur, mon valet étoit devant avec nos gens à pied et n'avions avec nous que les deux filles de ma femme, dont l'une, qui marchoit devant moi, me dit qu'elle ne pouvoit pas passer plus avant. Alors je me représentai le chemin que nous avions à faire pour aller à la Magdeleine[1], qui pouvoit être à une bonne lieue de là, et très périlleux, et si je pouvois tourner en arrière; mais, ne le pouvant parce qu'en même temps que nous pensions tourner le vent nous ôtoit la respiration, je fis un si grand effort en mon imagination que j'étois tout en feu, et me fallut quitter mon manteau et mon justaucorps. Mais le bon Dieu ne me laissa pas sans consolation, en cette extrémité où j'au-

---

1. La Magdeleine, hameau de la commune du Monestier, sur la rive gauche de la Guisane, à trois kilomètres du Lautaret.

rois donné ma vie pour sauver celle de ma femme; car, en regardant de tous côtés, j'aperçus deux hommes à environ deux cents pas de moi qui sortoient d'une cabane avec de grands bâtons. Ils ne me voulurent pourtant point répondre la première fois que je les appelai; mais, à la fin, comme je leur dis que je leur baillerois une grande récompense pour me servir en cette occasion, que j'étois gouverneur de la citadelle de Turin, auprès de laquelle la plupart de ces montagnards mettoient leur bétail en hiver, ils vinrent à moi non sans s'enfoncer plusieurs fois dans la neige. Je leur dis : « Mes amis, il faut que vous portiez cette dame jusqu'à la Magdeleine en sûreté, et je vous donnerai tout ce que vous me demanderez. » Ils me répondirent qu'ils le feroient de bon cœur[1], et, sans aucun danger, ils s'en acquittèrent si bien et avec tant d'adresse pour nous conduire, qu'ils nous rendirent à la Magdeleine qu'il n'étoit pas plus de midi, et se contentèrent d'un écu d'or pour leur peine.

La Magdeleine est un hospice où il y a fondation pour loger et nourrir les pauvres passants l'espace de vingt-quatre heures et, quoique ce fût une misérable hôtellerie, j'eus bien de la joie d'y être arrivé[2]. Ma femme, qui n'avoit pas connu le péril où elle s'étoit trouvée et ne s'imaginoit point celui de passer la montagne de Lautaret[3], avoit de l'impatience d'en sortir, quand il arriva des muletiers, qui me dirent qu'ils prétendoient la passer et que cela se pourroit facile-

1. *Et la porteroient plutôt comme un sac de blé* : effacé.
2. L'hospice de la Magdeleine avait été construit au moyen âge et servait de refuge.
3. *Lautaret* : en surcharge, addition autographe.

ment, si l'hôte, avec ses valets et eux autres, portoit des pelles pour accommoder le chemin, qu'ils passeroient devant pour le bien battre avec leurs mulets et nous le faire bon.

Voyant le désir de ma femme de sortir de là, je baillai de l'argent à l'hôte pour nous conduire et faire le chemin. Avant partir, je le fis convenir du chemin avec les muletiers, de tenir le chemin d'en haut, étant sur la montagne, près l'hôtellerie de Lautaret[1]. Mais quand nous y fûmes arrivés, l'hôte du lieu nous dit que les grands vents l'avoient rendu impraticable et qu'il y avoit de la neige de la hauteur d'une pique, ce qui nous fit prendre le chemin d'en bas, où nous ne fîmes pas plus d'un quart de lieue qu'il le fallut quitter. Les muletiers [étant] étonnés, il nous fallut [nous] mettre devant pour gagner le haut. Mon mulet s'étant abattu et tombé dans le penchant, la neige me sauva si bien que je n'eus point de mal, quoiqu'une de mes cuisses fût engagée dessous, et je courus de toute ma force trouver ma femme pour la remettre de la peur qu'elle avoit eue, et[2] la fis porter jusqu'auprès du Villar-d'Arène[3], où nous fûmes attaqués par un si grand vent, qui venoit de la Combe du Malna et nous donnoit au visage, qu'il nous fut impossible de nous tenir à cheval. Il y a une descente d'environ un quart de lieue par un chemin fort étroit, où la montagne est

---

1. L'hôtellerie-refuge du Lautaret, qui datait du moyen âge, a été reconstruite sous le nom de Refuge Napoléon, devenu aujourd'hui Refuge National.

2. Il y a *qui* dans le texte.

3. Villar-d'Arène, cant. de la Grave, arr. de Briançon, Hautes-Alpes.

d'un côté et le précipice de l'autre. Je pris un paysan bien fort pour donner la main à ma femme et, ne me fiant pas à lui, je le fis aller du côté de la montagne et moi de celui du précipice.

Étant presque au fond du vallon, il se présenta un homme qui me dit qu'il falloit bien prendre garde au passage du pont à cause du grand vent qu'il y faisoit, et, l'ayant passé, prendre à gauche dans la montagne, parce que les eaux avoient abîmé le chemin ordinaire. Je l'obligeai à nous conduire par le bon chemin, comme il fit jusqu'à la Grave[1], où nous arrivâmes encore de jour. Après ces accidents, Dieu nous fit la grâce d'être secourus bien à propos. De là nous allâmes dîner au Mont-de-Lans[2], et de là coucher au Bourg-d'Oisans[3], où nous eûmes peine à arriver à cause du débordement de la rivière. Nous eûmes toujours la pluie de là à Grenoble, où les petits ruisseaux sembloient des rivières, et y arrivâmes si tard qu'il fallut loger dehors. Le lendemain, nous allâmes loger dans la ville, chez Présin, et, y ayant séjourné six jours, je mis ma femme dans une litière et l'accompagnai jusqu'à Voreppe[4], d'où je revins coucher à Grenoble, et en partis le lendemain pour m'en retourner en diligence à la citadelle de Turin, d'autant que j'en étois parti sans congé du Roi, n'ayant pu quitter ma femme qu'elle ne fût deçà les monts. Je passai dans la vallée de Graisivaudan,

1. La Grave, ch.-l. de cant., arr. de Briançon, Hautes-Alpes.
2. Mont-de-Lans, cant. du Bourg-d'Oisans, arr. de Grenoble, Isère.
3. Le Bourg-d'Oisans, ch.-l. de cant., arr. de Grenoble, sur la Romanche.
4. Voreppe, cant. de Voiron, arr. de Grenoble.

sous le fort de Barraux, par Pontcharra, la Rochette[1], et rentrai au grand chemin de Turin à Aiguebelle[2]. Si j'avois rencontré de grandes neiges et de grandes eaux en passant par les montagnes de Dauphiné, je vis bien d'autres inondations depuis Saint-Jean de Maurienne jusqu'à Suse, les chemins rompus et plusieurs rochers, détachés des montagnes, qui étoient tombés dans les vallons.

L'on ne s'aperçut point à Turin de mon voyage. Mon frère me fit ouvrir la porte de secours de la citadelle quand je m'y présentai à trois heures de nuit. Incontinent après y être arrivé, j'écrivis de rechef pour avoir mon congé, et, n'en ayant aucune assurance, j'en eus un tel déplaisir, que j'en tombai malade d'une maladie qui me faisoit sécher sur les pieds, sans fièvre ni douleur, mais seulement dans une mélancolie qui me faisoit fuir les compagnies et m'empêchoit de dormir. Je ne trouvai rien de bon. M. Boursier, mon médecin, voyant que les remèdes étoient inutiles, et mon frère aussi, consentirent volontiers à mon départ sur l'espérance que j'avois au changement de l'air et au désir de retourner chez moi.

1648.

M. le maréchal du Plessis, M. l'intendant de l'armée et tous les officiers de la garnison disoient que je mourrois si je me hasardois de me mettre en chemin; mais enfin, ayant reçu mon congé le 10ᵉ février 1648, qui

1. La Rochette, ch.-l. de cant., arr. de Chambéry, Savoie.
2. Aiguebelle, ch.-l. de cant., arr. de Saint-Jean-de-Maurienne, Savoie.

portoit aussi ordre d'aller servir mon quartier d'avril de maître d'hôtel du Roi de la même année[1], je pris congé de Madame Royale, de M. le maréchal du Plessis et de tous mes amis, et louai des porteurs pour passer les monts, quoique je ne pusse souffrir l'air ni entendre aucun bruit.

Je partis par un beau jour, et, après avoir fait deux milles, je tins une fenêtre de ma chaise ouverte environ un quart d'heure, et à diverses reprises environ une heure, depuis la citadelle jusqu'à Veillane, où un de mes amis m'attendoit. J'y dormis environ demi-heure et, le lendemain, me rendis à Suse, où l'on me disoit qu'il étoit impossible de passer ma chaise au Mont Cenis, ni à Aiguebelle, parce qu'elle étoit d'une extraordinaire grandeur et fermée. Pour cela, je ne la voulus point quitter parce que je n'aurois pu subsister au grand air, et fis résoudre mes porteurs à la passer partout, en payant les hommes qui seroient davantage en les lieux les plus difficiles.

Dès que j'eus passé le Mont Cenis, je commençai à trouver bon ce que je mangeois et à dormir dans ma chaise. Je me remis si bien, par le chemin, qu'ayant quitté ma chaise au Pont-de-Beauvoisin[2], je montai à cheval et m'en allai coucher à Heyrieux[3], à huit grandes lieues de delà. Le lendemain, je fus dîner à Vienne,

---

1. Souvigny était maître d'hôtel du roi depuis 1641. Voy. p. 70.

2. Le Pont-de-Beauvoisin, bourg séparé par le Guiers en deux parties, dont l'une forme un ch.-l. de cant. de l'Isère et l'autre un ch.-l. de cant. de la Savoie, arr. de la Tour-du-Pin et de Chambéry.

3. Heyrieux, ch.-l. de cant., arr. de Vienne, Isère.

avec M. l'Archevêque, et couchai à Longes où je trouvai ma femme en bonne santé, mais affligée de me voir si maigre et si défait et dès que je parlois de m'en aller servir mon quartier.

Mon beau-frère le Doyen m'étant venu voir, sans me rien dire de notre traité de Trocezard, je ne voulus pas le fâcher, ni lui dire qu'il ne m'avoit pas tenu parole, s'étant passé cinq mois depuis le terme qu'il avoit pris de me payer vingt mille livres. Ma femme m'en ayant fait entendre la raison, je lui dis que nous lui pouvions encore donner quatre mois pour leur laisser faire leurs affaires à loisir, ne désirant point rompre avec eux, qu'il me falloit bien ce temps-là pour aller servir mon quartier et revenir. Je dis donc adieu à ma femme le 15° mars 1648. M. le Doyen, mon beau-frère, m'accompagna jusqu'à mon embarquement à Roanne[1] sans me parler de notre traité.

Arrivé à Paris à l'ouverture du quartier d'avril, que Monsieur le Prince m'avoit donné pour servir en ma charge de maître d'hôtel du Roi, il fit sa charge de grand maître de France à la cérémonie de la Cène, et, comme j'étois premier maître d'hôtel du quartier, j'eus l'honneur de marcher après lui.

Il y parut quantité de personnes avec des bâtons de maître d'hôtel, dont ils avoient les brevets sans avoir jamais servi. M. Sanguin, maître d'hôtel ordinaire[2],

1. La fin du paragraphe et tout le paragraphe suivant forment en marge une correction autographe. Effacé : « Monseigneur le Prince, faisant sa charge de grand maître de France, servit à la cérémonie de la Cène, et, comme j'étois le premier maître d'hôtel du quartier, je marchai après lui. »

2. Charles Sanguin, seigneur de Livry, maître d'hôtel et

s'étant avancé pour prendre la serviette et la présenter, nous l'en empêchâmes. M. de Guitaut[1], qui étoit en quartier et de jour, la présenta. M. de Voiture[2], qui étoit le troisième maître d'hôtel en quartier, étant fort incommodé, ne put se trouver à la fin de la cérémonie, ni aux dix-sept tours que nous fîmes pour faire servir. Il mourut avant la fin du quartier, regretté pour son bel esprit, sa poésie et ses belles lettres.

En ce temps-là, la Cour, mal satisfaite du Parlement, fit venir à pied Messieurs les présidents et conseillers depuis le Palais jusqu'au Palais-Royal, où logeoit le Roi, et demeurer en la salle des Ambassadeurs, tous crottés et mouillés, plus de deux heures sans avoir audience. Finalement, on les fit monter. Ils étoient cent et quatorze. Le Roi ayant dit que M. le Chancelier leur diroit son intention, il[3] les menaça de l'indignation du Roi de s'être assemblés sans son ordre, et de punition s'ils tomboient en de pareilles fautes. Monsieur le Premier Président ayant commencé à parler, on lui imposa silence, et [ils] furent ainsi renvoyés. Ils avoient remarqué en allant que le peuple leur donnoit mille malédictions, disant qu'ils méritoient bien d'être maltrai-

---

gentilhomme ordinaire du roi, fils de Jacques et de Marie Dumesnil, mourut en 1666.

1. François de Cominges, comte de Guitaut, capitaine des Gardes de la reine, gouverneur de Saumur en 1650, mourut en 1663.

2. Vincent Voiture (1598-1648), conseiller du roi en ses conseils, maître d'hôtel ordinaire de Sa Majesté, premier commis du surintendant des finances, gentilhomme à la suite de Monsieur, membre de l'Académie française à sa formation. Ses œuvres furent publiées pour la première fois en 1650.

3. Le chancelier.

tés, après avoir vérifié tants d'édits à la foule[1] du peuple; et, connaissant combien il leur étoit important de les avoir pour eux, quand la Cour les voudroit traiter mal, en s'en retournant au Palais ils résolurent entre eux de décharger le peuple des nouvelles impositions qui avoient été établies, tant aux entrées de la ville de Paris qu'aux autres lieux, et [d']en donner avis en Parlement avant que de se séparer[2]. Il ne m'appartient pas de dire d'où vient la faute; mais il est vrai que cela a été cause des désordres que nous avons vus dans Paris et presque toute la France, et c'est une grâce de Dieu toute particulière d'avoir sauvé l'État au Roi et donné si promptement la paix à tout son royaume.

Mon quartier étant fini, je pris congé de la Cour, spécialement de Monseigneur le Prince, qui, en ayant absolument disposé et fait hautement sa charge de grand maître, m'y avoit employé pour l'amour de mon frère de Champfort, qu'il aimoit et estimoit depuis qu'il avoit commandé l'artillerie en son armée en Catalogne.

Je retournai à Longes environ le 20ᵉ juillet de ladite année. Je trouvai ma femme en bonne santé après le voyage qu'elle avoit fait à Trocezard et [où elle avoit] augmenté les fermes. M. le Doyen, mon beau-frère, ne put s'empêcher d'en faire paroître quelque

---

1. C'est-à-dire : à l'oppression.
2. Les démêlés du parlement et de la cour, notamment la convocation au Palais-Royal, sont racontés dans les *Mémoires de Nicolas Goulas*, t. II, p. 302, édition de la Société de l'Histoire de France. Voy., p. 306, les propositions de la chambre de Saint-Louis pour soulager les misères du peuple.

jalousie, soit que cela fût sans son conseil, ou que le motif de son déplaisir procédât de là ou d'ailleurs. Quoi que ce soit, il y alla lui-même et en écrivit deux lettres à ma femme, assez pressantes, pour m'obliger d'aller trouver M. de Saint-Chamond[1], incontinent après mon arrivée, pour acheter quelque terre de lui, qu'il avoit besoin d'argent pour aller à la Cour et qu'il me préféroit à tout autre. Nous résolûmes, ma femme et moi, que je l'irois voir, sans pourtant me presser, me ressouvenant d'une demande qu'il m'avoit faite autrefois. Tant est que je le fus trouver, et, après avoir demeuré environ trois heures avec lui, sans parler que de choses indifférentes, j'en pris congé, et, comme je voulois descendre le degré, il me dit : « Vous savez que j'ai bien accommodé M. de la Forest[2] en lui vendant le Souzy[3]. » Je lui dis que j'étois bien aise de sa satisfaction et de M. de la Forest aussi. « Ne vous souvient-il point, ce me dit-il, ce qui nous empêcha de conclure notre marché pour mettre Trocezard en justice avec les villages et environs limités par le grand chemin ? » Je lui dis que non, et que je n'y avois plus pensé depuis qu'on me fit une demande [de] sa part qui n'étoit pas raisonnable, que je savois bien qu'il étoit un grand seigneur qui ne vendoit que par nécessité, et que je ne pouvois être son marchand, moi

---

1. Voy. t. I, p. 38.
2. Balthazar de Charpin, comte de la Forest-des-Halles, baron de la Garde, seigneur de Montellier, fils d'Hector, épousa, en 1642, Louise de Villars, fille de Claude V de Villars et de Charlotte de Nogaret-Calvisson.
3. Souzy-l'Argentière, cant. de Saint-Laurent-de-Chamousset, arr. de Lyon.

qui n'avois guère d'argent ni de volonté d'acheter, ayant assez d'occupations dans les armées et dans les places, « et suis même obligé de me rendre dans la citadelle de Turin dans dix ou douze jours. — Eh quoi ! ne voulez-vous donc pas que nous fassions quelque chose ensemble et perdre l'occasion du désir que j'ai de vous servir ? » Je lui dis là-dessus que j'emploierois encore sept ou huit jours de temps pour écouter les propositions qu'il lui plairoit de faire. « Bien, ce dit-il, pour n'en point perdre, si vous voulez demain aller à Trocezard, où vous trouverez M. le Doyen, j'y enverrai mes officiers de justice et mes fermiers, pour voir avec vous l'étendue que vous voulez donner à la justice de Trocezard et la valeur des rentes que j'y prends. » Je lui dis que je le voulois bien. « J'ai une pensée, dit-il, de vous accommoder mieux que cela : c'est de vous vendre Grézieu[1]. » Je lui dis que je n'y pouvois pas penser, étant de trop haut prix pour moi, mais que, s'il étoit vrai qu'il me voulût obliger, il me vendroit Châtelus d'où dépendoit

---

1. Grézieu-le-Marché, cant. de Saint-Symphorien-sur-Coise, arr. de Lyon. Cette terre, qui devait être érigée en baronnie en 1650, et en comté, sous le nom de Souvigny, en 1656, en faveur de l'auteur des *Mémoires*, avait été acquise, en 1363, par Pierre Mitte, seigneur de Chevrières, bailli du Forez, ancêtre du marquis de Saint-Chamond. Le château, dont il reste encore quatre tours en partie rasées, est une masse informe de bâtiments, occupés par des cultivateurs, et semble dater principalement du XVIe siècle. La description en est donnée, dans l'état où il se trouvait en 1827, avec des considérations historiques sur la famille de Souvigny, dans la *Notice historique et statistique du canton de Saint-Symphorien-le-Château*, par Cochard; Lyon, 1827, p. 168-177.

Trocezard. Il dit qu'il ne pouvoit se défaire de Châtelus, parce qu'il étoit au milieu de ses terres, et, ne me pouvant persuader à l'acquisition de Grézieu, m'obligea de le voir. Je lui promis de le faire sans autre intention que de le servir, si je rencontrois quelqu'un qui le voulût acheter.

Le lendemain, en arrivant à Trocezard, mon beau-frère le Doyen me dit que les officiers et fermiers de Saint-Chamond étoient là de sa part pour ce sujet. Je le tirai à part et lui demandai son avis, tant pour me servir de son bon conseil que pour savoir sa volonté, ne croyant pas qu'il songeât à vouloir effectuer notre traité, parce qu'il n'avoit pas eu de l'argent dans le temps, y ayant sept mois que le terme étoit expiré, à quoi il auroit encore plus de difficulté, si j'y avois ajouté la justice et les rentes dont nous étions en marché. Il me répondit sommairement qu'il me le conseilloit et que je ne pouvois mieux faire ; ensuite de quoi, les fermiers donnèrent le dénombrement de la rente et nous fîmes des limites, confinées par le grand chemin, de l'étendue de la justice où Trocezard étoit enclos. Après quoi, il fut question du prix, que mon beau-frère se chargea de savoir de M. de Saint-Chamond : « Vous lui pourrez dire aussi, [repris-je,] s'il vous plaît venir avec moi à Grézieu, que j'y aurai été, ainsi que je lui ai promis. » Ce qu'ayant trouvé bon, nous y allâmes ensemble.

Le fermier, qui s'y trouva, nous fit voir le contrat de sa ferme et nous bailla le dénombrement du revenu, savoir des dîmes, rentes, droits seigneuriaux, fermes de domaines, coupes de bois et louages de prairies. D'abord le lieu me fut agréable. Je le trouvai situé en bon voisinage, ayant les dames religieuses de l'Argentière[1] à l'orient, le commandeur de Chazelles à l'occident[2], MM. les comtes de Saint-Jean, à cause de leurs terres de Saint-Symphorien-le-Châtel, au midi[3], au septentrion la terre de Meys[4], appartenant à M. de la Baume[5], qui n'y a nulle habitation, le château étant entièrement démoli. Je trouvai aussi qu'en plusieurs endroits l'étendue de la justice étoit limitée par les petites rivières de la Gimond et de la Brevenne[6], que

1. L'Argentière, chapitre noble régulier de chanoinesses comtesses, fondé en 1273 dans la paroisse d'Aveize, en Lyonnais. « Ce chapitre noble régulier de Notre-Dame-de-Coise, en l'Argentière, est, par lettres patentes, composé de demoiselles faisant preuve de huit degrés de noblesse paternelle et trois degrés de noblesse maternelle, la présente non comprise. » (*Almanach du Lyonnais*, xviiie siècle. Voy. aussi la *Notice du canton de Saint-Symphorien*, par Cochard, p. 141.)
2. Chazelles-sur-Lyon était alors une petite ville murée, commanderie de l'ordre de Malte, dans le Forez, aujourd'hui cant. de Saint-Galmier, arr. de Montbrison, Loire.
3. Saint-Symphorien-le-Châtel, ou Saint-Symphorien-sur-Coise, ch.-l. de cant., arr. de Lyon, alors petite ville murée du Lyonnais, avait pour seigneurs les chanoines de la cathédrale Saint-Jean à Lyon, qui portaient le titre de comtes de Lyon. Voy. *Notice* de Cochard, p. 39.
4. Meys, cant. de Saint-Symphorien-sur-Coise, arr. de Lyon. Voy. même *Notice*, p. 192.
5. Louis d'Hostun, dit de Gadagne, comte de Verdun, baron de Bouthéon et de Mirabel, seigneur de Meys et de Pérignieux, fils de Balthazar d'Hostun, dit de Gadagne, marquis de la Baume, et de Françoise de Tournon, recueillit les biens substitués des Gadagne. Voy. p. 54, note 2. Il était en procès, en 1648, avec son frère puîné, Roger, marquis de la Baume d'Hostun, seigneur de Veauche, sénéchal de Lyon, à propos de l'héritage des Gadagne en Forez.
6. La Gimond, affluent de la Coise, qui se jette dans la Loire, et la Brevenne, affluent de l'Azergue, qui se jette dans

le château étoit bien logeable, flanqué de bonnes tours quoique irrégulièrement bâties, et, ce que je trouvai plus avantageux, c'est qu'il joint à l'église. La première fois que mon frère de Champfort y fut, il eut de la joie de nous voir logés si près du tabernacle du Seigneur, et nous dit que cette commodité nous valoit plus de cinq cents livres de rente[1]. C'étoit le temps le plus avantageux pour cette visite; car les blés, qui y sont communément beaux, l'étoient extraordinairement cette année-là.

De Grézieu nous allâmes à [la] Forest[2] voir M. et Mme de la Forest. Leur ayant dit le sujet de notre voyage, après les avoir félicités de leur acquisition de Souzy, nous allâmes[3] coucher à Trocezard, d'où je m'en retournai[4] à Longes, le lendemain, attendre la demande de M. de Saint-Chamond, laquelle mon [beau-]frère le Doyen m'ayant fait savoir éloignée de raison, je lui dis qu'il n'en falloit plus parler, et, comme on nous avoit proposé, à ma femme et moi, d'acheter les terres de la Fay[5],

---

la Saône. Grézieu se trouve donc sur la ligne de partage des eaux, au milieu des montagnes du Lyonnais.

1. De l'ancienne église, dédiée à saint Barthélemy (voy. *Notice* de Cochard, p. 168), il ne subsiste plus actuellement que le clocher touchant au château. La nouvelle église, construite au XIXe siècle, s'élève en face.

2. Le château de la Forest-des-Halles, comm. des Halles, cant. de Saint-Laurent-de-Chamousset, arr. de Lyon, prit le nom de Fenoyl en passant dans la famille de Fenoyl, et le domaine fut érigé en marquisat sous ce dernier nom en 1720. Aujourd'hui il porte le nom de château des Halles.

3. Effacé : *retournâmes*.

4. Effacé : *allai*.

5. La Fay, comm. de Larajasse, cant. de Saint-Symphorien-sur-Coise.

qui se devoient vendre à Lyon dans peu de jours, nous y allâmes exprès et donnâmes trente pistoles à Messieurs de Saint-Jean, de Coise[1], pour quelques frais du décret. Nous priâmes aussi mon beau-frère le Doyen de venir, comme il fit. En ces entrefaites, le sieur Réroles, agent de M. de Saint-Chamond, me vint trouver de sa part me dire qu'il rabattroit quelque chose de sa demande de Trocezard et que, si je voulois entendre à l'acquisition de Grézieu, qu'il me le donneroit à un prix raisonnable, me donneroit terme si je n'avois assez d'argent comptant, et, pour assurance des deniers que je donnerois à la passation du contrat, que je paierois les plus anciennes hypothèques de sa maison. Je lui répondis que je remerciois M. de Saint-Chamond, mais que je ne voulois point avoir d'autre affaire avec lui que les occasions de lui rendre mes services, et le renvoyai comme cela.

La terre de la Fay étant enchérie à un si haut prix que nous n'y voulûmes point entendre[2], nous [nous] en retournâmes à Longes avec environ vingt mille francs que j'avois heureusement retirés du change de Lyon, où il se fit plusieurs banqueroutes en ce temps-là. Au bout de cinq ou six jours que nous étions logés à

1. Coise, cant. de Saint-Symphorien-sur-Coise, avait alors pour seigneurs les chanoines de Saint-Jean, comtes de Lyon.
2. Marguerite Michel, veuve de François Chappuis, bourgeois de Lyon, acheta, le 23 septembre 1648, au prix de 32,000 l., les seigneuries de la Fay et de l'Aubépin, de dame Anne Manuel de la Fay, veuve de Guillaume de Riverie, seigneur de Coise. Marie-Anne Chappuis de la Fay, petite-fille de l'acquéreur, épousa, en 1689, Camille de Gangnières, comte de Souvigny, fils de l'auteur des *Mémoires*.

la maison de Torrepane[1], M. de Saint-Chamond nous fit l'honneur de nous y venir voir, en allant à Vienne, et me dit, à son départ, de prendre créance sur ce que M. de la Condamine me diroit sur le sujet de Grézieu. Ce ne fut autre chose que la proposition que m'avoit faite Réroles, sinon que nous en pouvions faire échange avec Trocezard. Je lui dis que je le voulois bien, pourvu qu'il ne me demandât qu'une somme raisonnable de retour. La première demande fut de cinquante mille livres et deux cents pistoles d'étrennes. J'en offris quarante mille et cent pistoles. Sur quoi, M. de la Condamine m'ayant mandé que M. de Saint-Chamond devoit partir pour aller à la Cour, je le fus trouver et, sachant qu'il avoit besoin d'argent, je fis porter avec moi dix-huit mille francs, pour les lui bailler en cas que nous fussions d'accord du prix. J'y trouvai M. le baron de Virieu, notre fidèle ami, auquel ayant dit en particulier les raisons qui m'obligeoient à me défaire de Trocezard, il approuva de changer avec Grézieu, et, après plusieurs discours, la conclusion fut et le contrat signé, à condition que je donnerois quarante-cinq mille francs et cent pistoles d'étrennes de retour de Trocezard à la terre de Grézieu, située en Lyonnois, et Viricelles[2], en Forez, consistant en haute, moyenne et basse justice, mère, mixte[3], impôts, droits seigneuriaux,

---

1. Torrepane, nom sous lequel on désignait la maison forte de Longes, voy. p. 100, note 3.

2. Viricelles, cant. de Saint-Galmier, arr. de Montbrison, Loire.

3. Formule venant du droit romain (*merum et mixtum imperium;* voyez Ducange, *Glossarium mediæ et infimæ latinitatis,* au mot IMPERIUM) et qui était encore usitée dans les chartes et

dîmes, rentes, bois, prairies, domaines et généralement toutes leurs dépendances, à condition de payer dix-huit mille francs comptant, dont la quittance fut insérée au bas du contrat, douze mille francs dans deux mois après, et les quinze mille livres restant dans trois mois. Les fermiers de l'une et l'autre terre en jouiroient jusqu'à la fin de l'année 1648, notre contrat d'échange ayant été signé au mois d'août de ladite année[1].

Je ne saurois dire la joie que ma femme eut de cette nouvelle, [ainsi que] M. l'archevêque de Vienne et M. de Villars que j'allai trouver le lendemain, après en avoir donné avis à mon beau-frère le Doyen, lequel, en même temps que j'étois à Condrieu, en vint féliciter ma femme, [disant] qu'il étoit bien content. Il me témoigna le contraire le lendemain, que je le fus voir, de ce que je l'avois fait sans lui rien dire. Je lui dis que je ne l'avois pu faire à cause du prompt départ de M. de Saint-Chamond, et que c'étoit moi qui avois sujet de me plaindre, et non pas lui; mais le respect que j'avois pour sa personne et son amitié m'en avoient empêché, et qu'il ne tiendroit pas à moi que nous ne fussions toujours bons amis. Sur quoi, m'ayant prié à dîner, je remarquai qu'il étoit encore si en colère que j'aimai mieux me retirer que de m'exposer à une entière rupture. Nous nous séparâmes donc assez froidement, m'ayant, du depuis, intenté un procès que je dirai en un autre temps, dont nous nous sommes accommodés

les dénombrements des terres, sans peut-être que ceux qui l'employaient en comprissent bien la signification.

1. En marge : *Échange de Trocezard à Grézieu au mois d'août 1648.*

par la transaction que nous avons passée à Vienne.

Incontinent après, je fus prendre possession de Grézieu, où je fis faire une sommaire prise de l'état des bâtiments du château et domaines ou dépendances. Je retirai de M. de Saint-Chamond les papiers, terriers, titres et documents des rentes de Grézieu, Viricelles et Montverdun-en-Chazelles, et fis remettre à M. de Saint-Chamond les papiers, et terriers, et titres, et documents des rentes de Trocezard, par le sieur Magdinier, notaire de Longes, qui m'en a rapporté la quittance reçue par le sieur Valous, notaire de Saint-Chamond[1]. Je dépossédai le juge de Grézieu et le procureur d'office pour cause, et pris le désistement du fermier de la ferme de Grézieu. Je donnai ordre à quelques réparations, et, y ayant fait voiturer des meubles, nous partîmes de Longes, le 8 octobre 1648, pour aller habiter à Grézieu, où nous arrivâmes le même jour.

Nous trouvâmes le pauvre peuple accablé de la taille, et de chicanes fomentées par les précédents officiers, et la plupart sans bétail pour cultiver les terres. Pour y remédier, je choisis M. Duxio, juge, non seulement comme bon justicier, mais encore comme élu qui pouvoit contribuer ses suffrages à la décharge de la taille[2], et M. Gubian pour procureur d'office, homme

---

1. La famille Valous a fourni au xvie siècle des notaires royaux à Saint-Jean-Bonnefonds, cant. et arr. de Saint-Étienne, Loire, et un président en l'élection de Forez en 1632. Gabriel Valous, fils de l'un d'eux, s'établit à Lyon, fut greffier en chef de la sénéchaussée de Lyon et mourut en 1651. Il peut s'agir d'un frère de ce dernier.

2. Les élus, en l'élection de Lyon, formaient un tribunal connaissant de toutes les matières de tailles, aides, etc.

du lieu et pacifique[1], et, pour donner moyen au peuple de cultiver leur terre, nous baillâmes de bétail en commande aux plus nécessiteux.

Nous ne nous y reconnaissions pas encore, tant un matin que le jour commençoit à paroître, l'hôte de Saint-Georges, de Chazelles, me réveilla en entrant dans notre chambre, en me disant que le commandeur de Chazelles[2], avec son frère et un autre, en étoient sortis pour aller se battre contre trois autres, et me prioit d'y mettre ordre. « Vous le dites bien tard. Où sont-ils? — Je crois, dit-il, qu'ils ont pris le chemin de Lyon. » Je me jetai promptement du lit et, pendant que je prenois ma botte et que l'on accommodoit mes chevaux, j'envoyai au bourg faire armer des paysans pour me suivre en cas de besoin. Il faisoit un brouillard épais quand je rencontrai ces messieurs, au Plat-Maillard, à cheval, éloignés environ à soixante pas les uns des autres, qui amorçoient leurs pistolets. Je n'en connoissois aucun et tâchai de ménager ma civilité, en sorte que, en faisant aux uns, les autres n'en fussent point offensés. J'ignorois leurs querelles et leur dis : « Messieurs, je m'aperçois bien que vous n'êtes pas de ce pays et que le brouillard vous aura

1. Les officiers de la justice de Grézieu étaient un juge-châtelain, un procureur fiscal et un greffier (*Almanach du Lyonnois*).

2. Louis de la Rivoire, chevalier de Malte, commandeur de Chazelles, fils de Fleury, seigneur de la Rivoire et de Chadenac, et de Judith de Fay. (Archives du Rhône, Malte, H. 320 : *État des dépouilles de Louis de la Rivoire, chevalier de Malte, 5 avril 1684.*) Il eut trois frères : Christophe, baron de Chadenac, Hector, chevalier de Malte, commandeur de Blodez, et Charles, seigneur de Beaumes.

égarés. Je vous prie de venir chez moi pendant qu'il se dissipera. Ma maison est proche d'ici, je vous promets de vous donner des bons guides ou de vous accompagner moi-même, quand vous en voudrez partir. » Il arriva, comme c'est l'ordinaire en pareille occasion, que chacun attendoit ce que feroit son compagnon ; mais enfin j'obtins d'eux qu'ils viendroient chez moi, dont ma femme écrivit adroitement deux billets à M. de Clérimbert[1] et M. de la Menue[2] pour me venir aider à les accommoder. A l'abord, je [ne] leur parlai que de chasser le brouillard avec de fort bon vin blanc ; mais, quand ces Messieurs furent arrivés et que j'eus fait entrer cinq ou six paysans dans le château, je fis fermer les portes et leur dis : « Messieurs, vous avez à choisir d'aller trouver Monsieur notre gouverneur de province à Lyon, accompagnés de ses gardes, car je ne doute pas qu'il n'en envoie sur l'avis que je lui donnerai de votre querelle, ne m'en pouvant dispenser, ou bien, Messieurs, nous faire l'honneur de nous remettre votre différend à MM. de Clérimbert, de la Menue et moi. » Après qu'ils eurent

---

1. Christophe-Girard de Riverie, seigneur des Hormes, Clérimbert, Hurongues, fut baptisé à Saint-Symphorien-le-Châtel le 28 décembre 1611 et mourut en 1689. Capitaine au régiment de Lyonnais, il épousa, en 1644, Françoise, fille de Guillaume de la Balme, seigneur des Marres. Le château de Clérimbert est dans la commune de Saint-Symphorien-le-Châtel.
2. Jean-Jacques Jacquemetton, seigneur de la Menue, Montagny et la Ponchonnière, épousa Antoinette de Saint-Priest-Fontanès, fille d'Aymar et de Louise Harenc de la Condamine. Son père, Pierre, capitaine-châtelain de Saint-Clément-les-Places, avait acquis, en 1609, la seigneurie de la Menue, comm. de Souzy-l'Argentière. (Archives de Terrebasse.)

témoigné, les uns et les autres, d'être surpris de cette proposition et fait des grandes difficultés, finalement ils me donnèrent leur parole de s'en rapporter à moi, qui négociai la chose avec facilité, parce que, les ayant séparés en divers appartements, MM. de Clérimbert et de la Menue demeuroient toujours avec l'un des partis, pendant que je faisois des allées et venues de l'un à l'autre. C'étoit une vieille querelle fort embrouillée; mais enfin nous les mîmes d'accord.

Quelques jours après, un de mes amis m'ayant fait voir une transaction par laquelle M. le baron de Lugny de Vougy[1] avoit une hypothèque spéciale de vingt-quatre mille livres sur la terre de Grézieu, par l'accommodement qu'il avoit fait avec M. de Saint-Chamond, auquel étoient restées les terres de Picquecos[2] et Montpezat[3], près de Montauban, j'en fus alarmé à l'abord; mais, après avoir appris par son conseil que nous sommes en pays de discussion et qu'auparavant qu'il me pût demander ladite somme de vingt-quatre mille livres, il falloit qu'il fit discuter toutes les terres de M. de Saint-Chamond, savoir : la terre de Saint-Chamond, Picquecos, Montpezat, Andance, Talancieu, Anjou[4], Septême[5], Châtelus, Chevrières[6], le Parc[7], et

---

1. Claude de Lévis, baron de Lugny, seigneur de Vougy, fils de Jacques, baron de Couzan, seigneur de Lugny, et de Louise de Rivoire, épousa, en 1638, Anne de Chanlecy.
2. Picquecos, cant. de Lafrançaise, arr. de Montauban, Tarn-et-Garonne.
3. Montpezat-de-Quercy, ch.-l. de cant., arr. de Montauban.
4. Anjou, cant. de Roussillon, arr. de Vienne, Isère.
5. Septême, cant. et arr. de Vienne.
6. Chevrières, cant. de Saint-Galmier, arr. de Montbrison.
7. Le Parc, comm. de Bellegarde, cant. de Saint-Galmier.

deux autres terres qu'il avoit en Bourgogne, cet avis m'ayant rassuré, je ne laissai pas de payer à mondit sieur de Saint-Chamond la somme de douze mille livres dans le terme, outre les dix-huit mille dont la quittance est insérée au contrat d'échange de Trocezard à Grézieu, ayant néanmoins pris cette précaution que M. Just Mitte de Saint-Chamond[1], fils aîné de M. de Saint-Chamond, ratifiât non seulement la quittance de douze mille livres, mais encore le contrat d'échange passé avec Monsieur son père, si bien que voilà la somme de trente mille livres payée avec sûreté.

Quant à la somme de quinze mille livres qu'il falloit encore, pour faire le supplément de quarante-cinq mille livres que je devois bailler de retour de Trocezard à Grézieu, elle me fut saisie entre les mains par diverses personnes, entre autres M. du Gay, maître des requêtes, et M. le baron de Lugny. Après avoir soutenu un procès, l'espace de quatre ou cinq ans, pour [ne] la payer que valablement et avec mes assurances, j'obtins finalement un arrêt avec les Messieurs susdits, M. Séguier, garde des sceaux[2], M. de Servien, surintendant des

1. Just-Henri Mitte de Chevrières, marquis de Saint-Chamond et de Montpezat, fils de Melchior qui décéda en 1649, et d'Isabeau de Tournon, épousa, en 1640, Catherine de Gramont, fut capitaine au régiment des Gardes, lieutenant général, et mourut sans enfants en 1664. Il eut à réaliser de nombreuses ventes pour acquitter les dettes contractées par son père dans vingt-trois ambassades, pour lesquelles la cour devait 900,000 livres, qui ne furent jamais remboursées. Voy. *Recueil des mémoires et documents sur le Forez*, publiés par la Société *la Diana*, t. IX, 1888, p. 185 : Généalogie de la maison de Saint-Chamond.

2. Pierre Séguier (1588-1672), garde des sceaux en 1633, chancelier de France en 1635.

finances, l'Hôtel-Dieu de Paris et plusieurs autres créanciers de M. de Saint-Chamond, par lequel il fut dit que je paierois ladite somme de quinze mille livres audit sieur baron de Lugny, avec les intérêts, comme j'ai fait, lui ayant payé dix mille livres, à Chazelles, suivant sa quittance du . . . . .[1], et six mille livres en sa maison, au château de Vougy[2], selon sa quittance du 6 mars 1659, à laquelle il y a une déclaration de Debilly, notaire royal de Vougy qui l'a reçue, que la transaction, passée entre lesdits sieurs de Saint-Chamond, de Vougy et de Lugny, d'où procède [la]dite hypothèque, a été déchargée de ladite somme (je lis la propre cede[3] et original), de sorte que ladite somme de quarante-cinq mille livres de retour de Trocezard à Grézieu a été payée avec toutes les sûretés requises. Il n'y a non plus à craindre de substitution, n'y en ayant eu nulle, ainsi que tous les testaments de la maison de Saint-Chamond en font foi. C'est pourquoi il y a toutes les sûretés imaginables en l'acquisition de Grézieu, où nous avons les terriers en fort bonne forme pour faire payer les rentes de Grézieu, Viricelles et Montverdun-en-Chazelles, lesquelles j'ai fait reconnoître à mon nom, savoir : Grézieu et Viricelles par M. Gubian, et Montverdun-en-Chazelles par M. Mantelier, de Chazelles. Il nous faut encore un terrier, signé Goudin, de la rente de Montverdun-en-Chazelles, avec l'échange que M. de Saint-

---

1. Ce chiffre est en blanc dans le manuscrit.
2. Vougy, cant. de Charlieu, arr. de Roanne, Loire.
3. *Cede* ou *sede*, mis pour cédule, synonyme de billet, indiquait un engagement sous seing privé et s'appliquait aussi parfois à un acte judiciaire. Voy. *Dictionnaire de l'ancienne langue française*, par Godefroy, t. II, p. 6.

Chamond a fait de ladite rente avec notre prieur de Montverdun, et quelques transactions passées entre les anciens seigneurs de Grézieu et Viricelles avec leurs sujets, qui doivent être dans les archives de Saint-Chamond, lesquels terriers et transactions M. de Saint-Chamond me doit fournir, comme il m'a promis par ses lettres de le faire, quand il les trouvera dans ses archives de Saint-Chamond; c'est de quoi il faut solliciter.

1649.

Nous passâmes heureusement tout le reste de l'hiver à Grézieu. Au mois de mars 1649, je m'en allai à la citadelle de Turin, où je trouvai mon frère du Fresnay, qui y commandoit à mon absence, en des grandes avances qu'il avoit faites pour faire subsister la garnison, qui n'étoit pas payée et n'avoit pas seulement de pain de munition. Le retardement des paiements procédoit en partie de ce que M. de Servien, intendant de l'armée et des garnisons d'Italie[1], ne vouloit point écrire à M. de Servien, son frère, surintendant des finances, des nécessités qu'il y avoit, pour ne lui déplaire. Mais, bien plus, après qu'il eut arrêté le compte de trois mille huit cent soixante-six livres du pain de munition que mon frère avoit avancées, je n'en ai jamais retiré un sou, quoique ledit sieur intendant se fût lui-même payé de ses droits, et que j'aie payé,

1. Ennemond Servien, seigneur de Cossai et de la Balme, fils puîné d'Antoine Servien et de Diane Bailli, commissaire général des guerres et contrôleur des fortifications à Pignerol en 1633, intendant de justice au delà des monts en 1645, ambassadeur en Savoie de 1648 à 1676.

à Paris, ceux des gardes et contrôleurs des vivres, aussi bien que ceux du trésorier de l'Épargne, qui m'en bailla son billet[1]. Il seroit trop long et ennuyeux de dire la peine et la dépense que me donna cette affaire, qui fut le commencement des pertes et des déplaisirs que nous ont causés les avances de la citadelle de Turin en ladite année[2].

M. le Cardinal, pour réparer l'affront que les armées du Roi reçurent à Orbitello par la levée du siège, envoya MM. les maréchaux de la Meilleraye et du Plessis assiéger Porto-Longone, qu'ils prirent[3], M. Randin, capitaine au régiment d'Auvergne[4], m'ayant apporté à Turin la funeste nouvelle que mon frère de

1. Ci-après, p. 199.
2. On verra à l'Appendice, IIIe volume, les requêtes et démarches faites par Souvigny et son frère pour rentrer dans leurs avances, qui furent considérables.
3. Orbitello ou Orbetello, arr. et prov. de Grossetto, est situé sur la côte de Toscane. En mai 1646, le prince Thomas de Savoie, commandant des troupes françaises, ayant attaqué Orbitello, défendu par les Espagnols, fut contraint, en juillet, par une armée de secours, de lever le siège. Mais, dès le mois de septembre, pour réparer cet échec, la Meilleraye et du Plessis débarquèrent dans l'île d'Elbe et s'emparèrent de Porto-Longone. C'est par erreur que l'auteur place cette action de guerre en 1649 au lieu de 1646.
4. M. Randin avait été blessé en 1640, à Turin, étant lieutenant au régiment d'Auvergne. Sa famille semble originaire des confins de l'Auvergne et du Forez, où Guy Randin, châtelain de Saint-Didier-sous-Rochefort, épousa, vers 1610, Jeanne du Bessey. Il est à remarquer que beaucoup d'officiers du régiment d'Auvergne se recrutèrent en Lyonnais, en Forez et dans les environs de Thiers, en Auvergne, régions où ce corps avait fréquemment séjourné avant de se rendre en Italie, en 1629, et où les officiers continuèrent à garder des relations.

la Motte y avoit été tué, faisant un logement sur la brèche, où il s'étoit engagé à faire une garde particulière comme capitaine au régiment d'Auvergne, contre l'avis de tous ses amis, d'autant qu'il faisoit alors les charges de major au régiment d'Auvergne et de major de brigade de l'armée[1]; mais il étoit tellement zélé pour le service, que son affection l'emporta en cette occasion, qui fut la dernière de sa vie; car, après la mousquetade qu'il reçut dans la tête, il ne parla plus, faisant seulement tous les signes qu'on pouvoit désirer d'un bon chrétien, comme il avoit toujours vécu, et rendit ainsi l'esprit[2]. Son corps fut porté à l'église della Madonna del Rio, en l'île d'Elbe, et son corps inhumé devant le grand autel. Il étoit fort dévot à Notre-Dame, s'étoit confessé et communié avant l'embarquement, ce qui me fait espérer que Dieu lui aura fait miséricorde. Ledit sieur Randin, qui étoit son ami, s'étoit chargé de ce qui lui restoit à son décès, dont il m'en rendit fidèle compte.

J'ai estimé commencer ce que j'aurois à faire en ce rencontre par un service solennel que je fis faire à Pignerol, où assistèrent M. de Maleissye et tous nos amis de ce pays-là, ayant été logé chez M. le comte Falcombel, mon ami, et non chez ma sœur de la Motte, tant parce qu'elle étoit toute en larmes que [parce que] nous avions des affaires ensemble, que je désirois terminer à l'amiable par l'avis de nos amis, et lui témoigner, en sa personne, l'estime que je faisois de celle

---

1. Le major de la Motte fut tué le 23 octobre 1646 d'une mousquetade à la tête (*Gazette de France*, année 1646, p. 1060).

2. En marge : *Décès de M. de la Motte sur la brèche de Portelongue en 1649.* 1649 est mis pour 1646.

de feu mon pauvre frère et de sa fidèle amitié.

Après le service, je payai toutes les dettes de mon frère et ce qu'il restoit à payer de l'acquisition de la cassine de Lenne, qui se montèrent à la somme de . . . . .[1], dont j'ai les quittances, laquelle cassine nous demeura, et, quoique l'acquisition de celle de . . . . . fût faite au nom de mon frère, aussi bien que celle de Lenne, néanmoins, pour gratifier notre belle-sœur, nous la lui relâchâmes entièrement, mes frères de Champfort, le doyen, de Fresnay et moi, qui fis les choses par leur consentement, par la transaction que nous passâmes ensemble, lui payant en son particulier la somme de . . . . . à Pignerol.

La nécessité de la garnison de la citadelle de Turin s'augmentant tous les jours, pendant que j'étois à la Cour et dans les armées, j'écrivois souvent à mon frère de ne rien avancer que ce qu'il voudroit perdre ; qu'il pensât seulement à sa personne et à bien garder la citadelle de Turin avec ce qu'il plairoit à Dieu et au Roi qu'il eût de gens, sans s'imaginer que nous y puissions entretenir une garnison à notre dépense ; qu'après avoir consommé le peu de bien que j'avois et qui ne dureroit guère, je n'aurois plus de quoi vivre moi-même ; tout cela avec des protestations. Mais je n'avois pas plus tôt fermé mes lettres que, faisant réflexion là-dessus, j'y ajoutai une lettre de change pour faire toucher l'argent à mon frère, m'imaginant que c'eût été cruauté de l'abandonner à cette occasion, et manquer à mon devoir envers le Roi, si je n'employois tout mon bien pour sauver à Sa Majesté

1. La somme est en blanc dans le manuscrit, ainsi que les mots manquants des lignes suivantes.

l'importante place de la citadelle de Turin pendant le désordre de France. Et, m'étant entièrement épuisé d'argent, sans ralentir ma bonne volonté de servir le Roi et d'assister mon frère, sachant que sa garnison étoit dans la dernière nécessité, [que] l'intendant ne vouloit point faire donner d'argent, ni les munitionnaires de pain, et qu'il n'y avoit ni blé, ni farine, ni autres vivres dans la place, j'envoyai une procuration à mon frère pour vendre la cassine de Lenne, qu'il bailla à M. de la Vermenelle pour mille pistoles, quoiqu'elle coûtât plus de quinze cents pistoles à mon frère de la Motte, sans comprendre les réparations qu'il y avoit fait faire. Effectivement elle vaut plus de dix mille écus : c'est un clos carré, formé d'une haie vive d'aubépine d'une épaisseur et hauteur extraordinaires, environné d'un bon fossé, beau logement pour le maître, séparé de celui du fermier, qui a le sien séparé des étableries et grandes halles où est le pressoir et les tonneaux. Il s'y cueille quantité de blé, de vin, de fruits et de feuilles de mûrier que l'on afferme tous les ans. Elle est située environ un quart de lieue de Pignerol, ce qui fut cause que j'eus regret de nous en défaire.

Quand [je me décidai] à aller trouver la Cour à Compiègne[1], je demeurai dix jours sans pouvoir parler à Son Éminence; ce qui me fit résoudre de bailler une lettre au sieur Métayer, son premier valet de chambre,

---

1. La cour avait passé le commencement de l'année 1649 à Saint-Germain, où elle s'était accommodée provisoirement avec les Frondeurs. Le 13 mars, elle partit pour Compiègne, qu'elle quitta le 7 juin pour Amiens. Voy. *Mémoires de Mme de Motteville*, t. III, p. 281, éd. Petitot.

qui étoit de mes amis. La lui ayant rendue à propos, il me fit entrer. Monsieur le Prince étoit dans la chambre avec M. de Lillebonne[1]. Quand ils en furent sortis, Son Éminence me donna tout le loisir de lui faire ma plainte de l'abandonnement de la garnison de la citadelle de Turin, où j'avois employé partie de mon bien pour la faire subsister, n'étant point payé, n'y ayant ni blé, ni farine, ni autres vivres dans la place, tous les munitionnaires ne fournissant plus de pain. Après qu'il m'eut fait espérer d'y donner ordre, j'ajoutai, après mon remerciement, que j'avois cela à lui dire pour l'intérêt du service du Roi, et la nécessité où j'étois réduit, et que j'étois obligé de l'avertir qu'il y avoit cinquante ou soixante mestres de camp, lieutenants-colonels, capitaines et officiers d'armée, qui s'impatientoient fort de ce qu'il ne leur donnoit point d'audience et ne leur permettoit de le voir; que, pendant qu'ils étoient là, les troupes, qui étoient en marche pour aller à l'armée, vivoient en grand désordre et couroient fortune d'y arriver foibles par l'absence de leurs chefs, et qu'il y avoit tel qui ne demandoit qu'à lui faire la révérence; qu'en demi-heure il leur pouvoit parler à tous, d'autres leurs pensions et des ordres importants au service du Roi et de Son Éminence. Il me témoigna être bien aise de cet avis et commanda, à l'heure même, à Balsac de les faire tous entrer, comme ils firent. Quelques-uns furent contents de son audience; mais ce n'étoit pas mes affaires, qui ne s'avancèrent pas pour cela. Quand je vis les bonnes paroles sans effet, je me résolus

1. François-Marie de Lorraine, fils de Charles de Lorraine, duc d'Elbeuf, et de Catherine-Henriette, légitimée de France (1627-1694), comte de Lillebonne, lieutenant général.

d'aller solliciter quelque affaire que j'avois à Paris, en attendant que la Cour y fût retournée.

Je partis de Compiègne avec un mestre de camp de cavalerie de mes amis et, ayant envoyé nos valets devant, comme nous en allions au petit galop, nous aperçûmes d'assez loin, sur la hauteur de Louvres-en-Parisis¹, un carrosse arrêté, et des cavaliers aux portières qui présentoient leurs armes. Nous y courûmes et trouvâmes dedans M. le duc de Damville² et M. le comte d'Hostel³ avec quelques autres personnes de qualité, que ces gens-là vouloient voler, leur ayant fait une querelle d'Allemand et disant qu'ils vouloient avoir raison de l'injure que leur avoient faite leurs valets de pied. Je leur dis : « Je vois bien, Messieurs, que vous ne connoissez pas M. le duc de Damville. Il vous fera bonne justice, étant bien raisonnable qu'on ne souffre pas qu'on attaque de si honnêtes gens que vous. » Je ne sais si son respect les empêcha d'exécuter leur dessein, ou s'ils appréhendèrent quelques cavaliers qui venoient encore de Compiègne ; tant est qu'ils se retirèrent en grondant.

1. Il y a *du Louvre* dans le manuscrit. Louvres, cant. de Luzarches, arr. de Pontoise, Seine-et-Oise.

2. François-Chrysostome de Lévis-Ventadour, comte de Brion, gouverneur du Limousin, vice-roi de l'Amérique en 1655, neveu d'Henri, duc de Montmorency et de Damville, obtint de Louis XIII la seigneurie de Damville et des lettres de duché-pairie pour cette terre en 1648. Mais elles ne furent point enregistrées. Il mourut en 1661.

3. Charles de Choiseul du Plessis-Praslin, comte d'Hostel, mestre de camp d'un régiment d'infanterie depuis 1643, fils du maréchal du Plessis-Praslin, fut tué au combat de Rethel (15 décembre 1650).

Étant arrivé à Paris, j'obtins un billet de l'Épargne de la somme de trois mille six cent quatre-vingts livres, pour remboursement de pareille somme du pain de munition que j'avois fait fournir à la garnison de la citadelle de Turin, après que M. de Servien, intendant de l'armée d'Italie, eût été payé de son droit par mon frère, et que j'eusse aussi payé à Paris les droits du garde et du contrôleur des livres, comme aussi les taxations du trésorier de l'Épargne ; mais je n'en fus pas mieux payé. Après avoir longtemps sollicité M. de Maisons[1], pour lors surintendant des finances, de me faire justice, je lui proposai d'assigner mon billet sur la taille de Souvigny[2], pour le paiement de laquelle les consuls du lieu étoient prisonniers depuis longtemps pour leur impossibilité de payer ; [que] je m'en paierois bien peu à peu ; qu'en délivrant ces misérables prisonniers, il feroit une action de charité et de justice tout ensemble. Il me dit : « Ne faut plus parler de charité ni de justice, mais de faire les choses par nécessité. » Je fus si outré de cette cruelle répartie que je [ne] me pus retenir ni m'empêcher de lui dire, en la présence de M. le maréchal du Plessis et de toute la compagnie, que rien ne m'empêchoit de me faire rai-

---

1. René de Longueil, marquis de Maisons, fils de Jean et de Madeleine Luillier, premier président à la Cour des aides en 1630, président à mortier au Parlement en 1642, ministre d'État, surintendant des finances en 1650, mourut en 1677.

2. La terre de Grézieu, acquise, comme nous l'avons vu, en 1648, fut érigée en baronnie en faveur de l'auteur par lettres du 3 novembre 1650, puis en comté, sous le nom de Souvigny, par lettres patentes de décembre 1656. On trouvera à l'Appendice les lettres d'érection.

son à moi-même que mon inviolable fidélité au service du Roi, ayant une bonne garnison et cinquante-six pièces de canon montées sur leurs affûts, dans une des meilleures places de l'Europe. Enfin M. le maréchal du Plessis interrompit le discours, [tandis] que M. Gargan, intendant des finances[1], que je ne connoissois pas, me prit en particulier et me dit que j'étois bien colère et avois parlé bien haut devant M. le Surintendant. Je répondis que c'étoit avec raison, et, après lui avoir fait entendre, il me dit de l'aller trouver le lendemain, qu'il me donneroit contentement. Ce fut une assignation de mon billet sur la recette de Moulins, que j'estimois m'être commode, parce qu'il m'y falloit passer pour aller chez moi.

Ainsi, voyant que je n'avois point affaire à la Cour, j'en pris congé et, étant arrivé à Moulins, je priai M. Coiffier, qui y étoit conseiller et fort mon ami, de ménager mon affaire avec le receveur sur lequel j'étois assigné. Mais son entremise fut inutile, parce qu'il lui fit voir un arrêt de révocation contraire à mon billet, lequel, après avoir plusieurs fois changé de mains, parvint au sieur de la Guillonnie, l'un des commis du surintendant, où il est perdu pour moi, qui ne sais pas s'il en aura profité à mon insu.

Ma consolation fut de trouver ma femme en bonne santé à Souvigny, où nous passâmes l'hiver, et fîmes faire quelques réparations au printemps de l'année 1650.

---

1. Antoine Gargan, intendant des finances depuis 1637, mourut en février 1657.

1650.

Au mois d'août, Son Éminence m'envoya ordre pour aller servir mon quartier de maître d'hôtel du Roi du quartier d'octobre 1650[1]. Toute la Cour et l'armée du Roi étoient allées en Guyenne après la révolte de Bordeaux[2]. La garnison de Montrond[3] et d'autres troupes de Monsieur le Prince faisoient alors tant de courses et de prises dans les provinces d'Auvergne et Limousin, par où je devois passer, que je ne le pouvois faire sans péril. Néanmoins, je ne laissai pas d'entreprendre, quoique ma femme, remplie de bonté, fît son possible pour m'en divertir; aussi fis-je un grand effort sur moi-même en lui disant adieu.

Je m'en allai loger à Boën[4] et, le lendemain, chez M. de la Verchère[5], mon fidèle ami, pour m'accompagner du messager de Limoges, qui devoit arriver le même jour à Thiers, à demi-lieue de la Verchère[6]. Mon parti

1. En mars et avril 1650, Souvigny avait servi en Bourgogne au premier siège de Bellegarde. Le récit en est donné plus loin.
2. La cour était partie le 4 juillet de Paris pour la Guyenne après s'être assurée, contre le prince de Condé et les Bordelais, de l'appui du duc d'Orléans, qui fut chargé du gouvernement des pays au nord de la Loire.
3. La place de Montrond, aujourd'hui Saint-Amand-Montrond, ch.-l. d'arr. du Cher, avait été vendue par Sully au père du grand Condé. Le château, pris en 1652 par les armées royales, perdit alors ses fortifications.
4. Boën-sur-Lignon, ch.-l. de cant., arr. de Montbrison, Loire.
5. Gabriel de Tournebise, seigneur de la Verchère, ancien capitaine au régiment d'Estissac, fils de Jean et de Jeanne de Callard, est plusieurs fois cité dans notre premier volume.
6. La Verchère, comm. d'Escoutoux, cant. et arr. de Thiers,

n'en fut pas plus fort pour cela : car il n'avoit pas un homme qui pût tirer l'épée qu'un marchand de Lyon. Je passai à Clermont, Pontgibaud, Pontaumur[1], où l'on nous dit qu'il y avoit des gens de guerre sur notre droite. C'est pourquoi, à la moitié de la journée, je pris à la gauche. Le messager me dit qu'il n'osoit changer sa route, d'autant que son maître le feroit punir s'il lui arrivoit accident en l'ayant changée, et [je] fus bien aise d'en être débarrassé, quand j'eus bien pensé que, s'il y avoit quelques parcoureurs en campagne, ils sauroient le jour et l'heure des dîners et couchers du messager, pour le voler et ceux qui seroient avec lui, sans trouver résistance. Le marchand de Lyon ne voulut pas me quitter. Nous passâmes heureusement par Crocq[2], Felletin[3] et Sauviat[4]. Étant arrivé à Limoges, j'y rencontrai heureusement le baron de Lucinge[5], lieu-

Puy-de-Dôme. La seigneurie de la Verchère passa, au commencement du xviiie siècle, à la famille Brugière de Barante, dont la seigneurie de Barante était située à peu de distance de la terre de la Verchère. Jean-François Brugière, fils cadet d'Antoine, seigneur de Barante (1670-1721), fut procureur au parlement de Paris et reçut, dans sa part, la seigneurie de la Verchère, dont il porta le nom ainsi que sa postérité.

1. Pontaumur, ch.-l. de cant., arr. de Riom, Puy-de-Dôme.
2. Crocq, ch.-l. de cant., arr. d'Aubusson, Creuse.
3. Felletin, ch.-l. de cant., arr. d'Aubusson.
4. Sauviat, cant. de Saint-Léonard, arr. de Limoges, Haute-Vienne.
5. Melchior, baron, puis marquis de Lucinge, fils de Philippe de Lucinge, gentilhomme ordinaire de Charles-Emmanuel, duc de Savoie, et de Françoise de Saint-Michel, fut colonel de la milice du Haut et Bas-Faucigny. Il peut aussi s'agir ici d'un de ses frères, notamment de Prosper, qui devint brigadier des armées du roi de France et maréchal de camp dans celles du duc de Savoie.

tenant de la compagnie de gendarmes de M. le prince Thomas, mon ami, qui avoit quelques cavaliers de recrue avec son équipage. Il me témoigna beaucoup de joie que nous allassions ensemble à la Cour.

Depuis l'an 1621 que j'étois logé à Pierrebuffière, où étoit partie de notre régiment[1], je devois l'argent d'un habit que j'avois pris chez une veuve de Limoges, qui, voyant que j'avois de l'étoffe pour un habit et que je comptois mon argent pour la payer, et regardois pour en avoir un autre d'une autre étoffe, m'offrit crédit, en me disant que sa nièce, chez qui j'étois logé, me connoissoit bien. Je n'en fis pas difficulté. Du depuis, je l'avois toujours écrit sur mon livre, en intention de la payer. Étant donc à Limoges, je m'informai d'elle. L'on me dit qu'elle étoit décédée et que son fils avoit une des charges des plus considérables de la ville, ayant quitté le négoce. Je lui demandai si mon nom étoit dans ses livres. Il me dit que non, que cela n'étoit point écrit, qu'il le remettoit à ma conscience. C'est une chose merveilleuse qu'ayant incessamment la mémoire de la personne et de la somme que je devois jusqu'alors, je n'eus pas plus tôt payé qu'il ne m'est point du tout souvenu de l'un ni de l'autre.

Nous passâmes par Chalus[2], Saint-Pardoux[3], et, quand nous fûmes arrivés à Libourne, qui est située à la conjonction des rivières de Dordogne et l'Isle, la dernière perd son nom; la Dordogne perd le sien dans

---

1. Tome I, p. 61.
2. Chalus, ch.-l. de cant., arr. de Saint-Yrieix, Haute-Vienne.
3. Saint-Pardoux-la-Rivière, ch.-l. de cant., arr. de Nontron, Dordogne.

la Garonne, au bec d'Ambez, et, jointes ensemble, s'appellent la Gironde.

Je compare Libourne à Quérasque, par le dedans, les rues étant spacieuses, parallèles, coupées par d'autres en angle droit, belle place avec des galeries sous les maisons à l'entour. Il y a cette différence que les rivières de Dordogne et de l'Isle baignent les murailles de Libourne, qui est la mer, parce que le reflux remonte de . . . . .[1] lieues au-dessus, et que Quérasque, quoiqu'à l'embouchure du Taner et de la Sture, en est éloignée des descentes des deux côtés, étant située sur la croupe d'une montagne fort élevée sur ces fleuves. Pour ce qui est des fronts de ces places opposés à la campagne, ils sont presque égaux.

C'est auprès de Libourne que M. d'Épernon, dernier décédé, défit l'armée des rebelles en l'année 1649[2].

M. de Lucinge s'en alla de Libourne au quartier de la compagnie de M. le prince Thomas, et moi, je pris la marée pour Bourg-sur-Mer[3], où étoit la Cour. J'y arrivai justement, le dernier jour de septembre, relever M. de Hautmont, gouverneur du Château-Trompette, et M. du Perray[4], frère de M. le président Le Bailleul[5].

1. Le mot est en blanc dans le manuscrit.
2. Au mois de mars 1649, le parlement et la ville de Bordeaux se révoltèrent contre le duc d'Épernon, gouverneur de Guyenne, qui se retira et se fortifia à Libourne. Il y battit six mille rebelles et, après un accommodement, rentra le 5 juin à Bordeaux.
3. Bourg-sur-Mer ou Bourg-sur-Gironde, ch.-l. de cant., arr. de Blaye, Gironde.
4. Charles Le Bailleul, seigneur du Perray et du Plessis-Briart, gentilhomme de la Chambre, grand louvetier de France de 1643 à 1655, année de sa mort.
5. Nicolas Le Bailleul, baron de Château-Gontier, seigneur

Le lendemain, nous entrâmes en quartier, M. de la Bardouillière[1] et moi, M. de Vantelet[2], qui étoit le troisième maître d'hôtel du quartier, étant demeuré à Paris auprès de la reine d'Angleterre, de laquelle il étoit écuyer.

Je fus bien parfaitement reçu du Roi, de la Reine et de M. le Cardinal, qui me donnèrent un brevet de maréchal de camp[3]. En ce temps-là que Bordeaux étoit assiégé par l'armée du Roi, l'on travailla si heureusement au traité de paix, qu'en peu de jours après, il fut conclu que les Bordelois se remettroient dans l'obéissance de Sa Majesté. M. le maréchal de la Meilleraye, partant de Bourg par son ordre, pour lui aller préparer les choses nécessaires pour son entrée, rencontra, presque à moitié chemin, Madame la Princesse[4] qui en étoit sortie avec son fils, M. le duc d'Enghien, qui pouvoit avoir alors sept ou huit ans[5], avec M. le

---

de Vatetot, Soisy, Étioles, conseiller au Parlement (1608), maître des requêtes, ambassadeur en Savoie, prévôt des marchands, chancelier de la reine Anne, ministre d'État et surintendant des finances (juin 1643), épousa Marie Mallier du Houssay.

1. Antoine Bardouil de la Bardouillière, reçu dans l'ordre de Malte en 1637, figure dès 1644 sur l'État des officiers de la maison du Roi.

2. Louis de Lux, seigneur de Vantelet, était maître d'hôtel du Roi depuis 1643 et écuyer ordinaire de la grande écurie ; il mourut en 1662.

3. Rayé : *Dont je ne fis pas alors la charge.*

4. Claire-Clémence de Maillé-Brezé, fille d'Urbain, marquis de Brezé, maréchal de France, et de Nicole du Plessis-Richelieu, épousa, le 11 février 1641, Louis II de Bourbon, duc d'Enghien, qui devint prince de Condé en 1646.

5. Henri-Jules de Bourbon, duc d'Enghien (1643-1709),

duc de Bouillon[1] et M. le duc de la Rochefoucauld[2]. Il persuada Madame la Princesse, qui étoit sa parente[3], puisqu'elle passoit si près de Bourg, où étoit la Cour, de voir le Roi, la Reine et M. le Cardinal, et même de parler de la liberté de Monsieur le Prince, qu'on ne pouvoit trouver mauvais qu'elle sollicitât. L'y ayant disposée, et MM. de Bouillon et de la Rochefoucauld aussi, il revint en diligence en avertir Leurs Majestés, qui reçurent bien Madame la Princesse et le petit M. d'Enghien, et répondirent à sa demande qu'elle[4] se retirât en sa maison de . . . . .[5], sans se mêler d'aucune affaire ni en sortir que par ordre, et, qu'après, la Reine verroit ce qui se pouvoit faire pour son contentement. Le maréchal de la Meilleraye la logea dans son logis. MM. de Bouillon et de la Rochefoucauld furent traités par M. le Cardinal dans le sien et, deux jours après, toute la Cour s'embarqua sur la rivière de Dordogne, qui passe à Bourg et perd son nom dans la Garonne au bec d'Ambez, environ une lieue au-dessous de Bourg, près l'île de Cazeau.

épousa, en 1663, Anne de Bavière, princesse palatine, et devint prince de Condé en 1686, à la mort de son père.

1. Frédéric-Maurice de la Tour, duc de Bouillon, fils de Henri et d'Élisabeth de Nassau (1605-1652).

2. Le prince de Marsillac (1613-1680) était devenu duc de la Rochefoucauld cette année-là, le 8 février, à la mort de son père.

3. La tante paternelle du maréchal, Suzanne de la Porte, avait épousé François du Plessis-Richelieu, père de Nicole, marquise de Brezé et mère de la princesse de Condé.

4. Il y a *et qu'elle* dans le manuscrit.

5. Le nom est en blanc dans le manuscrit. On laissa à la princesse le choix de sa retraite en Anjou ou à Montrond. Elle quitta Bordeaux le 4 octobre. Voy. *Mémoires de Mme de Motteville*, t. IV, p. 79, coll. Petitot.

Le même jour, Leurs Majestés et Son Éminence arrivèrent à Bordeaux. L'entrée en fut médiocre, et les Bordelais, d'un naturel orgueilleux, paroissoient plutôt en posture de vainqueurs que de vaincus. Je fus logé chez un homme de qualité, vêtu comme un prince, et sa femme, qui étoit fort belle et fort honnête, en reine. Elle désira voir dîner le Roi. Je lui fis faire sa cour facilement, étant de jour de service. Le Roi ne l'eût pas désagréable; car la bonté qu'il avoit de se laisser si librement voir à ses sujets[1] augmentoit beaucoup le respect et la fidélité qu'ils devoient avoir pour Sa Majesté.

Le lendemain de l'entrée du Roi à Bordeaux, il y fit tenir le bal. La foule [fut] si grande, les fenêtres étant toutes fermées, sans aucun air dans la salle, que l'on y auroit étouffé, si promptement on [n']eut tout ouvert. Un nommé[2]....., habitant de Bordeaux, ennemi de M. d'Épernon, qui l'avoit insulté auprès du Palais-Royal à Paris, fut si téméraire que de faire danser Mademoiselle[3]. Il se passa plusieurs autres choses, où la Cour eut les oreilles closes aux insolents discours de quelques séditieux Bordelois qui ne se pouvoient contenir dans le respect; que, si leurs jurats[4]

---

1. Note du manuscrit : *Il faut prendre la fin du feuillet écrit de la main de M. Danrotte, à la barre ci-dessus ledit feuillet 1203.*

2. Le nom est en blanc dans le manuscrit.

3. Mlle de Montpensier (1627-1693), fille de Gaston d'Orléans, avait accompagné la cour à Bordeaux. Voir, sur son séjour dans cette ville, ses *Mémoires*, p. 71, coll. Michaud et Poujoulat. Au sujet des événements de Bordeaux, voir les *Mémoires de Lenet*, année 1650, coll. Michaud.

4. Les jurats étaient les échevins de Bordeaux et composaient la Jurade.

portent encore la marque de la rébellion de leurs prédécesseurs par leurs cordons de soie, au lieu de cordes qu'ils avoient au col en demandant pardon au Roi, à la personne de M. de Montmorency, qui entra par la brèche de Bordeaux à la tête de son armée, et fit abattre le faîte de leurs tours et clochers[1], l'on en avoit aussi à présent une trace de leur dernière infidélité par les masures du Château-Trompette, qu'ils ont démoli[2], et quantité d'autres maisons, dans la ville, de ceux qu'ils estimoient serviteurs du Roi, sans faire exception de la grande et ancienne maison de Puy-Paulin[3], qui donnoit à M. d'Épernon plusieurs droits seigneuriaux dans la ville, spécialement celui de la pêche, si seigneurial qu'il n'étoit pas permis de vendre aucun poisson dans la Halle, autrement Cohue[4], que la maison de Puy-Paulin ne fût pourvue.

Après que le Roi eut réduit Bordeaux en son obéissance et rétabli son autorité, la Cour en partit le [15] octobre pour aller loger à Blaye. Le Roi y étant

1. Le connétable de Montmorency réprima, en 1548, une révolte des Bordelais, qui avaient massacré le lieutenant du gouverneur.
2. Le 18 octobre 1649, les Bordelais, révoltés contre le duc d'Épernon, prirent le Château-Trompette et le détruisirent. Il fut rebâti, au rétablissement de la paix, en 1653, et détruit définitivement de 1785 à 1816. Il était situé sur l'emplacement actuel de la promenade des Quinconces. Voir la notice consacrée au Château-Trompette dans l'*Histoire des monuments anciens et modernes de la ville de Bordeaux*, par Bordes, 2 vol., 1845.
3. Le château de Puy-Paulin était une habitation située sur la place appelée aujourd'hui de ce nom et s'étendait jusqu'à la rue du Jardin.
4. Halle, lieu couvert où l'on vend la marchandise, est le sens primitif de cohue.

arrivé environ deux heures devant la Reine, il alla se promener sur le port, en l'attendant, et ce fut là qu'il nous commença à donner une haute espérance de son équité, du soin qu'il vouloit prendre de ses fidèles serviteurs et du mépris qu'il faisoit de ceux qui avoient pris le parti de ses ennemis, d'autant qu'une personne, que je ne veux pas nommer, raillant avec Le Fouilloux[1], enseigne des gardes de la Reine, lui dit : « Quand tu viendras à l'armée, je ne te ferai point part de ma tente, puisque tu ne me veux pas retirer dans ton logis. » Le Fouilloux lui ayant répondu qu'il n'iroit point à l'armée qu'avec la Reine, et qu'alors il n'avoit que faire de sa tente, en après, l'autre, parlant plus sérieusement, dit que c'étoit de mauvaise grâce que les maréchaux des logis n'en voulussent point marquer à un tel homme que lui, qui avoit servi quinze campagnes de capitaine de chevau-légers. Le Roi, qui jusqu'alors tournoit le dos et ne faisoit pas semblant d'entendre leur dialogue, se tourna tout court vers lui et lui demanda : « Où est-ce donc que vous avez servi quinze campagnes ? » Le lui ayant dit, le Roi repartit : « N'en avez-vous point fait d'autres ? — Non, Sire, si ce n'est que j'ai été si malheureux que je me suis trouvé dans Paris quand Votre Majesté en sortit[2], et [ai] servi de mestre de camp dans la ville. — C'est cette campagne-là qui a effacé le service des autres, » dit le Roi en lui tournant le dos, en le blâmant et

---

1. Charles de Meaux du Fouilloux, enseigne des gardes du corps d'Anne d'Autriche et favori de Mazarin, fut tué au combat du faubourg Saint-Antoine le 2 juillet 1652.

2. Le 13 septembre 1648, quand la cour, devant les menaces de la Fronde, alla s'installer à Rueil.

louant ceux qui avoient été fidèles à son service.

Blaye est de toute ancienneté une clé de la Guyenne. Depuis que cette province a été reconquise sur les Anglois[1], ils sont obligés d'y débarquer et laisser toute leur grosse artillerie avant que d'aller plus avant, soit du côté de Bordeaux, par la Garonne, ou de Libourne, par la Dordogne. Ces deux rivières se rencontrent au bec d'Ambez, presque à milieu du chemin de Bordeaux et de Blaye, dont la ville est peu de chose ; mais le château, grand, spacieux et fortifié à l'antique, ne délaisse pas d'être une fort bonne place, située en Saintonge. Autrefois, tous les vaisseaux qui tenoient cette route étoient contraints d'en passer à la portée du mousquet ; mais à présent ils peuvent passer si loin, du côté de Médoc, que l'artillerie de la place ne leur sauroit nuire. Je ne sais si les flux et reflux de la mer y auroient fait un courant ; mais, quoi qu'il en soit, l'on y a fait échouer des vaisseaux chargés de pierres qui n'ont pu rompre ce passage. Il semble que le meilleur moyen de fermer l'entrée de la Guyenne aux étrangers et contenir la légèreté des Bordelois en leur devoir, et le peuple remuant de cette grande province, où il y a quantité de religionnaires, ce peuple belliqueux, ce seroit de fortifier l'île de Cazeau, qui est un peu au-dessous du bec d'Ambez, où lesdites deux rivières de Garonne et Dordogne perdent leurs noms et s'appellent Gironde, qui s'engouffre dans la mer, dessus Blaye, à la tour de Cordouan[2]. J'ose avancer cette proposition comme

---

1. En 1452.
2. Cette tour fut construite de 1584 à 1610 sur un rocher à l'entrée du fleuve.

fidèle serviteur de Sa Majesté, sans pourtant présumer que mon avis doive être suivi.

De Blaye, le Roi, la Reine, Son Éminence et toute la Cour allèrent loger à Mirambeau[1], passant à Pons, où l'on croyoit que la Cour devoit loger. Elle n'y fit que passer et alla loger à Saint-Jean-d'Angély. Je vis l'église où j'avois été à la messe de minuit, pendant que j'y avois été en garnison[2], que le feu roi Louis le Juste avoit fait rebâtir de ces belles pierres de Saintonge de la démolition d'un bastion que Henri le Grand, son père, avoit fait édifier de la démolition de la même église, pendant qu'il n'étoit que roi de Navarre et faisoit profession de la Religion prétendue réformée.

De Saint-Jean, la Cour alla loger à Melle, à Lusignan, à Mirebeau[3], à Port-de-Piles, à Amboise, où elle demeura quelques jours, à Blois, à Saint-Laurent-des-Eaux[4], où je fus de moitié avec M. le comte de Nogent[5], jouant au reversis[6] avec le Roi, et, environ sur la minuit, nous allâmes souhaiter le bonjour à la Reine, qui se trouvoit un peu mal et toute sa Cour fort mal logée, à Orléans, où nous demeurâmes le jour de la Toussaint, à Pithiviers, à Fontainebleau, où le Roi,

1. Mirambeau, ch.-l. de cant., arr. de Jonzac, Charente-Inférieure.
2. Tome I, p. 68 et 74.
3. Mirebeau-en-Poitou, ch.-l. de cant., arr. de Poitiers, Vienne.
4. Saint-Laurent-des-Eaux, cant. de Bracieux, arr. de Blois, Loir-et-Cher.
5. Nicolas de Bautru, comte de Nogent, capitaine des gardes de la porte, mourut en 1661.
6. Reversis ou reversi, jeu de cartes où celui qui fait le moins de points et le moins de mains gagne la partie.

chassant dans la forêt, se trouva au-devant de M. le duc d'Orléans. Il y eut une grande brouillerie à la Cour sur ce que les maréchaux des logis refusèrent le logement aux gardes de Son Altesse Royale; mais enfin la chose fut accommodée. Un ministre d'État m'employa en ce rencontre selon ma petite portée.

En ce temps-là, le Roi me donna un brevet d'appellation dans ma terre de Viricelles, en Forez, et un brevet de chambellan d'affaires de Monsieur, frère unique de Sa Majesté[1], et une ordonnance de trois cents livres que je reçus à la fin de mon quartier de maître d'hôtel de Sa Majesté. Le sieur Cadeau, trésorier de la maison du Roi, me doit encore deux cent cinquante livres dudit quartier, dont il dit n'avoir pas eu entièrement les fonds. J'ai baillé un blanc signé à M. Martin, sieur de Pinchenne[2], contrôleur de la maison du Roi, pour en retirer le paiement.

Environ le 8° janvier 1651, je m'en revins à Souvigny trouver ma femme. Et[3], ayant appris que le Roi et toute la Cour étoient allés à Dijon, je m'y en allai et trouvai mon frère de Champfort, qui commandoit l'artillerie de l'armée du Roi, et [appris] que le château de Dijon avoit été rendu à Sa Majesté. Je logeai

1. Philippe, duc d'Orléans (1640-1701), porta le titre de duc d'Anjou jusqu'en 1661, année qui suivit la mort de son oncle Gaston d'Orléans.
2. Dans les États des officiers de la maison du Roi, on trouve un Étienne Martin, clerc d'office des bureaux du contrôle depuis 1645.
3. Dans ce qui va suivre, l'auteur parlera du voyage de la cour en Bourgogne et du premier siège de Bellegarde. Ces faits sont du mois d'avril de l'année 1650 et eussent dû prendre place avant le voyage de la cour en Guyenne, qui dura de juillet à octobre 1650.

au logis de mon frère, chez Monsieur le grand-vicaire. Il m'arriva deux aventures à Dijon : en l'une, j'ai de l'obligation à MM. de Tavannes, les trois frères[1], et, en l'autre, je servis Mme de Souvré[2], sœur de M. le maréchal de Villeroy, et qui couroit fortune d'être étouffée parmi la foule du peuple, si je ne l'en eusse retirée.

Étant au logis de Son Éminence, j'aperçus de loin M. le marquis de Tavannes, lieutenant de Roi de Dijon et de la province, que j'avois vu maréchal de camp, gouverneur de Casal, en grande estime à la Cour et à l'armée. Je dis à un de mes amis qui étoit là : « Je vais voir s'il me reconnoîtra. » Il l'entendit, et en s'avançant vers moi, me dit : « Je doute que je sois moi-même reconnu : car je suis si changé, depuis que j'ai quitté le service pour me retirer en province, que je ne me connois pas effectivement. » Il étoit si touché de se voir sans emploi qu'il voulut lui-même prendre la peine de faire donner des chevaux de son gouvernement, pour l'artillerie, à mon frère de Champfort, qui lui disoit qu'il suffisoit qu'il en donnât la charge à quelqu'un de ses officiers. Il lui répondit : « Vous ne savez pas, Monsieur, la joie que j'ai de rendre ce petit service, puisque je n'en puis rendre

---

1. Il s'agit ici de Henri de Saulx-Tavannes, marquis de Mirebeau, que nous avons déjà rencontré, et de ses frères, fils du vicomte Jean de Saulx-Tavannes, branche cadette de la maison de Tavannes. La branche aînée était représentée par Jacques de Saulx, comte de Tavannes, qui suivait alors le parti de Condé et de la Fronde.

2. Catherine, fille de Charles, marquis de Villeroy, conseiller de Henri IV, et de Marguerite de Mandelot, fut dame d'atour de la reine Anne d'Autriche et épousa, en 1610, Jean de Souvré, marquis de Courtenvaux.

de plus grands, et me plaindriez si vous saviez que je n'ai pas un moment de joie depuis que je me suis retiré du service. »

Je ne m'arrêterai pas à décrire la situation de la ville de Dijon, ni à faire l'histoire des ducs de Bourgogne, qui y faisoient leur séjour, ni à la magnificence de leurs tombeaux, qui sont au couvent des Chartreux, à un quart de lieue de la ville[1], où le Roi, la Reine, Monsieur et la plupart de la Cour demeurèrent pendant que M. le Cardinal s'avançoit avec l'armée pour aller assiéger Bellegarde[2].

Il fit alors de si grandes pluies que, quand nous fûmes arrivés à Saint-Jean de Losne[3], la Saône fut tellement débordée qu'on ne la pouvoit passer, et, comme son cours est fort doux et lent, il fallut attendre quelques jours qu'elle fût plus basse. Cela étant, l'armée la passa, mais son canal étoit encore si plein que les moulins étoient engorgés, c'est-à-dire que l'eau passoit par-dessus les roues, qu'ils ne pouvoient moudre, de sorte que, le munitionnaire général, qui avoit fait provision de blés pour l'armée, ne pouvant faire de pain, [il] fallut avoir de la farine. M. de la Bachelerie, qui a été gouverneur de la Bastille[4], fut envoyé à Saint-Jean de Losne et aux environs pour

1. Le couvent des Chartreux est devenu un asile d'aliénés, et les mausolées des trois premiers ducs de la seconde race ont été transportés au musée de la ville.
2. Seurre, ch.-l. de cant., arr. de Beaune, Côte-d'Or, fut érigée en duché-pairie, sous le nom de Bellegarde (1619), en faveur de Roger de Saint-Lary, seigneur de Bellegarde, et conserva ce dernier nom jusque sous le règne de Louis XIV.
3. Saint-Jean de Losne, ch.-l. de cant., arr. de Beaune.
4. Antoine de Layac, sieur de la Bachelerie, fut gouverneur de la Bastille de 1653 à 1657.

en avoir, et moi à Auxonne et autres villes de la Haute-Bourgogne. M. Foucquet[1], qui étoit lors intendant de l'armée, fut bien satisfait des efforts que je fis à surmonter les difficultés que je rencontrai en mon voyage, et de la quantité de farine que j'envoyai au siège.

Après quoi, y étant allé, je trouvai la place rendue, les assiégés ayant demandé à capituler dès le premier jour de l'ouverture de la tranchée, à cause du désordre qui arriva entre eux, ainsi qu'il arrive presque toujours à la guerre, quand il y a plusieurs commandants avec pouvoir égal. Saint-Micaud[2], qui étoit lieutenant de Monsieur le Prince, se laissa déposséder de son autorité par MM. de Coligny, du Passage[3], de Tavannes[4]; et, pendant le pourparler, la trêve fut rompue, et les assiégés, ayant reconnu M. le Cardinal, tirèrent sur lui; mais, mon frère de Champfort, qui avoit fait pointer toutes les pièces de l'artillerie du Roi bien à pro-

1. Nicolas Foucquet, vicomte de Melun et de Vaux (1615-1680), devint, en 1650, procureur général au parlement de Paris, et, en 1653, surintendant des finances.
2. N. Le Royer, seigneur de Saint-Micaud, en Chalonnais, lieutenant-colonel du régiment de Bourbon, gouverneur de Bellegarde, avait pris le parti du prince de Condé.
3. Antoine de Pisieux, marquis du Passage, fut mestre de camp du régiment du chevalier de Maugiron en 1639, maréchal de camp en 1646, combattit à Bléneau, sous Turenne, en 1652, devint lieutenant général la même année et mourut en 1688.
4. Jacques de Saulx, comte de Tavannes (1620-1683), fils de Claude et de Françoise Brulart, bailli de Dijon, maréchal de camp en 1645, puis lieutenant général, a écrit des *Mémoires sur les guerres de Paris*, de 1650 à 1653. Sa vie et son rôle pendant la Fronde sont racontés dans le volume de M. Pingaud, *les Saulx-Tavannes*, Paris, 1876.

pos, ayant prévu cela, au signal qu'il fit elles tirèrent toutes et firent grand fracas. Enfin, la capitulation signée[1] et les ennemis sortis de la place, les troupes du Roi y entrèrent avec M. de Roncherolles, qui fut établi gouverneur[2].

M. le Cardinal m'ordonna cent pistoles pour mon voyage, que mon frère de Champfort me fit bailler par M. de Colbert[3], qui étoit de ses amis, auquel, dans ce temps-là, M. le Cardinal avoit donné la charge de son argent, qu'il ménageoit fort bien. En après, je pris congé de la Cour et dis adieu à mon frère de Champfort, et m'en revins trouver ma femme à Souvigny.

Je ne veux omettre qu'après la prise de Bellegarde, M. de Vendôme, qui commandoit l'armée en Bourgogne, proposa à mon frère de Champfort de lui faire

---

1. 11 avril. — On fit paraître alors les brochures suivantes : *le Courrier de l'armée apportant au duc de Bouillon les fâcheuses nouvelles de la prise de Bellegarde*, dialogue humoristique entre le duc de Bouillon et un gentilhomme, 8 p., 1650; *la Capitulation de la ville de Seurre ou Bellegarde faite entre le duc de Vendosme et le comte de Tavannes, pour être demain, 21 de ce mois, remise entre les mains du Roy*, à Paris, au Bureau d'adresse, 12 p., du 20 avril 1650; *l'Entrée des armes du Roy dans Bellegarde*, même édit., 12 p., du 28 avril 1650.

2. Pierre, marquis de Roncherolles, fils de Robert, baron de Roncherolles, et de Hélène de Courseules, fut mestre de camp en 1636, maréchal de camp en 1643, lieutenant général des armées du Roi en 1652, gouverneur de Landrecies en 1661 et mourut en 1680.

3. Jean-Baptiste Colbert (1619-1683) venait d'être distingué par Mazarin. Nommé conseiller d'État en 1648, il géra la fortune personnelle du Cardinal pendant les exils de ce dernier durant la Fronde et lui servit d'intermédiaire avec la Reine-mère. Après la disgrâce de Foucquet, il devint contrôleur général des finances.

avoir le gouvernement de Verdun[1], qu'il prétendoit bien fortifier. C'est un beau poste à cet effet, étant situé à la conjonction de la rivière de Doubs à celle de Saône. Mon frère l'en remercia et n'en voulut point, parce que cette terre de Verdun appartient à M. de la Baume[2], qui avoit épousé une nièce de M. le maréchal de Villeroy, fille de M. d'Auriac, la mère de laquelle a été remariée à M. de Courcelles[3].

Après avoir demeuré quelque temps à la Cour, à Dijon, je m'en revins à Souvigny trouver ma femme, qui avoit été en des inquiétudes étranges, avoit demeuré presque trois semaines sans avoir de mes lettres, parce que le passage n'étoit pas libre durant le temps que j'étois en Haute-Bourgogne. Elles lui furent toutes rendues deux ou trois jours avant mon retour; mais cette affliction ne laissa pas de lui causer grands maux, entre autres un érysipèle à la jambe, où la gangrène s'étant mise, ce fut une merveille comme il plût à Dieu la sauver[4].

1. Verdun-sur-le-Doubs, ch.-l. de cant., arr. de Chalon-sur-Saône, Saône-et-Loire.
2. Roger d'Hostun, marquis de la Baume.
3. Marie de Neufville, fille de Charles, marquis de Villeroy, épousa, en premières noces, Alexandre de Bonne, vicomte de Tallard, comte d'Auriac, et, en deuxièmes noces, Louis-Charles de Champlais, marquis de Courcelles, lieutenant général de l'artillerie. Sa fille du premier lit, Catherine de Bonne, avait épousé en 1648 M. de la Baume.
4. Effacé : *Je ne la voulus pas quitter pour le reste de l'année qu'elle prit les eaux à Vichy*. Nous avons vu que Souvigny quitta sa femme pour servir un quartier de maître d'hôtel, pendant le voyage de la Cour en Guyenne, en octobre 1650; ci-dessus, p. 201.

1651.

Environ le 15ᵉ juin, j'appris que M. d'Épernon, ayant pris possession du gouvernement de Bourgogne, avoit fait son entrée à Dijon[1], et étoit allé à Bourg-en-Bresse pour aller faire tenir l'assemblée des trois bailliages de cette province. Je lui fus rendre mes respects. Il me fit l'honneur de m'y recevoir avec ses bontés accoutumées, c'est-à-dire avec des bontés extrêmes, et, l'ayant accompagné à la visite qu'il fit à Pierre-Châtel, qui est une forteresse située sur le Rhône[2], douze lieues au-dessus de Lyon, sur une roche qui n'est accessible que d'un côté, duquel on ne peut battre que ledit rocher, duquel penchant du côté du Rhône est tout le contenu de la place, et, sur le bord du Rhône étant droit comme une muraille, et de plus de deux cent cinquante pieds de haut, il n'y a rien à craindre de [ce] côté-là, ni même d'être offensé au dedans de la place par les batteries qu'on pourroit mettre de l'autre côté, à moins qu'on [n']y tirât des bombes, par la raison susdite du penchant, qui empêche qu'on soit vu de la montagne où l'on pourroit mettre des pièces.

Il y a fort longtemps que les Chartreux y ont un

---

1. Le 15 mai 1651, la Reine-mère enleva au duc d'Épernon son gouvernement de Guyenne, qui fut donné au prince de Condé, dont le gouvernement de Bourgogne alla en échange au duc d'Épernon. Les deux gouvernements furent échangés de nouveau après la paix des Pyrénées.
2. Pierre-Châtel ou Saint-Pierre-Châtel, fort situé dans la commune de Virignin, cant. et arr. de Belley, Ain.

monastère, lesquels, depuis environ trente ans, s'étant plaints à la Cour du gouverneur qui commandoit pour lors, de ce qu'il y faisoit entrer des femmes, demandèrent d'en être déchargés, en offrant de garder eux-mêmes la place, ce qui leur ayant été accordé, nous y trouvâmes un lieutenant, un sergent, vingt-cinq ou trente soldats qu'ils y entretenoient, desquels, sottement, il y en eut dix armés qui suivoient M. d'Épernon partout où il alloit dans la place. Quand je vis que cela ne lui plaisoit pas, je lui demandai s'il trouvoit bon que je l'en débarrassasse[1], et, l'ayant approuvé, je leur commandai de s'en venir avec moi au corps de garde, ce qu'ils firent sans difficulté. J'y trouvai des misérables qui ne savoient pas tenir un mousquet ou une pique, ni pas mêmement pourquoi ils étoient là, ce qui m'obligea à dire à M. d'Épernon que la place n'étoit point en sûreté entre les mains de ces gens-là, et combien elle étoit importante pour sa force et sa situation, pouvant empêcher la communication par le Rhône, de Lyon à la Bresse et Savoie, dont la frontière est quarante pas au delà du Rhône, limite qui a été faite expressément lorsque Henri IVe changea le marquisat de Saluces au duc de Savoie contre la Bresse, afin que le Rhône fût tout franc à la France et que le duc de Savoie n'y pût faire aucune imposition[2].

M. d'Épernon ayant exactement considéré l'importance de la place et me faisant connoître qu'il eût bien désiré que j'eusse été gouverneur, je ne fis point de difficulté de m'offrir pour cela. Ensuite de quoi,

1. Il y a dans le manuscrit *débarrasserois*.
2. Traité de Lyon conclu en 1601 avec Charles-Emmanuel Ier.

m'ayant embrassé, il écrivit à la Cour en ma faveur avec toute la chaleur imaginable. Je ne me hâtai pourtant pas d'y aller, parce que M. le Cardinal étoit au pays de Liège[1]. Je l'accompagnai encore à son retour jusqu'à Bourg, où je pris congé de lui, et allai demeurer, avec ma femme, à Souvigny, jusqu'environ le 10ᵉ octobre, que je me résolus de retourner à la Cour, sur le bruit que Son Éminence y devoit revenir bientôt, en intention de solliciter le paiement de la garnison de la citadelle de Turin, où j'avois envoyé de bonnes sommes d'argent, par lettres d'échange, à mon frère de Belmont, pour la faire subsister, tant[2] pour l'intérêt du service du Roi qui y étoit engagé. J'avois aussi à demander mes pensions et rendre les lettres de M. d'Épernon pour le gouvernement de Pierre-Châtel. Je pris donc l'occasion de Mme la maréchale de Villeroy[3], qui s'en alloit trouver son mari à Paris, où je l'accompagnai. Elle avoit M. le marquis de Villeroy[4] et Mme la comtesse d'Armagnac, qui étoient, l'un, le marquis, en l'âge d'environ douze ans, et sa sœur, de dix ans[5].

1. Le 9 février 1651, après l'union des deux Frondes, le Parlement avait porté un arrêt de bannissement contre le Cardinal, qui se retira successivement dans le pays de Liège et à Brühl, près de Cologne, d'où il rentra en France au mois de décembre de la même année.
2. *Tant* mis pour *autant que*.
3. Madeleine de Créquy, fille de Charles, sire de Créquy, duc de Lesdiguières, et de Madeleine de Bonne (1609-1675).
4. François de Neufville (1644-1730), maréchal de camp (1673), lieutenant général (1677), duc de Villeroy (1685), maréchal de France (1693), gouverneur de Louis XV.
5. Catherine de Neufville (1639-1707) n'épousa qu'en 1660

Nous nous embarquâmes à Roanne. Madame la maréchale étoit si diligente qu'elle se mettoit en bateau dès que le jour commençoit à paroître ; et, après avoir fait la prière et déjeuné, elle baignoit sa fille et l'achevoit d'habiller ; et, en après, s'occupoit de prier jusqu'environ midi, que le bateau où étoit la cuisine joignoit le nôtre, et l'on nous servoit les viandes aussi bien et proprement que si elles avoient été apprêtées, pour les servir, d'une cuisine en une salle par terre.

Le soir que nous mîmes pied à terre à Gien, M. de la Rivière, capitaine des gardes de M. le maréchal de Villeroy, y arriva avec deux carrosses, où, nous étant mis dedans, le lendemain nous allâmes coucher à Fontainebleau, et de là à Villeroy[1], où Madame la maréchale, faisant l'honneur de sa maison, eut la bonté de visiter ma chambre qu'on appelle chambre du Président, pour voir si elle étoit bien préparée. Cette illustre dame, par une action si obligeante envers une personne qui ne le méritoit pas, apprend bien aux demoiselles de la campagne la civilité qu'elles doivent faire, en pareille rencontre, aux amis de leur mari qui les vont voir.

Le château de Villeroy avoit été conservé par la garnison que commandoit M. de la Rivière ; mais les paroisses qui en dépendent, aussi bien que toutes les autres des environs de Paris, furent également pillées par les armées du Roi et de celles des ennemis. Les

---

Louis de Lorraine, comte d'Armagnac, grand écuyer de France. Elle avait, en réalité, douze ans, et son frère sept ans, en 1651.

1. Villeroy, comm. de Mennecy, arr. et cant. de Corbeil, Seine-et-Oise.

pauvres peuples, qui n'avoient pas accoutumé d'en voir, n'avoient pas l'adresse de retirer leurs biens de devant les gens de guerre; aussi en mourut-il une grande quantité, et encore plus dans Paris. J'y étois logé au Galion, devant l'église de Saint-Germain-l'Auxerrois, où je vis porter continuellement des corps à la sépulture.

En ce temps-là, après avoir inutilement sollicité M. de la Vieuville[1], surintendant des finances, je m'adressai à Monsieur, auquel ayant fait ma plainte et ma protestation que je ne pouvois plus répondre de la citadelle de Turin s'il n'étoit promptement pourvu au paiement, après que j'avois employé mon bien et mon crédit pour la faire subsister, Son Altesse Royale, m'ayant témoigné me vouloir honorer de sa protection en ce rencontre, me dit la difficulté qu'il y avoit de trouver un fonds pour cela. Je répondis que j'avois un avis à donner pour cela. Le lendemain, le conseil de guerre se tenoit au Luxembourg. Il me fit appeler et me commanda de faire ma proposition pour la garnison de la citadelle de Turin. Je commençai par mes protestations de n'en pouvoir répondre s'il n'y étoit pourvu; que, s'il n'y avoit pas moyen de le faire, il valoit mieux la rendre au duc de Savoie que de la laisser tomber aux mains des ennemis, puisque, aussi bien, on étoit obligé de la rendre à la majorité du prince, dont le terme étoit échu; que, si toutefois on vouloit encore la garder, je m'obligerois d'en faire subsister la garnison encore six mois à

---

1. Charles, marquis, puis duc de la Vieuville (1582-1653), capitaine des gardes du corps, lieutenant général, grand fauconnier, surintendant des finances, duc et pair en 1651.

l'avenir, pourvu qu'on me baillât les dix mille cinq cents livres de rente qui n'ont point été aliénées des cent mille livres de rente que le Roi a sur les gabelles de Lyonnois, dont il n'a été aliéné que quatre-vingt-neuf mille cinq cents livres. Cela me fut à l'heure même accordé ; mais, quand ce fut au point d'en retirer les ordres, Monsieur le Surintendant et ses gens d'affaires trouvèrent celle-là[1] si bonne qu'ils la voulurent avoir pour eux, et je n'en ai jamais rien eu. Je ne laisse pas d'être obligé à M. le président Charrier[2] qui me donna cet avis, étant député du corps des trésoriers de France de Lyon à Paris, où nous nous voyions souvent avec M. du Teris[3], son collègue.

1652.

Cette affaire ayant manqué, je rendis la lettre que M. d'Épernon avoit écrite à la Reine, en ma faveur, pour le gouvernement de Pierre-Châtel. Sa Majesté me fit connoître qu'elle ne vouloit point disposer des charges que du consentement de M. le Cardinal, lequel on disoit être déjà rentré en France avec une puissante armée, et, qu'en peu de jours, il seroit à Châlons[4], ce qui me fit résoudre à l'aller trouver,

1. C'est-à-dire : *cette délégation*.
2. Jean Charrier de la Barge avait succédé dans la même année 1651 à son père comme trésorier de France à Lyon, et il conserva cette place jusqu'en 1673 ; voyez l'*Armorial général du bureau des finances de Lyon*, 1730, p. 81-85.
3. On trouve, postérieurement, un Joseph Terrisse, qui fut receveur général des fermes.
4. Après le combat du faubourg Saint-Antoine (2 juillet 1652), Condé était entré à Paris, et le Cardinal partit une

quoique fort incommodé d'un grand rhume. Je rencontrai heureusement compagnie, parce qu'autrement il y auroit eu du danger. Étant à Lagny[1], il me prit une bénéfice de ventre[2], qui me fit passer mon rhume et me travailla beaucoup aux grandes journées qu'il me falloit faire.

J'appris, en passant à Vitry-le-François, que M. le Cardinal avoit assiégé Bar, capitale du Barrois. Nous nous y acheminâmes, et, en approchant la ville par le côté d'en haut, où il n'y avoit point de nos troupes logées, ni d'attaques, notre guide s'étant échappé dans les bois, nous allions, au hasard, droit à la ville, qui est sur une hauteur avec le château ; c'étoit ce que nous voyions en approchant. La ville basse est au pied, de l'autre côté que nous ne pouvions pas voir, si bien qu'en allant droit à la porte de la hauteur, les assiégés nous tirèrent quelques mousquetades qui nous obligèrent de prendre à la droite sur la hauteur. Nous aperçûmes l'armée campée dans le vallon.

Je m'en allai au logis de mon frère de Champfort, qui commandoit l'artillerie. J'eus beaucoup de joie de le trouver en bonne santé et en grande estime de Messieurs les généraux, spécialement de M. le maréchal de la Ferté[3]. Il avoit, par leur ordre, fait brèche

---

seconde fois pour l'exil, le 19 août. Mais il n'alla que jusqu'à Bouillon, d'où il ne cessa de diriger le mouvement. La cour ayant été reçue avec enthousiasme à Paris le 21 octobre, Mazarin alla rejoindre, le 17 décembre 1652, Turenne, qui assiégeait Bar-le-Duc.

1. Lagny, ch.-l. de cant., arr. de Meaux, Seine-et-Marne.

2. Bénéfice de ventre, terme de médecine : diarrhée spontanée qui soulage (*Dict. de Littré*, au mot Bénéfice).

3. Henri de Senneterre ou de Saint-Nectaire, marquis, puis

à la muraille de la basse ville, en suite de quoi elle fut emportée par assaut, où furent tués M. du Tôt[1], lieutenant général, un capitaine de Piémont et quelques soldats. Ensuite de quoi, l'on se porta proche de la haute ville; mais, comme il étoit difficile de la battre de ce côté-là à cause de son extrême hauteur, il fut résolu de l'attaquer par le côté de la montagne. Mon frère de Champfort fit mettre des pièces en batterie, qui faisoient un fort bon effet à la muraille de la ville, au-dessous du château; mais, M. le comte Broglio ayant fait en sorte de la changer et la mettre vis-à-vis de la muraille qui est à gauche de la porte d'en haut, contre l'opinion de mon frère, qui savoit fort bien que l'on n'y pouvoit monter à l'assaut à cause de la rapidité de la hauteur, il ne laissa pourtant d'y faire brèche suffisante, et, des troupes commandées pour donner l'assaut s'étant mises en devoir de le faire, il n'y eut officiers ni soldats qui purent monter. Tout cela se fit en la présence de M. le Cardinal, qui y étoit allé de Fains[2], château de M. de Florainville[3] à une lieue de Bar, où il étoit logé.

---

duc de la Ferté (1600-1680), resta fidèle à la cause royale, fut fait maréchal de France en 1651 et devint gouverneur de Metz et Verdun après la paix des Pyrénées.

1. Charles-Henri du Tôt, mestre de camp en 1638, servit, en Allemagne, sous Turenne qu'il accompagna presque constamment; maréchal de camp en 1646, lieutenant général en 1652. Pinard dans sa *Chronologie militaire*, t. IV, p. 135, termine la notice sur du Tôt par cette phrase : « Je n'ai pu découvrir le jour de sa mort », et ne fait pas mention de la prise de Bar-le-Duc, 17 décembre 1652.

2. Fains, cant. et arr. de Bar-le-Duc, Meuse.

3. Charles de Florainville, seigneur de Fains, gouverneur de

Enfin il fallut revenir à l'avis de mon frère de Champfort et rétablir la batterie qu'il avoit faite, faisant voir clairement qu'on ne pouvoit prendre la place que par là, en répondant à l'objection de ceux qui disoient [que] ce ne seroit rien faire d'abattre la première muraille d'autant que les ennemis se pouvoient retrancher entre icelle et le château, qu'il n'y avoit pas d'espace pour cela, et que, s'ils s'y engageoient, il les enseveliroit sous la ruine de la démolition du château, qui n'étoit fermé que de simples murailles de bâtiment. Mais le différend fut bientôt décidé ; car ces ennemis demandèrent à capituler sitôt que cette batterie fut rétablie. Des Piliers commandoit dans la place. Il seroit superflu de dire la capitulation. M. de Val-Fournèze en prit possession avec le régiment de Navarre, que commandoit M. le maréchal de la Ferté, que mon frère de Champfort alla voir parce qu'il étoit blessé, [et qui] lui dit que le gouvernement de Bar auroit été une aubaine à mon frère de Belmont qu'il avoit fait venir, comme il l'en avoit prié, que, s'il le vouloit faire, il trouveroit encore d'autres occasions aussi bonnes pour le poster en Lorraine, dont il étoit gouverneur. Nous en parlâmes ensemble ; mais, comme nous appréhendions son humeur, et que notre frère de Belmont quittoit son emploi de lieutenant de la citadelle de Turin sous assurance de quelque chose de meilleur, nous en demeurâmes là.

J'eus tout loisir d'entretenir Son Éminence de la citadelle de Turin et de mes affaires particulières,

Bar, était fils de René de Florainville, capitaine des gardes du duc de Lorraine.

quoique je crusse bien qu'il me remettroit à son retour à Paris, comme il fit.

L'armée étoit composée des troupes tirées des garnisons de Picardie, Champagne, Flandre, Sedan, et des autres places frontières. M. le Cardinal rallioit pour lieutenants généraux MM. d'Elbeuf[1], de Turenne, d'Aumont, Broglio et Mondejeu[2]. Après Bar, nous prîmes Ligny-en-Barrois[3], d'où M. le maréchal d'Aumont fut détaché, et se saisit de la ville de Château-Porcien[4] avec ses troupes. Le reste de l'armée y étant arrivé, mon frère de Champfort fit une batterie contre le château, qui se rendit le troisième jour.

1653.

Nous croyions que ce seroit la fin de cette rude campagne, à cause du froid extrême qu'il faisoit, de la nécessité du fourrage, qui faisoit mourir quantité de chevaux. Ceux de l'artillerie, étant logés à Pauvres[5], sans couvert, étoient tous écaillés d'un verglas tout à

---

1. Charles II, duc d'Elbeuf (1596-1657), épousa une fille de Henri IV et de Gabrielle d'Estrées, et fut gouverneur de Picardie.
2. Jean de Schulemberg, comte de Mondejeu, d'une famille d'origine allemande établie en France depuis Louis XI, maréchal de camp au siège d'Hesdin, lieutenant général en Flandre en 1650, gouverneur d'Arras en 1652, maréchal de France en 1658, gouverneur de Berry en 1665, mourut en 1671.
3. Ligny-en-Barrois, ch.-l. de cant., arr. de Bar-le-Duc. La prise de Ligny est du 22 décembre.
4. Château-Porcien, ch.-l. de cant., arr. de Rethel, Ardennes, fut pris le 12 janvier 1653.
5. Pauvres, cant. de Machault, arr. de Vouziers, Ardennes.

fait extraordinaire. Ce village n'étant qu'à une lieue de Rethel, mon frère demanda des troupes à M. le Cardinal pour assurer son quartier, où il devoit arriver, le soir même, cent caissons chargés de pain. Il dit à Messieurs les généraux d'en commander ; mais chacun s'en excusa, disant que leurs troupes étoient si fatiguées qu'elles n'y pouvoient aller. Son Éminence tourna la chose en raillerie, en donnant sa bénédiction à mon frère, qui, étant venu en son quartier, mit ensemble tout ce qu'il avoit d'officiers de l'artillerie, avec les régiments de Chappe et de Baudart[1], deux régiments ruinés, où il n'y restoit presque que les officiers. Je ne sais si le bon ordre qu'y mit mon frère à se bien défendre empêcha les ennemis de l'attaquer : tant y a qu'il se rendit le lendemain avec l'artillerie à Sommepuis[2], où étoit le rendez-vous de l'armée.

Après avoir choisi le quartier pour Son Éminence, comme on faisoit toujours, au milieu des autres, Messieurs les généraux prirent chacun le sien, et, sans s'arrêter au rendez-vous, continuèrent leur marche jusqu'à leurs quartiers, aussi bien que l'artillerie, à la tête de laquelle mon frère envoyoit un guide, et, après avoir demeuré environ trois heures auprès de Son Éminence, nous en partîmes pour aller au quartier de l'artillerie. Nous fûmes bien étonnés de n'y trouver âme vivante. Nous retournâmes au rendez-

1. Le régiment allemand de Baudart, de dix compagnies, levé en 1647 par le colonel de ce nom, fut donné, en 1656, à François de Blanchefort, marquis de Créquy, et licencié en 1659.
2. Sommepuis ou Sompuis, ch.-l. de cant., arr. de Vitry-le-François, Marne.

vous, et, ayant généralement traversé toutes les marches de l'armée sans en apprendre des nouvelles, toute la vertu et la constance de mon frère lui furent bien nécessaires pour se résoudre en cette extrémité. C'est chose inouïe qu'un si grand corps, comme celui de l'artillerie, soit parti d'un champ de bataille sans savoir[1] la route qu'il avoit tenue. Dans cette perplexité, comme nous galopions à travers celle[2] des marches de l'armée, nous rencontrâmes M. le Cardinal, à qui mon frère ayant dit la chose, il lui répondit qu'il ne se mettoit point en peine de l'artillerie quand il la commanderoit. Finalement, notre affliction fut changée en joie à notre retour au quartier de l'artillerie, où nous vîmes qu'elle commençoit d'entrer, ayant tourné presque deux lieues à l'entour d'une grande montagne, qui nous empêchoit de la voir, pour prendre le meilleur chemin.

Le lendemain, notre armée traversa la plaine où l'armée du Roi, commandée par M. le maréchal du Plessis, gagna la bataille contre celle de Monsieur le Prince, commandée par M. le [vi]comte de Turenne[3]. La difficulté des fourrages s'augmentant aussi bien que la rigueur de la saison, et les ennemis ayant entièrement abandonné la frontière de France, à la réserve de Sainte-Menehould et Rethel, l'armée de Monsieur le Prince bien éloignée, M. le Cardinal, étant logé à Baalons[4], se résolut de mettre celle du Roi à quartiers et licencier l'artillerie.

1. Sans qu'on sût.
2. *Celle*, c'est-à-dire : *la route*.
3. Il s'agit du combat de Rethel du 15 décembre 1650.
4. Baalons, cant. d'Omont, arr. de Mézières, Ardennes.

Il donna ordre à mon frère de Champfort de faire la remise des pièces, boulets, poudres, balles et mèches, et autres équipages d'artillerie, dans la maison de ville de Reims et congédia tous les officiers : ce qu'ayant fait, et chargé les échevins de la ville par l'inventaire qui fut fait, il s'en retourna trouver M. le Cardinal, qui avoit[1] été averti que Monsieur le Prince avoit assiégé Vervins et se trouvoit enfermé entre les rivières, qui étoient tellement grosses, en trois ou quatre jours, d'une pluie extraordinaire, qu'il lui eût été impossible de retirer son armée. Ceux qui donnèrent cet avis ne disoient pas que l'armée du Roi auroit semblable difficulté à passer du côté de celle de Monsieur le Prince, que la sienne de se retirer.

Quoi qu'il en soit, mon frère étant logé à Romain[2] avec deux ou trois officiers qui étoient restés avec lui, M. le Cardinal lui envoya dire, par M. d'Artagnan[3], de faire un pont sur la rivière d'Aisne, à Pont-à-Verre[4], sans lui envoyer ordre par écrit. Il lui demanda où étoient les charpentiers pour le faire, M. le Cardinal ayant licencié tous les officiers de l'artillerie, qui s'en étoient allés; et, comme M. d'Artagnan n'eut point de réplique, ce fut à mon frère à aller trouver M. le Cardinal pour savoir ce qu'il auroit à faire.

M. le Cardinal, qui n'ignoroit rien de l'état des

1. Il y a *ayant* dans le manuscrit.
2. Romain, cant. de Fismes, arr. de Reims, Marne.
3. Charles de Baatz, seigneur d'Artagnan, fils de Bertrand de Baatz, seigneur de Castelmoron, et de Françoise de Montesquiou d'Artagnan, devint capitaine des mousquetaires et maréchal de camp, et fut tué au siège de Maëstricht en 1673.
4. Pont-à-Verre, sur l'Aisne, cant. de Neufchâtel-sur-Aisne, arr. de Laon, Aisne.

choses et prétendoit que mon frère surmontât toute difficulté et [pût] faire le pont, n'en vouloit rien savoir. Il fut surpris de voir mon frère et tança aigrement M. d'Artagnan, qui étoit allé avec lui. Mon frère lui dit qu'il venoit recevoir ses commandements sur ce que M. d'Artagnan lui avoit dit de sa part. Il lui redit la même chose qu'il avoit dite à M. d'Artagnan. Il lui repartit : « Votre Éminence sait qu'elle a congédié l'artillerie et que je n'ai pas un seul charpentier, et, de plus, que, depuis que les habitants de Pont-à-Verre ont démoli les arcades des deux bouts de leur pont, pour se retrancher sur l'arcade du milieu, l'on [n']a pu trouver de pièce de bois assez longue pour le refaire. M. de Turenne pourra dire à Votre Éminence que cette raison l'empêcha d'y passer son armée. » Là-dessus, M. le Cardinal, qui savoit tous les moyens de persuader avec tout pouvoir de commander, dit, en termes généraux, l'importance du pont pour la gloire des armées du Roi et sa réputation en son particulier, y ajoutant des paroles obligeantes, et conclut qu'il se déchargeoit sur mon frère de la constitution du pont. Alors, faisant de nécessité vertu, il alla trouver le gouverneur à Coucy[1], qui étoit de ses amis, et, l'ayant engagé de lui faire chercher des charpentiers et du bois de longueur pour le pont, il lui bailla de l'argent pour avancer la besogne.

En ce temps-là, j'étois demeuré à Reims, chez M. Pélicot, où étoit logé mon frère. Ayant appris ces nouvelles, j'en partis pour l'aller trouver à Romain, son quartier. Y arrivant, j'appris qu'il étoit à Pont-à-

1. Il s'agit de Coucy-le-Château, aujourd'hui ch.-l. de cant. de l'arr. de Laon.

Verre, où il faisoit faire un pont. Je m'y en allai et vis la contestation d'un homme savant en mécanique, à ce qu'il disoit, et fort ignorant en pratique, que M. le Cardinal avoit écouté, comme on fait communément en pareille occasion où on se sert de tout. Cet homme-là, qui faisoit des démonstrations en abrégé, vouloit qu'on mît[1] en place le bois qu'on n'avoit pas assemblé de longtemps. Mon frère, voyant qu'il le faisoit perdre[2] à ses ouvriers, le fit ôter de parmi eux, et, faisant des efforts extraordinaires à la diligence requise, M. d'Artagnan lui alla dire, de la part de M. le Cardinal, le contentement qu'il en avoit, qu'il s'y agissoit de sa fortune, et qu'il ne devoit pas douter que Son Éminence ne lui en fît donner les récompenses qui lui étoient dues. Mon frère, qui n'avoit pas l'âme mercenaire et qui s'offensoit des discours comme inutiles à son zèle, lui repartit : « Vous pouvez dire à Son Éminence ce que vous me voyez faire en intention de servir le Roi, et que Son Éminence soit satisfaite de mes services ; que, pour la récompense, je ne l'attends que de Dieu. » Finalement, mon frère fit achever le pont, dont Son Éminence eut beaucoup de joie et y fit passer toute l'armée, prenant la route de Vervins où Monsieur le Prince avoit laissé garnison, et retira la sienne, sachant que celle du Roi avoit passé la rivière d'Aisne.

Nous voilà donc arrivés devant Vervins, qui est une jolie petite ville en Thiérache, dont les maisons sont bâties de briques et les couvertures d'ardoises. Une partie de la cavalerie qui étoit dedans nous reçut à

---

1. Il y a *qu'on le mit* dans le manuscrit.
2. Le temps.

un quart de lieue de la place, et, après quelque légère escarmouche, ils se retirèrent le même jour. Mon frère, ayant tracé la batterie du côté du jardin de Madame, les pièces n'y furent pas plus tôt mises que les ennemis demandèrent à capituler[1] : ce qui leur ayant été accordé, ils en sortirent le lendemain que toute l'armée en partit. Je ne sais pourquoi l'artillerie n'eut point d'ordre ; mais mon frère, voyant marcher toutes les troupes, fit aussi acheminer l'artillerie. L'officier qu'il envoya à M. le Cardinal n'étant point de retour à l'entrée de la nuit, et n'ayant point d'ordre, il prit son logement par nécessité. Ses chevaux ne pouvoient plus marcher. Pendant de grosses pluies, les terres du pays de Thiérache étant grasses et fangeuses comme celles de Beauce, les charrettes en avoient souvent jusqu'au moyeu.

La reprise de Vervins fut la dernière action de cette longue et pénible campagne, en laquelle M. le Cardinal avoit chassé les ennemis du royaume et assuré les frontières. Nous l'accompagnâmes, mon frère et moi, avec plusieurs officiers de l'armée, passant à Crécy[2], à Laon, Villers-Cotterets et Dammartin[3], où étant arrivé, MM. les maréchaux de la Motte et de Villeroy le vinrent complimenter. Le premier, outré de déplaisir

1. Don Fernando de Solis, maréchal de bataille dans les armées du roi catholique, accorda la capitulation de Vervins en janvier 1653. (Prise et reprise de Vervins : *Revue des gazettes, nouvelles ordinaires et extraordinaires de l'année 1653*, p. 141.)

2. Crécy-au-Mont, cant. de Coucy-le-Château, arr. de Laon, Aisne.

3. Dammartin-en-Goële, ch.-l. de cant., arr. de Meaux, Seine-et-Marne.

de la perte de la Catalogne, dont il avoit été vice-roi et soutenu jusqu'à l'extrémité le mémorable siège de Barcelone, où il périt plus de trente mille Espagnols, lui dit avec beaucoup de chaleur que, pour cent mille francs, on auroit sauvé cette grande province au Roi. Le second, qui n'est pas moins affectionné au service du Roi, lui fit un discours d'un adroit courtisan, comme il étoit effectivement, en lui disant ce qu'il savoit bien, qu'il n'ignoroit pas qu'il avoit été un de ceux qui s'étoient le plus opposés à son retour, croyant que Son Éminence ne devoit point revenir en France de trois mois, pendant lesquels on auroit ménagé les choses en sorte qu'il y fût revenu avec satisfaction, mais qu'il ne savoit pas alors que Son Éminence eût été en état de faire les grandes choses qu'elle a faites, et finit son discours en louant sa prudente et héroïque conduite.

M. le Cardinal lui répondit en termes généraux sans se piquer de rien, lors ne doutant pas que M. le maréchal de Villeroy se seroit bien consolé quand il ne fût jamais revenu en France, parce qu'il gouvernoit l'État avec M. de Châteauneuf, son parent, pendant qu'il étoit hors du royaume. Cela s'entend des affaires communes : car la Reine ne vouloit rien résoudre d'important, ni donner des charges ni bénéfices qu'à son retour et de son consentement.

Je pris aussi mon temps pour lui parler, lui disant, sans comparaison, ce que le bon larron dit à Notre Seigneur, qu'il se souvienne de moi quand il seroit à Paris. Il envoya devant M. le maréchal de la Ferté, et trouva le Roi qui étoit venu au-devant de lui jusqu'au

Bourget[1]. Depuis ce lieu-là jusqu'à Paris, le chemin étoit si plein de gens, qu'on eût dit que tout le monde de Paris y étoit, et les rues tellement remplies, quand le Roi entra dans la ville, que l'on auroit cru qu'il n'en fût sorti personne, quoiqu'il fit une fort grosse pluie qui nous empêcha d'accompagner la Cour, pour nous retirer au Petit Arsenal, où M. de Champfort étoit parfaitement bien logé.

Au commencement de l'an 1653[2], j'employai mon séjour à Paris à faire vider le procès que j'avois contre M. de Saint-Chamond et ses créanciers, qui m'avoient fait saisir entre les mains la somme de quinze mille livres que je lui restois devoir de quarante-cinq mille livres de retour de l'échange de Trocezard à Grézieu, dont j'avois payé trente mille livres en deux fois, savoir de : dix-huit mille livres, dont la quittance est insérée par le contrat d'échange, reçu par les notaires royaux Vachon et Magdinier . . . . . 1648 ; et douze mille livres, suivant la quittance reçue par Valous, notaire royal à Saint-Chamond, ratifiée par M. Just Mitte, seigneur dudit Saint-Chamond, fils aîné de M. Melchior avec lequel j'ai échangé[3] ; lequel sieur

---

1. Le Bourget, cant. de Noisy-le-Sec, Seine.
2. Il y a dans le texte : *1652*. D'autre part, Souvigny semble bien parler ici d'un séjour qu'il fit à Paris en même temps que Mazarin y rentrait lui-même, le 2 février 1653. Il est possible aussi que, dans le récit qui va suivre, relatif aux démêlés avec M. de Saint-Chamond, au séjour à Grézieu et aux envois d'argent à M. de Belmont, plusieurs faits se rapportent à l'année 1652 et même aux années précédentes.
3. En marge, de la main de l'auteur : *Gresieu. Arrest de 15,000 livres payés à M. le baron de Lugny.*

Just a aussi ratifié le contrat d'échange, de sorte que, par arrêt contradictoirement rendu avec lesdits créanciers de M. de Saint-Chamond, savoir : le baron de Lugny, M. Séguier, chancelier de France[1], M. de Servien, surintendant des finances, M. du Gué[2], maître des requêtes, l'Aumône générale de Lyon[3], l'Hôtel-Dieu de Paris, les sieurs Lambert, Émery et Fleuriau, conseillers à la cour des Aides, et plusieurs autres créanciers, il a été dit que je lui viderois mes mains de ladite somme de quinze mille livres, et la paierois audit sieur baron de Lugny de Vougy, comme j'ai fait suivant sa quittance, reçue de Billy, notaire royal de Vougy, outre laquelle quittance ledit sieur de Lugny a déchargé de ladite somme de quinze mille livres le propre original de la transaction passée entre lui et ledit sieur de Saint-Chamond, par laquelle il avoit hypothèque spéciale sur la terre de Grézieu, et, quoique nous soyons en pays de droit écrit et qu'auparavant venir à moi, ledit sieur de Lugny devoit faire

1. Pierre Séguier (1588-1672), conseiller au Parlement en 1612, maître des requêtes en 1620, intendant de Guyenne, président à mortier en 1624, garde des sceaux en 1633, était chancelier de France depuis 1635.

2. François du Gué, conseiller au Parlement en 1636, maître des requêtes en 1643, était alors intendant à Lyon et en Dauphiné; il devint conseiller d'État en 1666 et mourut en 1685.

3. L'hôpital général de la Charité et l'Aumône générale de Lyon formaient un établissement fondé en 1531, et qui, d'après des lettres patentes de septembre 1729, a servi de modèle aux autres hôpitaux du royaume, même à l'Hôpital général de Paris. Voyez une notice dans l'*Almanach de Lyon*, année 1778, p. 61, et l'*Institution de l'Aumosne générale de Lyon, ensemble l'œconomie et règlement qui s'observe dans l'hospital de Nostre-Dame de la Charité;* Lyon, 1639.

discuter tous les biens du sieur de Saint-Chamond, néanmoins il est avantageux pour moi qu'il ait été payé de ladite somme de quinze mille livres en vertu dudit arrêt contradictoire. Ce n'est pas que Monsieur fils et héritier de mondit sieur Melchior de Saint-Chamond n'ait beaucoup de biens pour assurer les quarante-cinq mille livres dudit échange, car il possède encore la grande et belle terre de Saint-Chamond en Lyonnais, celles de Picquecos, Montpezat et Montalzat[1] en Quercy, et Anjou en Dauphiné, joint que l'échange que j'ai avec Monsieur son père est antérieur aux ventes qui ont été faites par lui-même, où ledit sieur Just, son aîné, est héritier des terres de Septême en Dauphiné, d'Andance et Talencieu en Vivarois, du Parc et deux autres terres en Bourgogne, Chevrières et Châtelus en Forez, qui sont toutes les sûretés qu'on pouvoit désirer pour les quarante-cinq mille livres de retour de l'échange de Trocezard à Grézieu, étant véritable que la substitution de la maison de Saint-Chamond est finie en la personne dudit sieur Melchior de Saint-Chamond, père de M. de Saint-Chamond du présent.

Ayant mis cette affaire en bon état par le moyen de l'arrêt susdit, je pris congé de la Cour et m'en revins trouver ma femme à Grézieu. Nous nous occupâmes à faire quelques réparations et acquisitions de prairies et terres de Dupré, de Pérols, de Jean Delafay, du domaine de Laurent Dumoulin que j'ai donné pour la fondation de messes du jeudi, jour du décès de feu ma femme, que Dieu absolve! et aussi pour la fondation

---

1. Montalzat, cant. de Montpezat-en-Quercy, arr. de Montauban, Tarn-et-Garonne.

de messes que nous avions créée à Longes tous les mardis, et que j'ai transférée à Souvigny par permission de M. l'archevêque de Lyon, ayant donné les fonds de trente livres de pension que me devoit Jean Journaux, du village de Marlin[1], paroisse de Longes, à Mlle de Marlin, tante de défunte ma femme[2], et à ses enfants après son décès. Nous achetâmes aussi un fonds, que nous donnâmes pour la fondation des litanies que M. le curé de Grézieu-Souvigny est tenu de dire tous les jours à haute voix, suivant le contrat que nous avons passé ensemble pour ladite fondation.

En ce temps-là, j'envoyai plusieurs sommes à mon frère de Belmont, par lettre de change, pour faire subsister la garnison de la citadelle de Turin, qui n'étoit point payée, et n'y avoit dans la place blé ni farine, faisant en cela un effort extraordinaire pour la sauver au Roi, et particulièrement parce que mon honneur, celui de mon frère et sa personne y étoient engagés, et [je] ne me serois peut-être pas tant incommodé si j'y eusse été moi-même, voyant bien le peu d'espérance qu'il y avoit du remboursement pendant que la guerre civile étoit allumée en France, et que la nécessité y étoit à tel point que, les pourvoyeurs de la maison du Roi n'étant pas payés de leurs fournitures, les tables y étoient renversées, de sorte que, souventes fois, on avoit peine à maintenir celle du Roi.

Casal, Pignerol, Perpignan n'étoient pas mieux

1. Marlin, comm. de Longes, cant. de Condrieu, arr. de Lyon.
2. Mlle de Marlin appartenait à la famille du Chol. Claude du Chol, père de Mme de Souvigny, était seigneur de Longes. Voy. p. 72, note 1.

traités que la citadelle de Turin, quant à l'argent; mais ils avoient du blé dans leurs greniers, qui leur fournissoit le pain. Quant aux places des nouvelles conquêtes, savoir : Thionville, Arras, Bapaume[1], Béthune, la Bassée, Gravelines, Hesdin[2], Landrecies[3], Montmédy, les garnisons y subsistoient si avantageusement des contributions qu'elles tiroient, que l'on tient pour assuré que le gouverneur de la Bassée avoit pour le moins huit cent mille livres par an, la garnison payée; ceux de Thionville et d'Arras, pour le moins chacun deux cent mille, et les places ne laissoient pas de retirer des sommes immenses. Enfin, c'étoit le désordre de la guerre civile qui empêchoit que l'on ne fît justice.

Je passai donc le reste de l'année 1652 avec ma femme, à Grézieu-Souvigny, jusqu'au commencement de mars 1653[4]. M. d'Épernon m'envoya ordre pour aller servir de maréchal de camp au siège de Bellegarde, où j'eus bien de la peine à résoudre ma femme d'y consentir, ayant un sensible déplaisir de la continuelle appréhension qu'elle avoit pour moi que je ne revenois point de la campagne, [en sorte,] en quel lieu que je ne pusse aller, que je ne la trouvasse au pied de l'autel de Notre-Dame de Souvigny, en prières pour ma conservation, si n'étoit qu'elle fût avertie de ma venue; auquel cas elle venoit au-devant de moi le

---

1. Bapaume, ch.-l. de cant., arr. d'Arras, Pas-de-Calais.
2. Hesdin, ch.-l. de cant., arr. de Montreuil, Pas-de-Calais.
3. Landrecies, ch.-l. de cant., arr. d'Avesnes, Nord.
4. Souvigny commet ici une erreur, car nous avons vu précédemment qu'il fut employé à l'armée, en Lorraine, en décembre 1652 et en janvier 1653.

plus loin qu'il lui étoit possible. Mais, enfin, la partie supérieure ayant emporté, il fallut que notre tendresse cédât au service du Roi et à mon honneur. Je pris congé d'elle pour me rendre à mon devoir.

Je trouvai M. le marquis d'Huxelles à Chalon-sur-Saône, dont il étoit gouverneur, logé dans la citadelle, ce qui m'oblige à une petite digression en disant que, M. de Varennes, son oncle, en l'année 1635, qu'il étoit maréchal de camp en l'armée d'Italie, servant d'aide de camp auprès de lui, au quartier de Candie, il m'offrit la lieutenance de cette citadelle, avec cinq cents écus de pension sur les revenus de M. d'Huxelles, dont il étoit tuteur, outre et par-dessus les gages du Roi et les autres avantages attribués à cette charge; et, comme j'avois beaucoup de respect et d'obligation à feu M. de Beauregard, mon oncle, je lui en donnai avis et lui demandai le sien : il ne le trouva pas à propos, me disant que j'étois trop jeune pour m'enfermer dans une place, étant en beau chemin pour faire quelque chose de meilleur servant à l'armée. Ainsi, je m'en excusai envers M. de Varennes et le remerciai de sa bonne volonté, qu'il m'a depuis continuée[1].

Et, pour revenir à M. le marquis d'Huxelles, il me dit que j'étois arrivé tout à propos; que, dans trois jours, M. d'Épernon faisoit état d'investir Bellegarde avec les régiments d'infanterie de la Marine[2], d'Es-

1. Au sujet de ce fait, voy. t. I, p. 300.
2. Le régiment de la Marine, reste d'un corps de la marine qui avait péri dans un naufrage (*Hist. de la milice françoise*, par le Père Daniel, t. II, p. 388), fut organisé en 1635 et appartint aux cardinaux de Richelieu et Mazarin. Il prit rang après les cinq vieux corps, ce qui amena souvent des contes-

trades[1], d'Huxelles, d'Épernon[2] et Roncherolles[3], et ceux de cavalerie d'Épernon, d'Huxelles et . . . . .[4], et, m'ayant baillé un ordre adressant au comte de Sérignan, qui commandoit son régiment de cavalerie, pour marcher le lendemain, il me dit qu'il nous viendroit trouver auprès de Verdun-sur-Saône[5], et je me retirai à mon logis à la ville, où Messieurs les Échevins me vinrent faire civilités, en me donnant abondamment de leur bon vin.

Le lendemain donc, j'allai prendre le régiment de cavalerie d'Huxelles en son quartier, que commandoit M. de Sérignan[6], et le menai camper sur le bord du Doubs, au delà de Verdun, où se rendit aussi le régiment d'infanterie d'Huxelles. Le jour d'après, nous allâmes camper près de Bellegarde, au quartier commandé par M. d'Huxelles, où il servoit de lieutenant général, et moi de maréchal de camp. Le régiment

---

tations entre lui et les Petits-Vieux, et devint 11e régiment d'infanterie à la Révolution.

1. Le régiment d'Estrades, levé en 1640, fut licencié en 1656.
2. Le régiment d'Épernon, levé en 1651 par le duc d'Épernon, fut licencié en 1653.
3. Le régiment de Roncherolles, levé en 1636 par Pierre, marquis de Roncherolles, réformé en 1649, rétabli en 1652, fut licencié en 1661.
4. Le nom est en blanc dans le manuscrit.
5. On dit aujourd'hui Verdun-sur-le-Doubs, au confluent de la Saône et du Doubs.
6. Jean de Lort, comte de Sérignan-Valras, fils de Guillaume, marquis de Sérignan, et de Marie de Bonnet de Maureilhan, capitaine au régiment de son père en 1635, puis au régiment de Richelieu devenu Marine, lieutenant de roi à Metz en 1641, gouverneur de Noményen 1645, maréchal de camp en 1650, mourut après 1668.

d'Estrades y campoit aussi avec celui d'Huxelles.

Les régiments d'infanterie de la Marine, d'Épernon et Roncherolles, avec le régiment de cavalerie d'Épernon, avec l'artillerie, campèrent au village de Chamblanc[1] et s'y retranchèrent.

M. d'Épernon se logea au château de Pagny[2], et fit ouvrir la tranchée entre le village de Pagny et Bellegarde, où nous fîmes une place d'armes à mettre cent chevaux à couvert du canon de la ville, et nous tirâmes des lignes, l'une à l'extrémité du bastion, sur le bord de la Saône, et l'autre à celles[3] étant à l'extrémité de celui[4] du côté de notre quartier. Ayant bien avancé nos tranchées, nous faisions de temps en temps de petites places d'armes, sans tenir personne dans la tranchée. Nous tirâmes une ligne de l'une à l'autre pour couvrir la batterie qu'en fit M. de Saint-Hilaire[5], qui la commandoit, et aussi pour nous servir de communication pour aller d'un poste à l'autre, sans passer à la queue de la tranchée.

Nous avions un pont de bateaux sur la Saône, au château de Pouilly[6], à demi-lieue au-dessus de Bellegarde.

Il y avoit dans la place environ sept cent cinquante

1. Chamblanc, cant. de Seurre, arr. de Beaune, Côte-d'Or.
2. Pagny-le-Château, cant. de Seurre.
3. *A celles*, c'est-à-dire : *aux lignes*.
4. *De celui*, c'est-à-dire : *du bastion*.
5. Pierre de Mormés de Saint-Hilaire, lieutenant général de l'artillerie, maréchal de camp en 1677, blessé mortellement auprès de Turenne, à Sasbach, en 1680. Son fils a écrit des *Mémoires*, que M. Léon Lecestre réédite pour la Société de l'Histoire de France.
6. Pouilly-sur-Saône, cant. de Seurre.

hommes de pied, sans les habitants, et trois cent cinquante chevaux, commandés par M. de Bouteville, gouverneur[1], qui, ayant le côté de delà la Saône libre, en tiroit de grands avantages, spécialement pour les fourrages, ce qui nous obligeoit à une grande garde. M. d'Épernon résolut de leur en ôter la communication, et me commanda de rompre le pont. Je pris de bons charpentiers et de l'artillerie à cette intention, et, à l'entrée de la nuit, m'étant saisi du bout du pont, où les ennemis avoient des barrières qu'ils abandonnèrent, j'attendis que la lune fût couchée pour me servir de l'obscurité de la nuit pour faire couper les poutres du pont, ce qui se fit avec si peu de bruit que les ennemis ne s'en aperçurent pas que par le bruit que firent les poutres en tombant dans la rivière. Ensuite de quoi, ils firent grand feu, et peu de mal, parce que j'avois déjà retiré la cavalerie et mis l'infanterie à couvert.

Pendant que j'étois occupé à faire couper le pont, je perdis quatre chevaux, parmi lesquels il y en avoit un cravate[2] que mon frère de Champfort m'avoit donné, qui étoit fort beau et bon. Je ne sais si ce fut par la faute de mon palefrenier, qui les avoit mis à l'herbe. Tant il y a que plusieurs capitaines de cavalerie de mes amis les envoyèrent chercher et me les renvoyèrent. Je donnai satisfaction à ceux qui me les

---

1. François-Henri de Montmorency, comte de Bouteville (1628-1695), fils du duelliste décapité en 1627, maréchal de camp en 1647, suivit la fortune de Condé pendant la Fronde. Il épousa, en 1661, Mlle de Luxembourg, et devint duc de Luxembourg et maréchal de France en 1675.

2. C'est-à-dire : *croate*.

ramenèrent. M. d'Épernon me témoigna d'être bien aise que ce pont fût coupé, et d'être bien satisfait de moi en ce rencontre.

Il se résolut à convertir les deux attaques en une seule au bastion sur la Saône. Le fossé étoit plein d'eau par le moyen d'une muraille de briques, qui l'y retenoit. Il la fallut percer, pour en faire couler une partie, ce qui nous donna bien de la peine, car elle étoit vieille et bâtie de briques avec de bonne chaux qui avoit fait une liaison extrêmement forte. Par bonheur pour nous, la Saône se trouvant extrêmement basse, nous allâmes à couvert, dans son canal, jusqu'à environ au droit du quart de la courtine du bastion attaqué et de celui de Saint-Jérôme, ce qui fit résoudre à faire une batterie de l'autre côté de la rivière, pour battre la petite courtine, qui n'avoit point de remparts et étoit mal flanquée de ses deux bastions. Le flanc de celui de Saint-Jérôme, étant fort petit, fut bientôt hors de défense, et celui de l'attaque étoit un peu endommagé.

Je commandois à la tranchée lorsque M. de Bouteville fit sortir un trompette, qui vint à la tête de la tranchée, dire qu'il avoit ordre de M. de Bouteville de dire à celui qui commandoit qu'il le prioit de faire en sorte qu'il pût parler à M. de Roncherolles : ce qui m'ayant fait présumer que c'étoit pour quelque aventure de capitulation, j'envoyai le trompette à M. d'Épernon, qui commanda à M. de Roncherolles d'écouter ce que M. de Bouteville voudroit dire, et le persuader de se rendre. M. de Roncherolles me vint trouver et me dit qu'il ne pouvoit parler à M. de Bouteville que je n'y fusse présent, parce que je commandois la tranchée. Après la trêve faite, nous nous avançâmes avec l'escorte de la cavalerie qui étoit en garde. Nous ne fûmes pas plus tôt arrivés à quatre cents pas de la ville, que M. de Bouteville vint au-devant de nous, avec le major de la place, sans prendre aucune précaution; sur quoi je n'ai rien à dire sinon que c'est un effet de sa générosité et de la connoissance des gens à qui il avoit à faire. Tant il y a que sa proposition fut semblable à celle de plusieurs autres qui veulent capituler, disant qu'il prioit M. de Roncherolles, par leur ancienne amitié, d'obtenir de M. d'Épernon huit jours de temps pour avertir Monsieur le Prince. M. de Roncherolles répondit, en homme d'expérience, qu'il n'étoit pas en état de le prétendre, et qu'il le serviroit auprès M. d'Épernon pour sa capitulation; et, durant qu'ils continuoient leur dialogue, je tirai le major à part, lequel me fit ingénuement sa confession de foi qu'ils se vouloient rendre : ce qui me fit un peu parler plus fortement à M. de Bouteville.

Enfin, après plusieurs discours, il fut résolu qu'il enverroit des otages à M. d'Épernon, qui lui accorda de sortir le lendemain de Bellegarde avec armes et bagages, et escorte pour conduire la garnison. Il n'y eut difficulté que sur l'article de d'Alègre[1], lieutenant de M. de Bouteville, que M. d'Épernon vouloit abso-

---

1. Dominique d'Alègre, ainsi qu'il est désigné plus loin, pouvait être parent de Claude-Yves, marquis d'Alègre, en Velay, maréchal de camp, qui mourut en 1664. On trouve également, à cette époque, Gabriel du Quesnel, marquis d'Alègre, en Normandie, et aussi Louis, marquis d'Alègre, qui leva, en 1650, un régiment de cavalerie, cassé pour mutinerie en 1652, et qui mourut en 1654. (*Mémoires du comte Gaspard de Chavagnac*, publiés par Jean de Vileurs, p. 150.)

lument qu'il lui remît entre les mains pour le faire mourir, d'autant que ledit d'Alègre s'étoit saisi du château de Pagny, appartenant à M. d'Elbeuf, à une lieue de Bellegarde : il y fut assiégé par M. d'Épernon et M. le marquis d'Huxelles, qui étoit prêt à faire jouer une mine; d'Alègre demanda quartier aux conditions portées par une déclaration signée de sa main, où il a écrit : « Moi, Dominique d'Alègre, déclare à M. d'Épernon de ne jamais porter les armes contre le service du Roi; que, si je suis pris dans une place ou bataille, rencontre, escarmouche ou autrement, contre le service de Sa Majesté, je me soumettrai à perdre la vie, s'il plait à M. d'Épernon me l'accorder avec tous ceux qui sont dans ce château sous ma charge. Fait à Pagny, le, etc. Signé : d'Alègre. » Lequel, quelques jours après, s'en retourna jeter dans Bellegarde, où il étoit encore lieutenant de M. de Bouteville, lequel s'opiniâtrant à ne le point rendre, le pourparler fut rompu, les otages retirés.

Quand je vis que personne n'en vouloit parler à M. d'Épernon et qu'on alloit rompre la trêve, je pris la liberté de lui représenter l'importance de la prise de Bellegarde, la seule place que les ennemis tenoient en son gouvernement de Bourgogne, auquel, par ce moyen, il donneroit activement la paix, que ce seroit tenter Dieu et mettre au hasard choses qui étoient en sa main, s'il ne se servoit de l'occasion de la bassesse de la rivière de Saône pour se rendre maître de Bellegarde; qu'il ne falloit qu'une pluie d'un jour pour nous faire abandonner le logement que nous avions dans son canal, incommodant la place, et qui contraignoit les ennemis à se rendre. Il ne me souvint pas d'alléguer à M. d'Épernon l'exemple de l'armée de Gallas, plus de quatre mille hommes qui furent contraints d'abandonner le siège de Saint-Jean-de-Losne[1], petite ville à trois lieues de Bellegarde, sur la même rivière de Saône, dont le débordement lui fit lever le siège avec précipitation lorsque la place étoit sur le point de se rendre, et perdre quantité de gens à leur retraite.

Aussi ne fut-il pas nécessaire de le persuader autrement; car, ayant approuvé mon avis, il signa la capitulation de Bellegarde, sans excepter d'Alègre, par laquelle il accorda à M. de Bouteville et à sa garnison qu'ils sortiroient le lendemain, ... juin 1653, de Bellegarde, à dix heures du matin, avec armes et bagages, sans faire mention de d'Alègre. Il me commanda d'y conduire escorte à la porte. Comme la garnison sortit, il ne la vit que d'environ cent pas, et fit prendre possession de la place par M. de Roncherolles avec son régiment[2].

1. Matthias, comte de Gallas, général autrichien (1589-1647), à la tête des Impériaux et des Espagnols réunis en Franche-Comté, mit le siège devant Saint-Jean-de-Losne en 1636. La résistance vigoureuse des habitants valut à cette ville le surnom de Belle-Défense.
2. Voy. la Prise de Bellegarde, avec le journal de ce qui s'y est passé : *Recueil des gazettes, nouvelles ordinaires et extraordinaires*, année 1653, p. 545-560. On y lit notamment : « Ce marquis (de Roncherolles), accompagné du sieur de Souvigny, maréchal de camp, se transporta donc à la porte Saint-Georges..., etc. Après ces louanges dues à celui qui lui a donné la principale pente, on ne peut dénier aux marquis d'Huxelles et de Roncherolles, lieutenants généraux de notre armée victorieuse, celle d'y avoir beaucoup contribué par leur courage, non plus qu'aux sieurs de Cornusson, de Saint-Quentin

Étant dans le château de Bellegarde, j'y vis les meubles que M. de Bouteville y avoit laissés, appartenant à Monsieur le Prince, ce qui m'obligea de dire à M. d'Épernon en particulier : « Monsieur, vous savez que cette guerre ne peut pas durer, que sa fin sera la paix, et l'ancienne coutume de France de donner l'amnistie, qu'infailliblement Monsieur le Prince, la paix faisant, sera rétabli en ses biens et honneurs. Vous pouvez l'obliger en lui conservant les meubles qu'il a céans. Je vous supplie très humblement, Monsieur, de considérer que Bellegarde est son patrimoine, que ce château est sa maison, et l'avantage que vous aurez de bien user de cette victoire et vous acquérir l'amitié d'un si grand prince par le soin de conserver son bien, puisque c'est chose où le service du Roi n'est point intéressé et qui dépend entièrement de votre courtoisie. » Je trouvai M. d'Épernon tellement prévenu de colère de ce que les troupes de Monsieur le Prince avoient pillé sa maison de Cadillac et [de ce qu'il] avoit baillé vingt mille écus pour retirer ses meubles, et de ce qu'on lui avoit fait entendre que tout cela avoit été fait par le commandement de Monsieur le Prince, [qu']il voulut absolument, par représailles, se saisir de ceux qu'avoit Monsieur le Prince dans le château de Bellegarde.

Le lendemain, je pris congé de M. d'Épernon, bien joyeux de la satisfaction qu'il me témoigna avoir des petits services que j'avois rendus en cette occasion. Nous nous retirâmes par la Bresse[1], MM. de Saint-

et Souvigny, maréchaux de camp, et autres officiers, de n'avoir rien oublié du leur en cette occasion pour la faire réussir. »

1. Effacé : *le Chalonnois*.

Micaud, de Béreins[1], et moi, par Bâgé, Pont-de-Vaux et Pont-de-Veyle[2], que je fus bien aise de voir, estimant d'autant plus l'échange que Henri le Grand fit du marquisat de Saluces à la Bresse, que cette province est incomparablement plus grande, s'étendant jusqu'aux portes de Lyon et ne cède point à la fertilité du marquisat de Saluces.

M. le comte de Béreins, avec lequel j'avois eu autrefois quelque brouillerie, étant pour lors de mes amis, m'ayant bien traité en sa maison de Baneins[3], je le priai de disposer ma tante de Beauregard à annuler et à casser le contrat de vente qu'elle m'avoit passé de la baronnie de Belmont, selon l'avis de mon frère de Champfort, qui l'avoit vue, passant à la Bresle, pleurer, souffrir, comme si elle se fût repentie de l'avoir fait, d'autant que ni lui, ni moi, ni notre frère, pour lequel je l'avois achetée, ne l'avions désiré qu'autant qu'elle l'auroit agréable et sur les assurances qu'elle avoit faites à feu ma femme, dans l'église de la Bresle, qu'elle se contenteroit d'en avoir le revenu sa vie durant, et qu'elle lui donneroit le principal à son décès. Outre ces raisons, j'en avois encore une

---

1. M. de Béreins, voy. t. I, p. 251, est qualifié vicomte de Béreins et de Baneins, lieutenant-colonel au régiment d'Auvergne, bailli de Dombes, aide de camp et maréchal de bataille ès armées de Sa Majesté dans un acte de 1643 (*Arch. du Rhône*, suppl. E 46, registres paroissiaux d'Anse).
2. Bâgé-le-Châtel, Pont-de-Vaux et Pont-de-Veyle sont trois chefs-lieux de canton de l'arrondissement de Bourg, Ain.
3. Baneins, cant. de Saint-Trivier-sur-Moignans, arr. de Trévoux, Ain. Pierre de Corsant était comte de Béreins et de Baneins depuis 1649 (*Hist. de la Bresse et du Bugey*, par Guichenon, p. 11).

secrète, qui étoit de [me] souvenir que feu mon père m'avoit défendu de penser à Belmont. Je puis dire avec vérité qu'excepté mes fautes d'enfant, n'avoir rien fait que cette action-là qui lui pût être désagréable. Il est vrai que ç'a été plus de dix ans après son décès, et ne m'y suis engagé qu'à cause de l'espérance susdite qui me paroissoit avantageuse pour mon frère. Tant est que M. le comte de Béreins vint avec moi à la Bresle, et en fit la proposition à ma tante de Beauregard, laquelle la refusa nettement, et voulut que le contrat subsistât, continuant néanmoins à faire espérer qu'elle tiendroit la parole qu'elle avoit donnée à ma femme en faveur de mon frère : si bien que nous prîmes congé les uns des autres. Je m'en revins à Souvigny, où je trouvai ma femme en bonne santé et bien joyeuse de mon retour, qui fut vers la fin de mai.

Environ le 15e juin, je reçus ordre du Roi pour aller trouver le duc de Mantoue de la part de Sa Majesté, sur l'avis que Son Altesse, outrée et désespérée de la négociation de M. du Plessis de Besançon, traitoit avec l'Empereur et le roi d'Espagne[1]. Ma femme n'eut pas de difficulté de se résoudre à mon départ. Son Altesse de Mantoue étant à Casal, elle

1. La négociation de M. du Plessis-Besançon est racontée dans ses *Mémoires*, publiés par la Société de l'Histoire de France, et aussi dans les *Instructions données aux ambassadeurs : Savoie, Sardaigne et Mantoue*, t. II, p. 165, par le comte Horric de Beaucaire. La mission de M. de Souvigny a donné lieu à un certain nombre de lettres, chiffrées ou non, qui lui furent adressées, au cours de l'automne 1653, par M. de Brienne, secrétaire d'État, et qui, restées jusqu'à présent dans les archives de famille, seront publiées en appendice dans le troisième volume.

pouvoit m'y venir trouver à l'automne, s'il m'y eût fallu faire long séjour, ou attendre mon retour à la citadelle de Turin, où mon frère de Belmont commandoit en mon absence. Je pris donc congé d'elle.

Étant arrivé à Turin, je fis faire des habits, me mis en équipage, et pris avec moi des officiers de la garnison pour m'accompagner et tenir le rang convenable à ma commission. Madame Royale en fut bien aise à cause du différend de la maison de Savoie avec celle de Mantoue[1]. M. de Servien[2], ambassadeur de Sa Majesté auprès de Madame Royale, me témoigna aussi qu'il en avoit bien de la joie et me bailla un chiffre, comme avoit fait Madame Royale, pour écrire plus sûrement.

En allant de Turin à Casal, je trouvai l'armée du Roi, commandée par M. le comte de Quincé[3], logée à

1. Les maisons de Savoie et de Mantoue se contestaient depuis 1612, l'une à l'autre, la possession du Montferrat. Voy. t. I, p. 11, note 3. L'ajustement de Quérasque, en 1631, avait notamment irrité Mantoue en forçant cet État à céder à la Savoie plusieurs terres du Montferrat.
2. Ennemond Servien (1596-1679), seigneur de Cossai et de la Balue, fils d'Antoine et de Diane Bailly, fut trésorier en Dauphiné en 1623, président de la Chambre des comptes de Grenoble en 1628, commissaire général des guerres en 1633, conseiller d'État en 1635, garde des sceaux, intendant de la justice en 1645, ambassadeur en Savoie (1648-1676).
3. Joachim de Quincé, comte du Saint-Empire, mestre de camp en 1635, gouverneur de Guise, maréchal de camp en 1642, lieutenant général en 1650, servit en Normandie pendant la Fronde et passa en Piémont en 1652. Gouverneur de Narbonne, ambassadeur en Espagne en 1659, il mourut à Madrid la même année. Son fils, Louis, fut maréchal de camp sous ses ordres en Italie.

Tonques[1], au beau milieu du Montferrat, et celle de Savoie, à Arfrin[2], terre impériale, commandée par le marquis Ville, tous deux résolus d'aller loger à Auxinian, Tizené, Valmac, Frésinet[3], et autres villages de la plaine de Casal, qui en sont presque sous la couleuvrine. Je dis à M. le comte de Quincé qu'il étoit bien important au service du Roi de ne le pas faire, parce que cela feroit un effet tout à fait contraire à l'intention de Sa Majesté et au sujet de mon voyage, qui étoit de ramener M. de Mantoue, par de favorables traitements, à se remettre sous la protection du Roi, et rompre tous les traités qu'il pouvoit avoir faits avec les ennemis de Sa Majesté, pour lui donner bonne espérance qu'à mon arrivée près sa personne, il en reconnût des effets par le soulagement de son État, en portant la guerre dans le Milanois ; que, s'il s'y vouloit résoudre, je le tiendrois ponctuellement averti de l'état de l'armée des ennemis, de leur marche, et, surtout, quand ils auroient leurs ponts prêts pour repasser le Pô. M. le comte de Quincé, ayant entendu mes raisons, s'y disposa facilement et me promit de faire son possible pour y faire consentir M. le marquis Ville, afin que les deux armées ensemble pussent entreprendre quelque chose de considérable dans le Milanois, à quoi les deux généraux se disposèrent[4].

1. Tonco, arr. de Casal, prov. d'Alexandrie.
2. Frinco, arr. d'Asti, prov. d'Alexandrie.
3. Occiniano, Ticineto, Valmacco, Frassineto-Pô, arr. de Casal.
4. Il y a dans le texte : *s'étant disposés*. Ensuite vient une page barrée de deux traits croisés où l'on peut lire ce qui suit : « Il ne sera mal à propos de dire de la sorte que M. de Nevers, grand-père du duc de Mantoue d'à présent, a hérité

J'estime à propos de faire un plan de l'état général des affaires du Mantouan et du Montferrat pour plus facile intelligence de ma négociation. Je ne m'arrêterai pas à décrire le premier siège de Casal, que soutint le marquis de Rivare contre l'armée d'Espagne, commandée par Don Gonsalve de Cordoue[1], la fidélité des Montferrains, le secours du Roi, qui défit en personne l'armée du duc de Savoie et força le Pas-de-Suse, le deuxième siège de Casal, soutenu par M. le maréchal de Toiras contre le marquis Spinola, secouru par l'armée du Roi, le troisième siège de Casal, que soutint M. le marquis de la Tour contre le marquis de Leganez, la défaite de l'armée d'Espagne par M. le comte d'Harcourt, en secourant la place. Je dirai seulement que, la guerre civile étant allumée en France, le Roi retiré à Saint-Germain, Paris investi par son armée, Son Altesse de Mantoue[2] fit repré-

de ses deux États, auparavant faire mention de ma négociation avec cette Altesse, que le Roi a maintenue puissamment contre les puissances de l'Empereur, du roi d'Espagne et du duc de Savoie; qui, après avoir pris la Rochelle, ayant encore la guerre en plusieurs provinces de son royaume, passa les monts, en força les retranchements, gardés par deux armées d'Espagne et de Savoie, pour secourir Casal et conserver cette place et tout le pays de Montferrat, avec des dépenses ruineuses, et fait en sorte, par l'ajustement de Quérasque, que l'Empereur lui rendît Mantoue qu'il avoit pris. Enfin, l'on peut dire avec vérité qu'il a coûté au Roi plus d'or et d'argent, pour sauver ses deux États à M. de Mantoue, qu'ils ne valent. Mais le Roi n'a eu autre considération que celle de maintenir M. de Mantoue et assurer la liberté à tous les potentats d'Italie quand l'Empereur et le roi d'Espagne les voudroient opprimer. »

1. Voy. t. I, p. 182-183.
2. Le duc de Mantoue et de Montferrat était alors Charles III (1629-1665), fils de Charles II de Gonzague-Clèves, de la

senter par ses agents la nécessité de la garnison de Casal, faute de paiement : lesquels les ayant sollicités[1] l'espace de deux années, et, voyant la continuation de la guerre en France, après plusieurs protestations qu'il fit faire à la Reine et à M. le Cardinal sans en pouvoir rien obtenir, voyant les préparatifs qu'avoient faits les Espagnols d'assiéger Casal et nulle apparence d'être secouru de France, il fit son traité avec les Espagnols à condition qu'il leur livreroit la ville de Casal et feroit sortir de la citadelle le régiment montferrain que le Roi y entretenoit, commandé par le comte Mercurin, les Espagnols lui ayant promis respectivement de lui rendre l'un et l'autre, après qu'ils en seroient en possession. Quant au château, il se rendit aux Espagnols, le même jour qu'ils entrèrent dans la ville, par la lâcheté et trahison du commandant, quoique fort bon, flanqué de quatre masses de tours, bon fossé à fond de cuve, fort large et profond, avec de bonnes demi-lunes. Les Espagnols, en étant les maîtres, aussi bien que de la ville, attaquèrent facilement la citadelle par ce côté-là.

La nouvelle en étant arrivée à la Cour, M. de Quincé fut commandé, avec les troupes du Roi qui étoient de delà les monts, de tenter pour secourir Casal. Madame Royale y ayant joint son armée, la place fut

---

branche de Nevers, et de Marie de Gonzague, dernière héritière de la branche aînée de Mantoue. Son père étant mort en 1631, il succéda directement, en 1637, à son grand-père, Charles Ier de Gonzague-Clèves, duc de Nevers et de Rethel, et épousa, en 1649, Isabelle-Claire d'Autriche, fille de l'archiduc Léopold.

1. *Lesquels les ayant sollicités,* c'est-à-dire : *les agents ayant sollicité la Reine et le Cardinal,* dont il va être question.

rendue auparavant qu'ils l'eussent approchée. M. de Saint-Ange[1], parmi beaucoup de désordre [qui] y arriva, fit une bonne action : car il ne la voulut point remettre au marquis de Caracène, mais seulement aux Montferrains, commandés par un parent du duc de Mantoue, dont le marquis de Caracène en fut disgracié de l'Espagne, au lieu de l'espérance qu'il avoit d'être fait grand d'Espagne après cette conquête, encore bien que les Espagnols eussent publié par toute l'Italie qu'ils ne l'avoient entreprise que pour les délivrer des François et rendre Casal à Son Altesse de Mantoue.

Quoi qu'il en soit, sitôt que la Reine et M. le Cardinal furent avertis de la prise de Casal, ils envoyèrent M. du Plessis-Besançon, gouverneur d'Auxonne, à M. de Mantoue, auquel ayant fait connoître le sentiment de la Cour de cette dernière action, qu'on accusoit d'ingratitude, y ajoutant quelques menaces, Son Altesse de Mantoue en fut tellement irritée, qu'après le départ de M. du Plessis, elle[2] commença à négocier fortement avec les Impériaux et Espagnols pour s'en assurer contre le Roi. Quelques-uns passoient plus avant en disant que c'étoit pour remettre Casal au roi d'Espagne. Sur quoi, j'eus ordre du Roi d'aller trouver le duc de Mantoue, petit-fils de M. de Nevers, et [qui] avoit hérité des états de Mantoue et Montferrat, qui ne tombent point en quenouille ; et, pour mieux les assurer à son fils, il lui fit épouser la fille unique de

1. « N. de Saint-Ange étoit lieutenant de roi à Casal lorsqu'on lui accorda le grade de maréchal de camp par brevet du 16 juillet 1650. » (*Chronologie militaire* de Pinard, t. VI, p. 280.)
2. Il y a *il* dans le texte.

Vincent, dernier duc de Mantoue[1], et de leur mariage est issu le duc d'à présent, qui est aujourd'hui en paisible possession des deux États de Mantoue et de Montferrat, à la réserve des villes et terres de partie du Montferrat dont le duc de Savoie jouit conformément au traité et ajustement de Quérasque, confirmé à Münster[2]. Que s'il est des premiers potentats d'Italie, il est aussi des grands seigneurs de France par le moyen des duchés de Nevers[3], Mayenne et Aiguillon[4], et de quantité d'autres terres considérables.

Pour revenir à mon discours, Son Altesse de Mantoue m'ayant envoyé un de ses gentilhommes avec une lettre fort civile du zèle qu'il avoit pour le Roi, et qu'il m'attendoit avec impatience, je pris congé de M. de Quincé. MM. du Monceau[5] et de la Grange

---

1. Charles II de Gonzague, fils de Charles Ier, épousa Marie de Gonzague, fille unique, non de Vincent II, mais de François IV, duc de Mantoue, et de Marguerite de Savoie. François IV, mort en 1612, eut pour successeurs son frère Ferdinand, et ensuite Vincent II, qui mourut en 1626. Ni l'un ni l'autre n'eut d'enfants.

2. Traité de Westphalie, qui se composa de deux parties, rédigées, l'une à Münster, l'autre à Osnabrück, mais qui furent signées toutes deux, le même jour, à Münster, le 24 octobre 1648.

3. Les duchés de Nevers et de Rethel étaient entrés dans la maison de Gonzague par le mariage d'Henriette de Clèves, héritière de sa maison, avec Louis, prince de Mantoue, père de Charles Ier de Gonzague.

4. Les duchés de Mayenne et d'Aiguillon étaient venus à Charles Ier de Gonzague par sa femme, Catherine de Lorraine, fille du duc de Mayenne, qu'il épousa en 1599.

5. N. Piochon, sieur du Monceau, que Souvigny appelle plus loin du Monceau l'aîné et qui était lieutenant dans la compagnie de cavalerie de M. de Quincé, fut tué au siège de

me voulurent accompagner. Étant près de Moncal[ve], je rencontrai M. de Bascapel, qui en étoit gouverneur, qui m'y reçut et traita de la part de Son Altesse, et, le lendemain, m'accompagna jusqu'à Casal, au logis de M. le marquis Mosso[1], qui avoit été préparé pour moi et paré de superbes meubles du duc, qui avoit envoyé ses officiers pour me traiter, et [ils] avoient mis un dais à la salle et un autre à la chambre. Environ une heure après mon arrivée, M. le marquis de la Val[2], premier ministre de Son Altesse, me vint faire civilité de sa part.

Son Altesse, qui logeoit dans le château de Casal, m'ayant parfaitement bien reçu, je lui rendis la lettre du Roi et lui dis sommairement le sujet de mon voyage, sans entrer plus avant en matière pour cette première audience.

A la seconde, je m'étendis davantage, le sens de mon discours étant pour lui faire entendre que, s'il recherchoit les bonnes grâces du Roi après ce qui s'étoit passé, il les pouvoit espérer, et que l'assuré moyen de les posséder étoit d'ôter pour jamais l'espérance aux Impériaux et Espagnols d'avoir Casal, et que Sa Majesté le protégeroit, et tous ses États, envers et contre tous, comme elle avoit fait par le passé.

Il me répondit avec beaucoup de respect et de civilité pour le Roi; mais ce fut seulement en termes

---

Valence. Voy. année 1656. Il était fils de Jean Piochon, de Jargeau.

1. Le marquis Mosso avait déjà logé du Plessis-Besançon la même année. (*Mémoires de du Plessis-Besançon*, p. 347.)

2. François Roland, marquis della Valle, chevalier de l'ordre du Rédempteur, premier ministre du duc de Mantoue, mourut en 1663.

généraux, sans me répondre positivement sur l'affaire de Casal, et, comme j'y avois beaucoup d'amis qui me donnoient les avis, j'appris que le Padre Goüasson, un sénateur de Milan, avoit eu de secrètes conférences avec M. de Mantoue. Je lui dis que si le Roi savoit qu'il y eût intelligence avec eux, Sa Majesté seroit fort offensée. Il me répondit qu'il étoit vrai qu'il avoit eu quelque pourparler avec eux, mais qu'il avoit entièrement rompu pour ne pas déplaire au Roi. Son Altesse m'ayant fait l'honneur de me donner le bal, et d'agréer que je lui pusse parler librement à la promenade à cheval, et, les soirs, à la conversation chez Mme la comtesse Mercurin [1], qu'il aimoit, j'eus tout loisir de l'entretenir, et avec plus de facilité qu'aux audiences réglées. C'est là qu'il s'ouvrit entièrement à moi, se plaignant de l'armée du Roi, qui avoit ruiné partie du Montferrat, et du pillage de Nice-de-la-Paille [2]. Je lui répondis que je savois bien [que], quelque bon ordre qu'on puisse observer, l'on ne sauroit empêcher une grande armée de faire du mal en un pays où elle fait un long séjour, que le pillage de Nice-de-la-Paille s'est fait à l'insu de M. de Quincé, qui s'étoit lors logé avec

1. Elle pouvait être nièce ou belle-sœur de Jeanne Mercurino d'Arborio, fille de Charles-Antoine Mercurino, marquis d'Arborio-Gattinara, qui épousa Emmanuel-Philibert-Hyacinthe de Simiane, marquis de Pianesse, en 1631.

2. On lit dans le *Mémoire historique de la vie d'un fantassin de vingt-cinq ans de service*, par Ch. Saverat, officier au régiment de Lyonnois : « En l'année 1652, nous passâmes en Piémont, commandés par le marquis Ville, et la campagne se passa à manger le Montferrat, pays appartenant au duc de Mantoue, rempli de toutes sortes de vivres, et à faire sauter une tour à la Roque et piller Ponsson et d'autres bourgs où nous étions à discrétion » (p. 14).

l'armée à Castelnove[1], Brusa[2], et autres terres impériales voisines, pour soulager le Montferrat. C'étoit des cavaliers et soldats de l'armée qui s'étoient débandés, lesquels il en avoit fait punir et fait restituer aux habitants de Nice ce qui s'étoit pu trouver dans l'armée qui leur appartenoit.

Cinq ou six jours après mon arrivée à Casal, j'appris [que], au lieu de suivre la route que l'armée devoit tenir, quelques troupes s'en étoient détachées et logées dans le Montferrat. Je fus bien aise de profiter [de] ces occasions de les en faire déloger, pour commencer à faire paroître à Son Altesse mon désir de soulager son pays, m'assurant bien que M. de Quincé ne me refuseroit pas le délogement. Son Altesse m'ayant accordé d'y aller, je pris avec moi MM. du Monceau, de la Grange et Roche, avec deux gardes et un trompette de Son Altesse, à toutes bonnes fins. Toutes les troupes étant entièrement hors du Montferrat, je m'en allai à Quatorze[3], petit village à deux milles de Felissan. Nous en partîmes le lendemain, que toute l'armée passa le Taner à la Roquette, d'où nous écrivîmes amplement à la Cour.

Je ne veux omettre qu'en chemin faisant, étant partis longtemps après les troupes, nous rencontrâmes un soldat étendu sur le dos d'un fossé, à qui M. de Quincé demanda ce qu'il y faisoit : « J'ai le flux de sang. Je ne puis marcher. J'attends quelque secours, ou qu'il vienne quelques paysans pour m'emmener comme ils ont fait plusieurs de mes camarades. Je

1. Castelnuovo-Bello, arr. d'Acqui.
2. Il s'agit peut-être de Bruno, arr. d'Acqui.
3. Quattordio, arr. et prov. d'Alexandrie.

me suis bien préparé à la mort. — Et comment? lui fit M. de Quincé. — Je me suis confessé moi-même en m'examinant sur les commandements de Dieu. » La résolution de ce garçon nous ayant fait compassion, M. de Quincé le fit prendre, tout sale et puant qu'il étoit, et le fit mettre en croupe derrière lui, et, quand nous fûmes arrivés au village du Sise[1], dépendant du Montferrat, il le recommanda au podestat du lieu, qui nous promit d'en avoir soin.

Le même jour, les deux armées passèrent le Taner à la Roquette, d'où nous écrivîmes amplement à la Cour, M. de Quincé et moi, qui l'ayant sollicité de décharger le Montferrat et porter la guerre dans le pays du Milanois, il[2] se résolut, avec M. le marquis Ville, d'attaquer la ville de Serravalle[3]. Pour cet effet, les deux armées allèrent loger aux villes environnant Guiard[4]. Il en fut détaché un convoi pour aller à Courtiselle[5] et Montalde[6] prendre les vivres et munitions que le convoi d'Aste y devoit conduire. Je me prévalus de cette occasion pour mon retour à Casal, et, ayant dit adieu à MM. de Quincé et de Ville, je m'acheminai à Courtiselle et surpris le château, dont le seigneur du lieu, qui étoit Montferrain, étant bien étonné, je le rassurai bientôt après, et ne voulus pas qu'il y entrât que deux ou trois officiers avec moi. J'envoyai la cavalerie à Montalde, à la réserve de six

1. Incisa-Belbo, arr. d'Acqui, prov. d'Alexandrie.
2. *Il*, c'est-à-dire : *M. de Quincé.*
3. Serravalle-d'Asti, arr. d'Asti, prov. d'Alexandrie.
4. Ghiare, aujourd'hui faubourg nord-ouest d'Incisa, sur la rive droite du Belbo.
5. Corticelle, aujourd'hui Cortiglione, arr. d'Acqui.
6. Montaldo-Scarampi, arr. d'Asti.

cavaliers dont je me servois pour m'y accompagner, après que j'eusse fait convenir le gentilhomme de Courtiselle de bailler quelque vin aux soldats, et que le capitaine qui leur commandoit eût promis d'empêcher le désordre.

La cavalerie qui se présenta au château de Montalde, qui est terre d'Empire, n'y ayant pas été reçue, je la trouvai dans le village, où le comte Osas de Verrue étant arrivé avec le convoi d'Aste, que je fis remettre au commandant de celui qu'il devoit conduire à l'armée, je m'en allai en Aste dîner à l'Ours, pour éviter la cérémonie et gagner temps, ne doutant pas que M. Royer, qui en étoit gouverneur et mon ami intime, ne m'y voulût traiter. Aussi me vint-il trouver à mon logis pour m'en prier, et fut si fâché de n'avoir pas été averti de mon arrivé à temps, qu'il fit mettre en prison l'officier de la garde de la porte. Ayant dîné, je pris congé de M. Royer et envoyai à M. de Mantoue l'un de ses gardes, le priant me faire attendre à la porte de Casal, où j'arrivai le même jour sur les trois heures de nuit, ayant fait une fort grande journée.

Le lendemain, après avoir rendu compte de mon voyage à Son Altesse, qui fut bien satisfaite de ce que le Montferrat étoit déchargé des armées, je la suppliai me débarrasser de la prodigieuse quantité des officiers auxquels elle avoit ordonné de me servir de tant de cérémonies, spécialement de ce que les estafiers[1] mettoient un genou en terre me donnant à boire, de faire retrancher la profusion de vivres, et point de seconde table, qu'il suffisoit d'une pour moi et ceux

1. En Italie, l'estafier était un domestique armé et portant manteau.

qui y mangeoient, et d'une pour les soldats. Il me répondit que tout cela étoit peu de chose au respect qu'il avoit de bien traiter ceux qui appartenoient au Roi, et particulièrement la personne qu'il estimoit comme moi. Nous en demeurâmes là pour lors; mais, deux jours après, je lui dis nettement que je m'en irois loger à l'hôtellerie s'il n'accordoit ma prière. Sur quoi, me l'ayant promis, il ne me laissa que sept ou huit officiers pour me servir, sans pourtant rien diminuer de l'abondance et politesse de ma table, ni du bon traitement des valets, faisant toujours tenir prêt un carrosse à la porte de mon logis, aux heures qu'on pouvoit avoir de besoin pour l'aller trouver, ou rendre les visites qui m'avoient été faites par plusieurs de mes amis de la ville.

Ayant été averti que les Espagnols bailloient tous les mois, régulièrement, quatre mille écus à Son Altesse pour lui aider à faire subsister sa garnison, je lui dis librement que le Roi le trouveroit fort mauvais, que cela étoit indigne d'un grand prince comme lui, qu'il pouvoit bien espérer incomparablement d'autres secours de Sa Majesté, qu'il avoit souventes fois envoyé tout d'un coup des voitures de sept ou huit cent mille livres dans Casal, dont les habitants et ses sujets de la campagne s'étoient enrichis, que les Espagnols ne le vouloient ni mort ni vif, mais languissant, privé de l'assistance de France, et en état qu'il ne se puisse défendre quand ils voudroient attaquer Casal.

Son Altesse, sur ce, répondit qu'elle n'avoit jamais rien pris des Espagnols et ne le feroit point à l'avenir; qu'il étoit vrai qu'elle reçût tous les mois quatre mille écus, mais que ce n'étoit point l'argent des Espagnols ni d'autres personnes que de sa sœur l'Impératrice[1], qui savoit qu'elle en avoit besoin et l'assistoit de son propre bien, sans même que l'Empereur en eût connoissance ; qu'elle ne croyoit pas que le Roi en fût offensé ; que, si cela étoit, elle feroit son possible à se mettre en état de s'en passer. Par plusieurs fois, elle se mit sur le discours des vieilles prétentions de M. de Nevers, son grand-père, pour des vaisseaux qu'il avoit remis au feu Roi : à quoi je répondois toujours que la longueur du temps avoit pu prescrire l'hypothèque ; que toutefois il pouvoit espérer de la bonté et équité du Roi bonne justice quand il auroit établi son droit auprès de Sa Majesté. Mais son plus grand grief, et qu'il avoit toujours sur le cœur, c'étoit l'aliénation des villes et terres du Montferrat, qui avoient été adjugées au duc de Savoie par le traité de Quérasque, qu'il prétendoit avoir, disant que cela s'est fait sans qu'il y eût personne des siens ni ses prédécesseurs, qui n'y ont jamais consenti ni ratifié ledit traité.

Je répondis qu'alors qu'il fut conclu par les ambassadeurs et plénipotentiaires des princes potentats et républiques de la chrétienté avec le nonce du Pape, Son Altesse étoit encore au berceau, l'Empereur en possession de la ville et pays de Mantoue, le duc de Savoie maître de Trin, d'Albe et de toutes les autres terres du Montferrat qu'il avoit prises par une guerre de plus de quarante ans[2] ; et, sur ce qu'il disoit que le duc de Savoie avoit entrepris cette guerre pour avoir

1. Éléonore de Gonzague, sœur du duc de Mantoue, avait épousé l'empereur Ferdinand III.
2. Il y a dans le texte : *par une guerre royant de plus de quarante ans.*

la dot de la princesse Marguerite[1]; que, son droit [n']étant fondé que pour une somme d'argent, il n'étoit pas juste qu'il retînt pour cela une partie du Montferrat; qu'au pis aller on ne le pouvoit obliger qu'à le payer : sur quoi je répondois que le long temps et la longue guerre avoient changé la nature de la dette, et qu'enfin, le traité ou ajustement de Quérasque ayant été confirmé par celui de Münster, il n'avoit pas raison de venir à l'encontre.

Là-dessus, il touchoit le point essentiel, sachant fort bien que le Roi avoit promis au duc de Savoie de le maintenir, envers et contre tous, en possession desdites terres de Montferrat, par le traité particulier en vertu duquel le duc remit Pignerol à Sa Majesté. Son Altesse disoit donc que, toutes les fois qu'elle envoya demander lesdites terres au duc de Savoie, il avoit répondu que ce n'étoit point son affaire, mais bien celle du Roi, son garant.

Je répondis : « Quand cela seroit ainsi, le Roi n'auroit fait autre chose que confirmer à son égard le traité de Quérasque, auquel le Pape, l'Empereur, le roi d'Espagne et les autres potentats de la chrétienté, dont les plénipotentiaires ont fait ledit traité, y sont aussi bien obligés que Sa Majesté; qu'il se pratique même, entre les particuliers qui ont eu affaire ensemble, d'énoncer dans les actes, transactions, obligations ou autres instruments qu'ils se font du depuis, d'y énoncer, [dis-je,] les droits qu'ils peuvent avoir l'un sur l'autre pour ne pas déroger à leurs anciennes hypothèques. C'est ce que le duc de Savoie a désiré que le Roi ait pratiqué en ce rencontre, comme il a

---

1. Voy. t. I, p. 11, note 3, et p. 182, note 1.

fait, sans que l'on puisse dire que Sa Majesté se soit prévalue, en cette occasion, d'autre chose que de son argent, ayant chèrement acheté et payé au duc de Savoie la souveraineté de Pignerol, tasse[1], taille et tout autre revenu qu'il en tiroit, les nouvelles fortifications de la place, l'artillerie, munitions et ce qui étoit dedans; et, quand ainsi seroit-ce que non, que le Roi auroit plus fortement appuyé l'intérêt du duc de Savoie à lui conserver lesdites terres du Montferrat par le traité de Quérasque que les autres princes, Son Altesse [doit être] bien loin d'y trouver rien à redire : je m'assure qu'elle se représentera incessamment l'obligation qu'elle a au Roi d'avoir abandonné son royaume pendant qu'il y avoit une grande guerre, passé les Alpes au cœur de l'hiver, défait l'armée du duc de Savoie, qui s'y étoit opposée, et consommé des milliers d'hommes, et millions d'or et d'argent, pour lui sauver les États de Mantoue et Montferrat, sans autre motif que la satisfaction de protéger son allié. Je ne doute pas que la plus grande joie de Votre Altesse ne soit de témoigner à Sa Majesté la reconnoissance qu'elle en a, et lui persuader qu'elle ne veut avoir aucune intelligence avec ses ennemis, afin de l'obliger à la continuation de sa protection. »

Nous tombions souvent sur ce discours. Le duc avouoit de bonne grâce les obligations qu'il avoit à la France, mais qu'elles seroient beaucoup augmentées, si Sa Majesté lui faisoit rendre ses terres du Montferrat : à quoi je répondois toujours que le Roi ne pouvoit contrevenir au traité de Quérasque.

Le duc de Mantoue, qui alors pouvoit avoir vingt-

1. Tasse, de l'italien *tassa* : taxe, impôt.

cinq ans, étoit de fort belle taille, plus haute que moyenne, poils châtains, les traits du visage bien faits et le teint délicat, adroit et dispos en ses exercices. Il entendoit bien l'histoire et la carte, composoit en vers et en musique, fort honnête et civil en ses discours. C'étoit dommage qu'il ne fût occupé en affaires dignes d'un grand prince, où il auroit fort bien réussi; mais, étant devenu amoureux, la maîtresse de son cœur étoit sa plus chère pensée. Mme la duchesse, sa femme[1], qui ne le pouvoit ignorer, faisant souventes fois éclater sa jalousie, les mettoit en désordre. Elle est de la maison des princes d'Autriche. Son menton est un peu long et avancé, comme sont la plupart de ceux d'Autriche. A dire la vérité, elle n'est pas des plus belles, mais fort sage et vertueuse.

Mon assiduité auprès du duc, que je voyois plusieurs fois par jour, ne m'empêchoit pas de veiller sur l'état des ennemis et d'en avertir M. de Quincé, spécialement lorsqu'ils eurent fait leurs ponts de bateaux sur le Pô, à Valence, après la feinte de le vouloir établir à Pont-de-Sture, pour nous ôter la connoissance de leur dessein; mais je ne doutois pas que ce ne fût en intention de couper le chemin à M. de Quincé, qui avoit pris la ville de Serravalle, sur la Scrivia, sans dessein d'attaquer le château, ne le pouvant faire. Il reçut mes avis si à propos, qu'il eut tout loisir de se retirer, et son armée d'emporter son butin de Serravalle. Je n'épargnai pas l'argent pour ces choses-là. Je me servois d'un Juif, et quelquefois d'un habitant de Casal, sans qu'ils sussent en rien l'un de l'autre, et

---

1. Voy. p. 253, note 2.

je les faisois secrètement partir de Casal, où les ennemis ne manquoient point d'espionner.

Je remarquai une chose fort considérable : c'est que le Pô étoit tellement retiré de l'autre côté de Casal, qu'il laissoit un grand espace entre la ville, qui avoit été négligemment fortifiée par cet endroit, qu'on estimoit être en sûreté par le moyen du Pô. La muraille n'étant flanquée que de petits tourillons, et le fossé mauvais, l'on pouvoit facilement s'y avancer en tirant une ligne au-dessus de Casal, à l'extrémité de la ville, près l'angle flanqué du bastion des Quatre-Vents. Cet endroit enfoncé, étant couvert du château, ne peut être vu de la citadelle, ni d'aucune autre partie de la ville, que de ce qui est contenu entre ledit château et ledit bastion des Quatre-Vents, qui est à l'extrémité de la ville, du côté du Pô, et par conséquent vu du château. Outre le danger qu'il y a pour la ville, elle reçoit une grande incommodité de cet éloignement, le commerce en étant plus difficile. L'on y pourroit faire repasser le Pô aussi facilement qu'il en a été détourné par la petite réparation que M. Le Camus, l'un des meilleurs ingénieurs de notre temps, y fit faire après un grand débordement du Pô, qui fit un grand dommage à la ville, au bastion des Quatre-Vents.

Cette réparation se fit avec de grands gabions remplis de cailloux, qu'il fit poser, environ demi-mille au-dessus de Casal, de la même manière que l'on fait en Dauphiné [et] en Savoie pour détourner les torrents qui se précipitent dans les vallons, sans s'opposer au fil de l'eau, et la détourner de loin peu à peu. Quand les gabions sont bien posés et tiennent bien, les premières crues, qui en arrivent en après, remplissent de sable, de cailloux ou de limon l'intervalle qui reste entre les gabions et la terre ferme. Bref, si l'on ne fait retourner le Pô le long des murailles de Casal ou une meilleure fortification, la ville sera toujours mauvaise de ce côté-là.

Je ne manquois d'ordinaire d'avertir la Cour de ma négociation, dont l'on me faisoit connoître d'être satisfait, de sorte que j'aurois eu sujet d'être bien content, si l'on m'eût envoyé de l'argent qu'on m'avoit fait espérer pour mon voyage.

En ce temps-là, je fus averti que le duc faisoit état de bientôt partir de Casal pour Mantoue, dont j'avertis la Cour et demandai ce que j'avois à faire, savoir si on m'ordonneroit de le suivre ou demeurer à Casal, en cas qu'il l'eût agréable, ou prendre congé de lui et me retirer à la citadelle de Turin. Il me fut répondu de ne pas aller à Mantoue, de pressentir si le duc me voudroit souffrir à Casal, sinon de me retirer, ayant pourtant un pont pour repasser vers lui, s'il en étoit besoin.

J'avois déjà reçu mon ordre, quand le duc me dit lui-même son dessein, et, sans lui faire connoître celui de la Cour, je lui demandai ce qu'il me voudroit ordonner en ce rencontre. Il me dit qu'il seroit marri de me donner la peine d'aller à Mantoue, n'y ayant point d'affaire qui m'y pût obliger, et, sur ce que je lui proposai de demeurer à Casal, il s'émut un peu, en me disant pourtant civilement qu'il n'y avoit pas apparence qu'un officier d'armée comme moi y demeurât en son absence : si bien que je me préparai à prendre congé de Son Altesse quand il partiroit pour Mantoue.

Cependant, je ménageai le temps le mieux qu'il me

fut possible pour insinuer la bonne volonté du Roi en son endroit, et qu'il fît connoître par ses actions à Sa Majesté qu'il n'auroit aucune correspondance ni traité avec les Espagnols, et le persuadai fort d'aller lui-même à la Cour, croyant qu'il y recevroit beaucoup de satisfaction. Il me le promit et l'effectua l'année d'après, ainsi que je dirai en son lieu, et nous accorda ses villes et bourgades pour entrepôt de nos vivres, artillerie et munitions de guerre, et des bateaux pour passer les fleuves et rivières de ses États, savoir : le Pô, le Taner, le Belbe[1], la Bormida et la Sesia, qui sépare le Montferrat entre la Motte et la Villatte[2]. Je ne parle point des petites rivières de Stura, Verse, Grana, Ourba[3], qui sont presque toujours guéables[4].

Méditant mon départ, j'aurois désiré faire des présents aux officiers de M. de Mantoue, qui m'avoient si

---

1. Le Belbo, affluent de droite du Tanaro, se jette dans cette rivière en amont d'Alexandrie.
2. Motta-de-Conti et Villata, arr. de Verceil, prov. de Novare.
3. La Stura se jette dans le Pô, rive droite, à Pontestura; la Versa dans le Tanaro, rive gauche, en aval d'Asti; la Grana dans le Pô, rive droite, en amont de Valence; l'Orba dans la Bormida, rive droite, en amont d'Alexandrie.
4. Dans les *Instructions données aux ambassadeurs*, il est dit (t. II, p. 186) que, succédant à la mission de M. du Plessis-Besançon, qui prit fin au milieu de l'année 1653, une nouvelle mission, confiée en 1654 à Simon Arnauld, futur marquis de Pomponne, produisit d'heureux résultats, et qu'un traité fut conclu à Casal le 3 juin 1655. Il convient de restituer à la mission de M. de Souvigny la place qu'elle comporte : c'est-à-dire la deuxième partie de l'année 1653 et le commencement de 1654, entre les missions de du Plessis-Besançon et de Simon Arnauld.

bien traité; mais, n'ayant eu aucune assistance de la Cour, je mesurai mon petit pouvoir sur ce qu'il me falloit pour la dépense de mon retour, et leur donnai le surplus.

Je pris donc congé du duc de Mantoue, le jour même qu'il partit de Casal, et m'en allai loger à Moncalve, où je fus traité de sa part. De là, je pris la route de Turin avec M. de Roche et mes gens. MM. du Monceau et de la Grange, qui m'avoient accompagné à Casal, s'en retournèrent à leur charge à l'armée.

Étant arrivé à la citadelle de Turin, j'y trouvai presque tous les officiers et soldats malades de fièvres malignes qui en faisoient mourir quantité, ce qui m'obligea d'avertir promptement ma femme de n'y point venir, étant pour lors à Aix-en-Savoie, où elle prenoit les bains; mais, quelque instance que je lui puisse faire, ajoutant même des défenses à mes prières, il me fut impossible de l'empêcher de venir. J'en fus pourtant consolé quand elle fut arrivée, dans l'espérance qu'elle seroit mieux servie avec moi, dans la citadelle, qu'en tout autre lieu, du mauvais effet de ses bains dont elle étoit fort incommodée. Elle fut guérie et entièrement remise en quinze ou seize jours.

J'avois une recrue, à Longes, des fils des plus riches de la paroisse, qui nous aimoient, aussi bien que leurs pères avoient de toute ancienneté grand respect pour MM. du Chol, prédécesseurs de ma femme, qui les protégeoient en tout rencontre. C'est pourquoi je baillai congé à plusieurs pour les sauver en cette maladie populaire. Il me semble qu'il y en eut un qui fut si surpris de la joie d'avoir son congé, qu'il en mourut.

Le lendemain que je fus arrivé à la citadelle, j'écrivis à la Cour ce qui s'étoit passé en ma retraite d'auprès le duc de Mantoue. Son Éminence me fit réponse qu'elle étoit bien contente de ma conduite, avec de belles espérances de récompenser mes services, et point d'argent de mon voyage, dont je n'ai jamais rien eu.

Madame Royale, qui me traita fort honorablement à mon retour, ayant, à son ordinaire, parfaitement bien reçu ma femme, lui envoyoit toujours quelques-uns des siens la prier à tous les bals et ballets qu'elle donnoit. Elle ne trouvoit pas mauvais qu'elle s'en excusât, quoique Madame eût reproché à une dame de haute qualité qui en avoit voulu faire de même, qu'elle lui avoit fait trop d'honneur, laquelle en avertit ma femme pour éviter pareils inconvénients. Elle l'en remercia bien, sans changer sa conduite, qui ne fut pas blâmée par Madame Royale, laquelle lui donnoit rendez-vous aux Carmélites, toutes les fois qu'il lui arrivoit quelque affliction extraordinaire, pour s'en consoler avec elle comme une personne prudente en qui elle avoit grande confiance[1]. Il est vrai que je ne crois pas qu'il y ait eu au monde personne plus capable qu'elle d'en consoler une autre dans son affliction, étant toute remplie de bonté, de complaisance et de sentiments de dévotion et de générosité. Elle m'a dit que, quelquefois, Madame Royale entendoit aux Carmélites jusqu'à quatre ou cinq messes les unes après les autres, les genoux sur le pavé sans carreaux, fondant en larmes.

M. de Servien, ambassadeur près de Madame

1. Voyez ci-dessus, p. 165.

Royale, fut aussi bien aise de mon retour. Peut-être faisoit-il plus que je ne croyois envers M. de Servien, surintendant des Finances, son frère, comme intendant de la justice, police et finances de l'armée d'Italie. Quoi qu'il en soit, la garnison n'étoit point payée, ni moi remboursé de mes avances, non plus que mon frère de Belmont de celles qu'il avoit faites à la garnison en mon absence, ni de remboursements d'avoir fait remonter sur leurs affûts la plupart de l'artillerie et fortifié la garnison à ses dépens, lorsque l'armée d'Espagne vint à Moncalier, sans que l'on sût si c'étoit pour attaquer la citadelle de Turin ou Pignerol, que M. le prince Thomas couvrit, par le logement qu'il fit à Vinove[1] avec les troupes qu'il put rassembler. Il est à croire que le bon ordre qu'avoit mis mon frère à la citadelle de Turin l'empêcha aussi de faire aucune tentative. La maladie y ayant cessé à la fin de l'automne, nous y passâmes l'hiver assez agréablement. Les impressaires[2] qui fournissoient les ustensiles à la garnison, par ordre de Madame Royale, s'en acquittant mieux, sur la plainte que je lui en fis, que par le passé, les officiers et soldats s'en trouvèrent mieux aussi.

1654.

Nous commençâmes heureusement l'année 1654. Lorsque nous revenions de la messe de Notre-Dame, il[3] s'approcha de notre carrosse un homme de mau-

---

1. Vinovo, arr. et prov. de Turin.
2. Souvigny francise ici le mot italien *impresario*, entrepreneur.
3. Il y a *qu'il* dans le texte.

vaise figure et mal vêtu, [qui], s'avançant, me présenta une lettre. Ma femme, qui avoit accoutumé de lire toutes celles qu'on m'adressoit, pour ne point faire voir ce qui me pouvoit fâcher, prit la lettre et, n'ayant lu que le commencement, ne put s'empêcher de soupirer en la fermant, et, comme je la voulus voir, elle s'en défendit et me dit, à la fin, qu'elle me prioit d'attendre à la lire que nous fussions dans une église. Après avoir fait notre prière étant en celle de Notre-Dame-de-Piasse[1], je reconnus le caractère de M. de Baudran, qui me donnoit avis de la mort de mon frère de Champfort, tué au siège de Stenay[2], en faisant faire une batterie sur le bord du fossé, avec des efforts extraordinaires pour donner contentement au Roi de la voir tirer le lendemain[3].

Je ne saurois exprimer la douleur que j'en eus. Ma femme, qui se contraignoit [et] se faisoit une grande

---

1. Santa-Maria-della-Piazza, paroisse de Turin.
2. 8 juillet 1654. Voy. t. I, p. 6, note 1. Stenay, ch.-l. de cant., arr. de Montmédy, Meuse.
3. Stenay, qui était alors une des places détenues par le prince de Condé révolté, fut assiégée par Fabert et prise le 6 août. Le Roi, arrivant par Sedan, le 28 juin, était venu visiter les lignes des assiégeants. Voy. *le Maréchal Fabert*, par J. Bourelly, t. II, p. 45. On lit dans la *Gazette*, année 1654, p. 717 : « ... Qu'une batterie d'onze grosses pièces avoit commencé le matin de ce jour-là (9 juillet) et continué à jouer très rudement contre la citadelle; mais que le sieur de Champfort, lieutenant général de l'artillerie et qui commandoit l'équipage, avoit été tué, la nuit précédente, d'une mousquetade dans l'œil, en faisant dresser cette batterie sur la contrescarpe du fossé : d'autant plus regretté de Leurs Majestés qu'il avoit rendu de grands services au Roi en trente-six sièges, où il s'étoit trouvé pendant trente-sept campagnes. »

violence pour me consoler, faillit en mourir. Huit ou dix jours après, que nous fîmes faire les obsèques de feu notre frère à Notre-Dame-de-Piasse de Turin, et que nous commencions à nous remettre et résoudre de notre perte, il nous arriva un surcroît d'affliction, le plus grand et le plus surprenant qui nous pouvoit survenir : ce fut la funeste nouvelle du décès de ma sœur de Champfort, le même jour que naquit son fils, qui ne vécut que trois heures après avoir été baptisé, son pauvre petit corps exténué, faute de nourriture, par la langueur de sa mère, à laquelle il fut impossible d'en faire prendre depuis qu'elle sut la mort de mon frère, son mari, qu'elle ne survécut que quinze ou seize jours, et mourut comme une sainte.

Il y avoit plus de sept ou huit ans que nous sollicitions mon frère de Champfort, ma femme et moi, de se marier. Elle auroit bien désiré que ce fût été en Lyonnois pour le voir plus souvent, ayant une tendresse toute particulière pour lui, tant à cause de son mérite [que parce] que je l'aimois uniquement. Quoiqu'elle ni moi ne manquassions pas d'amitié pour mes autres frères, celui-là étoit toujours préféré et tenoit le premier rang d'amitié parmi nous, à qui il avoit prêté à plusieurs fois jusqu'à la somme de trente-neuf mille livres, que je lui ai rendue conformément à sa quittance générale et comme il avoit reconnu.

Pendant l'espace de six ou sept ans qu'il voyoit souvent Mlle Anne de la Guierche, fille de M. de la Guierche, chez M. Sanson[1], trésorier des parties

1. Robert Sanson, secrétaire du roi, reçu le 13 juillet 1658 receveur général des consignations du Parlement, du Châtelet et autres juridictions, mourut en 1698. Il était fils

casuelles[1], son beau-frère, [et] qu'elle étoit personne de vertu et de mérite, il en devint amoureux et résolut de l'épouser, selon l'avis que je lui en donnai, après qu'il m'eut fait connoître son dessein, ayant une estime très grande pour son mérite et l'affection qu'elle m'avoit témoigné avoir pour mon frère, ayant refusé, pour l'amour de lui, un gentilhomme de Touraine qui avoit environ huit mille livres de rente. J'étois à Paris lorsque cela arriva, ce qui obligea d'autant plus mon frère à l'aimer. C'étoit une demoiselle retirée, sage et honnête, qui s'occupoit incessamment à des ouvrages dignes de sa qualité, ou à la lecture, fort propre, complaisante et d'une bonté extrême.

Enfin mon frère de Champfort nous écrivit l'agréable nouvelle qu'il l'avoit épousée au mois de septembre 1653, dont nous eûmes grande joie, ma femme et moi. D'abord elles contractèrent grande amitié par leurs lettres, et l'on pouvoit dire par sympathie de leur nom, toutes deux Anne, et par leurs inclinations naturelles, n'ayant jamais vu de personnes dont les humeurs fussent si semblables en honnêteté, bonté et complai-

---

d'Antoine Sanson, marchand bourgeois, et de Marie Bordier, et épousa en secondes noces Philippine Marchais, fille de Martin Marchais, écuyer, secrétaire du roi. On ne trouve pas le nom de la Guierche dans les alliances des familles ci-dessus, données au Cabinet des titres (Bibliothèque nationale). Il semble que M. de la Guierche ait été plutôt parent de la première femme de Robert Sanson, dont le nom n'est pas indiqué. (*Dossier bleu* SANSON, n° 598.)

1. Les parties casuelles étaient des droits revenant au Roi pour les charges de judicature ou de finances changeant de titulaire. Maître Robert Sanson est aussi qualifié parfois trésorier des requêtes, fermes et finances.

sance. Mon frère, ayant retiré ma belle-sœur à son beau logis du Petit Arsenal de Paris[1], le meubla parfaitement bien, et, comme il avoit beaucoup d'amis en ce quartier-là, et pour voisin M. Clapisson, contrôleur général de l'artillerie[2], il fut fort visité et félicité de son mariage, et pouvoit vivre content et heureux de ce que Dieu lui avoit donné une si bonne personne, s'il eût voulu s'empêcher de retourner à l'armée, ou au moins de ne pas s'exposer à toute heure, comme il faisoit, et se conserver avec plus de soin ; mais Dieu, disposant les choses, en ordonne à sa volonté. C'est à nous à suivre ses inspirations et nous laisser conduire à sa Providence.

1. L'Arsenal de Paris, construit au xvie siècle derrière le couvent des Célestins, sur la rive droite de la Seine et en face de l'île Saint-Louis, destiné primitivement à la fonte des canons et à la fabrication de la poudre, fut notablement augmenté sous Henri IV et embelli sous Louis XIII et Louis XIV. L'établissement était divisé en deux parties : le Grand et le Petit Arsenal. Le premier avait cinq cours, le second deux, et ils communiquaient entre eux. Le grand maître avait ses appartements dans le grand, le contrôleur général dans le petit. Voy. *Tableau historique et pittoresque de Paris*, par M***, 1809, t. II, p. 525. On trouve au Cabinet des titres de la Bibliothèque nationale (Pièces orig., 1257, n° 28695) une quittance concernant Champfort, résidant au Petit Arsenal, qui sera publiée à l'Appendice dans notre troisième volume.

2. Pierre Clapisson (1601-1670), conseiller du roi, trésorier général et contrôleur général de l'artillerie, fils de Pierre, conseiller au Châtelet, et de Marie Catin (*Cabinet des titres*, dossiers bleus et carrés d'Hozier). Sauval, qui mourut en 1670, raconte que Clapisson, contrôleur général de l'artillerie, avait réuni une collection montant jusqu'à dix-huit cents jetons d'argent, tous différents (*Hist. des recherches et antiquités de la ville de Paris*, t. II, p. 345).

Il étoit assurément l'un[1] des hommes du monde de la plus haute estime pour sa piété, sa valeur, sa capacité en sa charge de lieutenant de l'artillerie, qu'il avoit commandée en chef durant quinze campagnes. Il n'y avoit point d'officiers d'armée plus entendus en leur charge. Il avoit le jugement solide, l'esprit pénétrant, hardi à entreprendre de grandes choses et à les exécuter généreusement; et, comme il avoit si longtemps assisté dans les conseils de guerre, il étoit parfaitement instruit des fonctions d'officier d'armée et des maximes générales et particulières, si bien que Messieurs les généraux n'entreprenoient guère de choses d'importance sans lui communiquer.

Dès l'âge de six ans, il donna des marques de sa résolution en se jouant avec d'autres enfants, qui furent bien étonnés d'un coup de flèche qui lui donna au travers du corps. Il la tira lui-même, sans s'émouvoir ni faire aucun semblant d'appréhension. Il apprit ses premières lettres de M. le curé de Tigy[2], qui étoit capable d'instruire le fils d'un roi, aussi bien pour les mœurs que pour la science, où mon père l'avoit mis en pension et le voyoit souvent. Étant en âge de porter les armes, il se mit au régiment des Gardes, en 1622, jusqu'à la fin du siège de Montpellier, qu'il se mit en la compagnie de M. de Beauregard, notre oncle, dont j'étois enseigne. Nous fîmes ensemble le voyage à Pont-Sainte-Maxence, le reste de l'année 1622, et, au mois de mars 1623, on nous mit en garnison à Montreuil[3]. Il en partit avec mon frère du Fresnay, que j'avois pris en

1. *Il estoit assurément l'un* : correction autographe.
2. Tigy, cant. de Jargeau, arr. d'Orléans, Loiret.
3. Voy. t. I, p. 124.

passant chez feu Monsieur notre père pour aller apprendre à servir le Roi en Hollande dans la compagnie de M. de Besque-Salvabery, qui étoit de nos amis.

Il n'y avoit guère plus d'un an qu'ils étoient par delà, quand M. d'Estissac, notre mestre de camp, me persuada de les faire revenir, par l'avis de M. le cardinal de la Rochefoucauld[1], son oncle, qui disoit qu'ils ne pouvoient faire leur salut quand ils serviroient les Hollandois hérétiques contre le roi d'Espagne catholique. Je les fis donc revenir, et trouvai qu'ils avoient grandement profité en leur voyage. J'ai écrit ailleurs[2] ce qui nous advint à Montreuil, notre voyage au Pont-de-l'Arche, et de là à Péronne et à Brest, en Basse-Bretagne, d'où mon frère de Champfort partit pour aller servir au siège de la Rochelle en sa charge de commissaire, que notre oncle lui avoit fait avoir.

M. le marquis de Rosny, qui y faisoit sa charge de grand maître de l'artillerie, auquel il s'adressa pour lui donner de l'emploi, lui dit que l'état des officiers étoit fait, qu'il étoit bien marri de ne le pouvoir ajouter. Mon frère lui repartit qu'il le remercioit très humblement de sa bonne volonté, qu'il le supplioit à lui continuer, qu'il prendroit patience en attendant ses commandements; et, après l'avoir fait jouer avec lui par plusieurs fois, il lui donna une commission, de

---

1. François de la Rochefoucauld (1558-1645), fils de Charles, colonel de l'infanterie française, et de Fulvie Pic de la Mirandole, cardinal en 1607, grand aumônier de France en 1618, abbé de Tournus et de Sainte-Geneviève de Paris.

2. Voy. t. I, années 1623 à 1627.

laquelle s'étant acquitté à son contentement, le fit mettre sur l'état, et, incontinent après, le préféra à plusieurs anciens commissaires, lui donnant à commander la batterie qu'il fit faire sur la digue.

Après le siège de la Rochelle fini, il eut d'autres emplois dans l'artillerie, quand nous eûmes forcé le Pas-de-Suse et pris Pignerol, où il fut fait lieutenant de la compagnie de M. de Beauregard, notre oncle, au régiment d'Auvergne, et ensuite capitaine, sans pourtant quitter sa charge de l'artillerie, ayant été établi commissaire provincial de Pignerol; et, comme on fit connoître au Roi et à M. le Grand Maître de l'artillerie combien il importoit qu'il y servît actuellement, il eut ordre de s'y attacher définitivement. Pour récompense de sa compagnie, il en eut une à disposer avec M. de Nestier[1], qui étoit aussi capitaine audit régiment, que le Roi vouloit faire servir de maréchal de camp. Ils en eurent chacun deux ou trois cents pistoles.

Du depuis ce temps-là, mon frère de Champfort n'a pas quitté l'artillerie. Il a commandé fort longtemps en Italie[2], sous MM. les maréchaux de Créquy,

1. On lit dans la *Gazette de France* (année 1641, p. 1176) que, le 12 novembre, au siège de Tortone, en Italie, le sieur de Champfort, ayant fort bien fait à l'artillerie et étant venu visiter le logement, fut renversé d'un coup de brique dans l'estomac. Le sieur de Nestier, aide de camp, y fut également blessé. Le même de Nestier s'était déjà distingué et avait été blessé en septembre au siège de Coni, la même année (p. 646 et 683). François-Paul de Nestier, lieutenant-colonel du régiment d'Auvergne, sergent de bataille en 1640, devint maréchal de camp en 1646.

2. La *Gazette* cite fréquemment les frères Gangnières parmi les officiers qui se distinguaient à cette époque. Notons, année 1641, p. 682, au siège de Coni, 12 septembre : « Une bat-

sous le commandement duquel il souffrit, avec une constance non pareille et une patience de Job, la brûlure, contusion et cicatrice qu'il avoit depuis la plante des pieds jusqu'au sommet de la tête, ainsi que j'ai dit plus amplement ailleurs[1], de l'incendie des poudres de Buby, de MM. de Toiras, de Villeroy, du Plessis, de Son Altesse Royale Victor-Amédée de Savoie, M. de Longueville, M. le cardinal la Valette, M. de Candale, M. le comte d'Harcourt, M. le maréchal de Grancey, et autres généraux, qui avoient beaucoup d'estime pour lui.

Il servit aussi plusieurs campagnes en Catalogne : premièrement, sous M. le maréchal de la Motte, où il perdit tout son bagage et tous ses chevaux de l'artillerie à la bataille de Lerida[2] ; en après, sous M. le maréchal de Schönberg[3], — [lors]qu'il fit cette grande action, dont il a été tant parlé, de l'ouverture que l'artillerie fit aux murailles de Tortose[4], que les ennemis qui

terie fut achevée par les soins de M. de Champfort, commissaire provincial, et des sieurs de la Mothe, son frère, de Mondreville et de la Garde, aussi commissaires. La Mothe y reçut une mousquetade. »

1. T. I, p. 346.
2. Le 7 octobre 1642, le maréchal de la Motte-Houdancourt, vice-roi de Catalogne, remporta près de Lerida une victoire sur le marquis de Leganez et délivra la ville alors assiégée.
3. Charles de Schönberg (1599-1656), maréchal de France en 1642, fils de Henri de Schönberg, maréchal de France, et de Françoise d'Espinay, fut colonel général des Suisses et gouverneur des Trois-Évêchés.
4. La place fut battue par quatorze pièces, divisées en deux batteries, « lesquelles deux batteries on été merveilleusement bien servies par l'assiduité de ces deux lieutenants, MM. du Bourdet et de Champfort, lieutenants de l'artillerie. » (*La Prise*

gardoient les dehors en furent surpris et n'eurent pas le temps de se préparer à défendre leur brèche, par laquelle notre armée prit la ville, — sous M. le cardinal de Sainte-Cécile[1], M. le comte d'Harcourt, sous M. le duc de Mercœur, et ensuite Monsieur le Prince, lequel, aussi bien que tous ces autres Messieurs, fut satisfait de sa personne et de la manière qu'il servoit. Ce fut en sa considération que Monsieur le Prince me fit servir un quartier de maître d'hôtel. Il auroit employé son sang et sa vie pour le servir envers et contre tout autre que le Roi, pour le service duquel il ne se put empêcher d'arrêter sur le cul, à coups de canon, son armée à un défilé, pendant que M. de Turenne eut le temps de prendre un champ de bataille avantageux, qui fut cause de la victoire de Bléneau[2].

par force de la ville et chasteau de Tortoso, en Catalogne, sur le roy d'Espagne, par le m^{al} de Schomberg. Gazette, année 1648, p. 967.) On lit aussi dans la *Gazette* (année 1645, 16 juin), que « le sieur de Champfort dispose le canon au passage de la rivière la Sègre de manière qu'il tue plus de cinq cents Espagnols qui se rangeoient de l'autre côté », et que, le 17 juillet suivant, il sert utilement à la bataille de Lhorens.

1. Michel Mazarin (1607-1648), frère cadet du cardinal Mazarin, fut général de l'ordre de Saint-Dominique, archevêque d'Aix en 1645, cardinal du titre de Sainte-Cécile, le 7 octobre 1647, et, en février 1648, vice-roi de Catalogne, qu'il abandonna quatre mois après pour aller mourir à Rome le 31 août suivant.

2. L'armée royale avait passé la Loire à Gien, le 6 avril 1652. Turenne s'était posté à Briare et d'Hocquincourt à Bléneau. Condé, qui commandait les Frondeurs vers Montargis, surprit le lendemain les troupes de d'Hocquincourt à Bléneau; puis, continue le prince de Condé dans une lettre à Mlle de Montpensier, citée par Bazin, *Histoire de Louis XIII*, t. VI, p. 242, « nous les suivîmes trois heures, après lesquelles nous allâmes

Je ne m'étendrai pas particulièrement sur le service qu'il rendit au Roi pendant les guerres civiles, aux environs de Paris, où il commandoit l'artillerie, quoiqu'il se soit signalé au Faubourg Saint-Antoine[1]. Je dirai seulement que, sans lui, l'armée du Roi, qui étoit campée à Villeneuve-Saint-Georges, se seroit débandée, faute de fourrage, si, par ses soins extraordinaires et de la dépense immense de son argent propre, n'en ayant point au Roi, il n'eût fait construire un pont sur la Seine, par le moyen duquel on ne manqua plus de fourrage, ayant fait prendre tous les bateaux qu'il put faire trouver à force d'argent, qui étoient enfoncés dans la rivière depuis Villeneuve-Saint-Georges jusqu'à Corbeil. Il est certain que, pour faire subsister les officiers de l'artillerie et tout l'équipage, je lui envoyai à diverses fois ou lui portai moi-même près de vingt mille livres en déduction de ce que je lui devois. MM. de Turenne et de la Ferté furent témoins des signalés services qu'il rendit, commandant l'artillerie aux sièges de Bar, Ligny, Vervins, Château-Porcien et autres, l'an 1652 ; après quoi, il fut envoyé rétablir les magasins de Pignerol, dont les poudres avoient été brûlées par la foudre.

M. le maréchal de la Meilleraye faisoit une telle estime de sa personne, qu'il voulut qu'à la première campagne que fit M. le marquis de la Meilleraye, son

à M. de Turenne; mais nous le trouvâmes posté si avantageusement, et nos gens si las de la grande traite et si chargés du butin qu'ils avoient fait, que nous ne crûmes pas le devoir attaquer; cela se passa en coups de canon, et enfin il se retira. » On voit, d'après ceci, que les deux partis s'attribuèrent la victoire.

1. Le combat du Faubourg Saint-Antoine est du 2 juillet 1652.

fils[1], en qualité de grand maître de l'artillerie, mon frère de Champfort servit seul de lieutenant sous lui, et l'a, depuis, honoré d'une bienveillance toute particulière. Il témoigna l'estime qu'il faisoit de sa générosité quand il dit qu'il avoit bien cru qu'il n'accepteroit pas les trois cents pistoles qu'il lui avoit envoyées pour un des plus beaux et des meilleurs chevaux sortis d'Espagne de notre temps, qu'il avoit amené de Catalogne à Nantes, où il avoit accoutumé d'aller tous les ans le voir, aussitôt que l'armée étoit à quartiers; et, après avoir reçu ses ordres particuliers, il alloit à la Cour recevoir ceux de ce que l'artillerie auroit à faire en Catalogne, la campagne suivante, passant ainsi tout l'hiver en voyage, pendant que les autres officiers d'armée étoient au repos.

Il avoit accoutumé de prendre des lettres de change; mais, ne s'étant pu empêcher une fois de porter avec lui cinq ou six cents pistoles pour quelque chose de pressé qu'il voulut acheter, passant en Bourgogne, il fut volé par le chemin, et son valet qui étoit un hardi soldat, et, dans ce mauvais rencontre, il fit une action héroïque qui lui sauva la vie et une partie de son argent[2]. Étant encore fort jeune, il fit une action bien

1. Armand-Charles de la Porte, duc Mazarin, de Mayenne et de la Meilleraye (1632-1713), grand maître de l'artillerie, fils de Charles et de Marie Ruzé d'Effiat, épousa, en 1661, Hortense Mancini, nièce du cardinal Mazarin, et hérita de ce dernier à charge de porter son nom et les armes pleines de Mazarini.

2. Il semble s'agir là d'une aventure qui se passa, non en Bourgogne, mais en Dauphiné, et à la suite de laquelle Champfort donna procuration à son frère Souvigny de poursuivre les coupables, par acte passé devant un notaire de Condrieu le 23 mai 1643. (*Archives de Terrebasse.*)

charitable et bien hardie d'ôter à des soldats du régiment des Gardes une pauvre fille qu'ils avoient sortie de Toulouse, laquelle il ramena à ses parents.

Il étoit bienfaisant à un chacun, spécialement à ses hôtes, ce qui fit dire à celui chez lequel il étoit logé, à Ligny, qu'il regrettoit la mort de son fils, de ce qu'il n'avoit pas vu, auparavant son décès, le bon traitement qu'il lui faisoit au lieu de la cruauté qu'avoit exercée un capitaine qui étoit logé avant lui.

Aussitôt qu'il savoit un officier blessé ou malade, il l'alloit visiter et assister. Il est vrai qu'il en a été mal satisfait des hommes; mais il ne faut pas douter que Dieu ne l'en ait bien récompensé, aussi bien que pour avoir procuré la liberté des pauvres prisonniers.

Après tant d'actions charitables pour le prochain l'on peut juger de sa piété envers Dieu, de la sorte qu'il a honoré notre père et notre mère, de son amitié envers mes frères et de [celle envers] ma femme, sa belle-sœur, et de l'ardente affection aussi dont[1] [nous] lui avions beaucoup d'obligation. Je prie Dieu le récompenser, en son saint paradis, de la fidélité qu'il avoit à son service, étant un véritable chrétien.

Quelque temps après son décès, mes frères l'abbé et de Belmont traitèrent avec les héritiers de feu ma belle-sœur, qui avoit survécu à son fils, notre neveu, et par ce moyen en avoit hérité, des différends que nous pouvions avoir ensemble, le tout à l'amiable, par le moyen de nos amis.

En ce temps-là, l'armée du Roi, commandée par M. le maréchal de Grancey, remporta un grand avantage

---

1. Il y a *que* dans le texte.

sur celle des ennemis proche la Roquette[1], du temps où fut tué le colonel Monts[2].

Sur l'avis que le duc de Mantoue étoit parti de Casal pour la Cour, nous allâmes au-devant de lui, M. l'Ambassadeur[3], Mme l'Ambassadrice[4], ma femme et moi, et, l'ayant rencontré auprès de la Stura, il nous fit mille civilités ; après quoi, nous allâmes dîner avec lui à la cassine du Saint-Majalis, qui l'attendoit et nous traita fort bien. Comme il monta à cheval et [alloit] continuer son voyage à la Cour[5], nous prîmes congé de lui pour nous en retourner.

1. La victoire de la Roquette (Rochetta-Tanaro) remportée sur les Espagnols commandés par le marquis de Caracène, 23 septembre 1653, livra aux Français l'entrée de l'Alexandrin d'où ils se portèrent vers le Tessin. Elle est donc antérieure de près d'une année au voyage du duc de Mantoue dont il va être question. Dans la relation du combat de la Roquette, donnée par la *Gazette*, ou trouve ce passage sur du Fresnay-Belmont, frère cadet de Souvigny : « Du Fresnay, maréchal de bataille, y a glorieusement servi » (année 1653, p. 1059).

2. Alexandre de Monti de Farigliano, marquis de Monti, général de la cavalerie du duc de Savoie, « fut tué en se signalant, » dit la *Gazette*. Il était maréchal de camp au titre français depuis 1647.

3. Ennemond Servien (p. 192) fut ambassadeur en Savoie, de 1648 à 1676. Voy. *Instructions données aux ambassadeurs. Savoie, Sardaigne et Mantoue*, par le comte Horric de Beaucaire, t. I.

4. Justine de Bressac, fille de Henri de Bressac, bailli de Valence, en Dauphiné, et de Justine de Cossaing de Pusignan.

5. Le duc de Mantoue rejoignit la cour à Chantilly au commencement de septembre 1654 et signa, le 18 du même mois, un traité par lequel il mettait ses troupes à la disposition de la France, qui reprenait la garde de Casal. Un traité définitif fut signé à Casal le 3 juin 1655.

Après que les grandes chaleurs furent diminuées, il ne se passoit guère de jours que nous n'allassions aux églises dédiées à Notre-Dame, au Pillon, al Mont de Lusin, de Campagne et autres [1], nous promener au Valentin, au Parc et à Moncalier, où nous vimes la sépulture de Pierre de Villars, archevêque de Vienne, décédé en l'an 1592[2].

Nous passâmes assez heureusement le reste de l'année 1654 en la citadelle de Turin, quoique la garnison fût toujours mal payée.

1655.

Le commencement de l'année 1655 se passa assez bien pour nous, qui n'allions point au bal ni à la comédie, encore bien que Madame Royale en envoyât prier ma femme; elle n'y fut qu'une seule fois pour lui faire la cour à l'entrée de la reine de Suède[3].

Les Pères Jésuites me donnoient une loge pour entendre la prédication à l'église. Je fus si heureux d'y rencontrer M. l'évêque de Saint-Jean-de-Mau-

---

1. On trouve une description de Turin à cette époque dans la *Relation de l'estat present de la maison royale et de la cour de Savoye*, par le sieur Chapuzeau, Paris, 1673.
2. Pierre IV de Villars, né à Condrieu en 1517, attaché au cardinal de Tournon qu'il suivit en Italie dans ses missions diplomatiques et aux conclaves, évêque de Mirepoix en 1560, archevêque de Vienne en 1576, se démit de son archevêché en 1587 et se retira à Moncalieri, où il mourut le 14 novembre 1592. Souvigny avait écrit à tort comme date de son décès l'année 1576, qui est celle de sa nomination au siège de Vienne.
3. Voy. p. 166.

rienne[1], avec lequel je fis amitié, dont j'ai eu bien de la joie, qui étoit un grand prélat, qui avoit une grande douceur en ses paroles et en ses actions, se réservoit peu de choses pour son entretien et donnoit tout le reste aux pauvres, visitoit les malades et alloit partout où il pouvoit administrer les saints sacrements : aussi voyoit-on, parmi le peuple de son diocèse, les fruits salutaires de ses peines par leur extraordinaire dévotion et ardente charité.

En avril, l'armée du Roi, commandée par M. le duc de Modène[2] et M. le prince Thomas de Savoie, assiégea Pavie, contre l'intention du dernier, qui vouloit que ce fut Novare, disant la difficulté qu'il y avoit de faire passer à travers le Milanois les convois qui devoient aller du Piémont à l'armée ; que, depuis qu'il avoit passé proche de Pavie pour joindre le duc de Modène, l'on avoit renforcé la garnison, et qu'il n'y falloit point penser qu'en cas que M. de Modène fit porter au camp des vivres et des munitions de son État pour tout le temps que dureroit le siège. Ils en demeurèrent d'accord, et, sur ces assurances, ils résolurent d'attaquer Pavie : mais il fut impossible au duc de Modène de l'effectuer, parce que les ennemis prirent le château qui servoit d'entrepôt pour les vivres et munitions qui devoient aller au camp, et ferme le passage de ce côté-là. Sur quoi, M. le prince

1. Paul Millet de Châles prit possession de son siège épiscopal le 17 septembre 1642 et mourut le 30 décembre 1656.
2. François Ier d'Este, duc de Modène et de Reggio (1610-1658), fils d'Alphonse III et d'Isabelle de Savoie, régnait depuis 1629. Il maria son fils à Laure Martinozzi, nièce de Mazarin.

Thomas fit encore la proposition d'assiéger Novare, après que les lignes de circonvallation furent presque achevées, parce, disoit-il, que les ennemis, nous voyant attachés à Pavie, auront dégarni les autres places, spécialement Novare, qui est à l'autre extrémité du Milanois. Le duc de Modène, au contraire, voyant qu'il étoit passé assez heureusement quelques convois du Piémont, dit qu'il iroit de l'honneur des armes du Roi, et du leur en leur particulier, s'ils levoient le siège de Pavie qui avoit un si bon commencement, qu'apparemment on en devoit espérer un bon succès ; et, comme il arrive presque toujours dans les armées, là où il y a deux généraux avec même autorité, l'événement du siège ne fut pas bon, et toutes les tentatives qui se firent avec beaucoup de vigueur n'ayant pas réussi, on prenoit des demi-lunes qu'on ne pouvoit garder parce que l'on perdoit trop d'hommes pour les prendre, et que l'on ne se donnoit pas patience de faire des places d'armes pour soutenir ceux qui les avoient prises. L'armée diminuant par les maladies, les gelées blanches se faisant sentir, [il] fallut nécessairement lever le siège, comme firent MM. les généraux, lesquels firent leur retraite avec tant d'ordre que les ennemis n'osoient les attaquer. M. le prince Thomas tomba malade alors, se fit porter à Turin, où Mme la princesse de Carignan, sa femme[1],

1. Le prince Thomas de Savoie-Carignan avait épousé, le 10 octobre 1624, Marie de Bourbon (1606-1692), fille de Charles de Bourbon, comte de Soissons, et d'Anne de Montafié. Ce fut l'origine de la branche cadette de la maison de Savoie, régnant aujourd'hui en Italie, et qui monta sur le trône de Sardaigne en 1831.

l'alla trouver et le fit servir avec un extrême soin, passant quelquefois toutes les nuits entières à le veiller. La plupart des médecins disoient que son mal procédoit d'une grande mélancolie que l'on attribuoit au déplaisir du siège de Pavie.

Madame Royale fit envoyer une obédience du nonce au Père Bonaventure, Récollet, qui étoit pour lors à la mission de Briqueras, pour aller voir M. le prince Thomas, croyant qu'il en seroit bien consolé. C'étoit un religieux âgé de près de quatre-vingts ans, fort beau de visage, le corps tout estropié de diverses blessures qu'il avoit reçues des infidèles. Prêchant en Dalmatie, [il] avoit été jeté au fond de la mer et s'étoit échappé par permission divine et la protection du Bassa, à la prière de sa femme, [qui,] auparavant n'ayant fait que de mauvaises couches et étant encore prête d'accoucher, demanda au Père Bonaventure une des images de Notre-Dame qu'il faisoit lui-même, quoiqu'il n'eût jamais appris la peinture, desquelles il en avoit baillé à plusieurs femmes de ces pays-là, qui les ayant sur elles du temps de leur accouchement, elles étoient heureusement délivrées, ainsi que fut ladite femme du Bassa, qui lui donna moyen de se retirer en la chrétienté. Je l'avois vu, il y avoit vingt-cinq ans, qu'il étoit au couvent des Récollets de Pignerol. L'on disoit, dans ce temps-là, que c'étoit un homme de sainte vie. On lui demanda, un jour qu'il revenoit de Briqueras à Pignerol, ce qu'il croyoit du siège de Casal, parce qu'il étoit Montferrain, natif de Palasolle. Il dit librement que les Espagnols ne le prendroient pas, qu'il lui sembloit avoir vu en songe que les Espagnols avoient été repoussés de plusieurs assauts.

M. de Toulongeon, gouverneur de Pignerol, qui le voyoit souvent, l'ayant interrogé, lui dit : « Dites-nous la vérité, Père Bonaventure, avez-vous vu l'enfant Jésus entre vos mains au lieu de l'hostie, lors de la consécration? » Il s'excusa fort et pria avec beaucoup d'humilité M. de Toulongeon de ne point parler de cela, et, comme il vit que l'on pressoit davantage, il répondit civilement, quoiqu'il sembloit qu'il fût à demi en colère : « Eh bien ! Monsieur, n'est-il pas vrai que les Juifs ont vu Notre-Seigneur. Je fus choisi, et, quand Dieu m'auroit fait cette grâce, seroit-ce à dire que je fusse plus homme de bien pour cela? » Et [il] rompit le discours. Pendant la grande peste, que la plupart des religieux abandonnèrent le couvent de Pignerol, il y demeura pour servir les malades et il prit le mal, lequel voulant percer, il se coupa la veine cave [1], et pourtant ne laissa pas de guérir.

Je crus devoir cette petite digression au mérite de ce grand personnage, lequel, étant arrivé auprès de M. le prince Thomas, ne lui tint pas long discours, parce qu'il étoit foible, avoit peine à parler, et qu'aussi il ne vouloit pas l'importuner. Il lui dit seulement qu'il ne devoit plus penser à la guerre ni à la paix, qu'il mît son épée au croc, payât ses dettes et qu'il espérât en la miséricorde de Dieu, à laquelle il auroit tant d'obligation s'il échappoit de cette maladie. Mais, le Seigneur en ayant autrement disposé, il décéda deux ou trois jours après [2], son second fils, le prince

---

1. *Veine cave :* nom des deux troncs veineux qui rapportent à l'oreillette droite du cœur le sang veineux du système circulatoire.

2. 22 janvier 1656.

[Joseph], étant mort de la petite vérole huit ou dix jours auparavant[1].

M. le prince Thomas étoit certainement un des meilleurs capitaines de notre temps et des plus malheureux. L'inimitié d'entre Madame Royale et Mme la princesse de Carignan, sa femme, fut cause qu'il quitta la Savoie, de laquelle il étoit gouverneur sous l'autorité de Victor-Amédée, duc de Savoie, son frère, et à son insu, pour aller servir le roi d'Espagne en Flandre, en qualité de lieutenant général sous le Cardinal Infant[2], prit Corbie[3] et eut quelques autres avantages : mais il perdit partie de ses troupes au combat du passage de Watte[4], défait par M. le maréchal de la Force, pendant que Piccolomini[5] prit le fort du Bac[6] et secourut Saint-Omer, la fortune balançant ainsi ses avantages avec ses pertes.

Il étoit fort estimé du Cardinal Infant, qui lui laissoit tout le pouvoir des armées, lorsqu'il apprit la nouvelle

1. Joseph-Emmanuel-Jean (1631-1656) mourut le 12 janvier.
2. Ferdinand d'Autriche (1609-1641), cardinal-archevêque de Tolède, fils de Philippe III, roi d'Espagne, était gouverneur des Pays-Bas depuis 1633.
3. 15 août 1636.
4. Watten, cant. de Bourbourg, arr. de Dunkerque, Nord. Les opérations autour de Saint-Omer sont du mois de juillet 1638.
5. Octave Piccolomini (1599-1656), d'une famille d'origine italienne, servit tour à tour dans les troupes impériales et espagnoles. Général en chef des Espagnols dans les Pays-Bas en 1643, il fut nommé par l'Empereur feld-maréchal en 1648, puis prince de l'Empire et reçut du roi d'Espagne le duché d'Anhalt.
6. Le fort du Bac, élevé par les Français sur le canal de Saint-Omer à Gravelines, était comme la clef de leurs positions.

du décès du duc, son frère, que Madame Royale, sa belle-sœur, avoit été déclarée régente de l'État et tutrice de leurs enfants, et que son frère, le cardinal de Savoie, qui étoit parti de Rome pour aller à Turin, n'avoit pu seulement entrer en Piémont à cause de la défense aux villes frontières de le recevoir. Sur quoi, il se résolut d'y aller. Le Cardinal Infant fit ce qu'il put pour l'en dissuader, lui disant le malheur qui en arriveroit à son neveu, qui couroit fortune de perdre ses États, s'il étoit vrai que la plupart des villes du pays lui ouvrissent leurs portes, parce que Madame de Savoie en bailleroit autant aux François, et que, le marquis de Leganez en prenant de son côté, les bataillons des deux nations, venant aux mains au milieu du Piémont, se rendroient maîtres chacun de son côté. Enfin, M. le prince Thomas, persistant en sa résolution, alla en Piémont, où il éprouva à diverses fois la bonne et mauvaise fortune et, finalement, fit la paix, et son frère le cardinal aussi, avec Madame Royale, sa belle-sœur; je laisse à écrire à d'autres à quelles conditions, aussi bien que le détail [de] ce qui s'est passé durant les guerres civiles du Piémont, et dirai seulement que leur réconciliation fut bien avantageuse pour le pays[1].

En ce temps-là, comme nous nous promenions en carrosse par les remparts de la ville neuve de Turin, qui est le cours ordinaire du dedans de la ville, ayant

1. La réconciliation entre Madame Royale et ses deux beaux-frères eut lieu le 14 juin 1642 et fut scellée par le mariage, le 14 août suivant, du cardinal Maurice avec sa nièce, fille de Madame Royale. Les deux princes joignirent leurs troupes à celles des Français pour chasser les Espagnols.

passé sous la voûte de la ville neuve, à la descente d'icelle du côté du bastion, un de nos chevaux, qui étoit extrêmement vif et fougueux, se sentant libre parce qu'il ne tiroit plus, s'étant débridé, se prit à courir de toute sa force, et l'autre par conséquent. Le cocher, faisant ses efforts pour les arrêter, s'engagea une jambe [dans les roues]. Dans cette extrémité, je dis à ma femme qu'elle se tînt bien, que j'allois arrêter le carrosse. En disant cela, je me jetai à terre à sept ou huit pas, et, en ayant couru environ quarante, comme je fus au droit de la tête des chevaux, pensant en prendre un par la bride, ils se détournèrent eux-mêmes dans le bastion, où, les ayant entièrement arrêtés, le cocher les vint prendre, et je remontai en carrosse trouver ma femme, dont j'étois bien en peine, croyant que la peur lui avoit fait grand mal. Je fus agréablement surpris de voir son visage qui n'avoit point changé de couleur, et la gaieté qu'elle avoit, en me disant qu'elle n'avoit nullement douté que Dieu nous auroit gardé par l'intercession de la Vierge, et qu'elle avoit prié aussitôt qu'elle avoit vu le clocher de Notre-Dame-des-Anges[1], où nous allions souvent à la messe. Ce fut une grâce de Dieu que le cocher ne se fût rompu la jambe qu'il avoit engagée entre les roues, [que] je ne [me] fis point de mal en me jetant du carrosse, [et] qu'il ne se renversa pas du rempart, qui a plus de cinquante pieds de haut, et le glacis fort peu de talus.

Nous ne manquâmes pas de rendre grâces à Dieu de nous avoir préservés dans ce péril et passâmes

---

1. Santa-Maria-degli-Angeli, couvent de Turin.

assez heureusement le reste de l'année 1655, ayant logé dans la ville de Turin pendant les grandes chaleurs, à la maison de M. le comte Léon, qui nous la remit bien meublée et parée pour aller passer l'été à la campagne avec sa famille.

1656.

Environ le 25ᵉ mars 1656, M. le duc de Modène étant arrivé à Quiers, où nous l'allâmes voir, M. l'Ambassadeur et moi, quelques jours après, l'on tint conseil à la cassine de Turinetti, à la colline de Turin, où le siège de Valence ayant été résolu, la place fut promptement investie et les lignes commencées[1]. Lorsque MM. les ducs de Modène et de Mercœur m'écrivirent d'y aller, je leur fis réponse qu'il ne seroit pas juste que je servisse sous M. le comte Broglio[2], lieutenant général sous Leurs Altesses, ayant été mestre de camp d'un régiment de vingt compagnies, gouverneur d'une ville et province, qu'il n'étoit que capitaine de chevau-légers. Je n'en dis pas davantage. Ces Messieurs, ayant trouvé mon excuse légitime, en furent satisfaits; mais le comte de Broglio ayant été tué quelques jours après, ils me l'écrivirent, que, par ce moyen, l'obstacle étant levé, il n'y avoit plus de difficultés de les aller trouver pour servir en ma charge de maréchal de camp; à quoi ma femme m'ayant vu résolu fit toutes les choses imaginables pour m'en divertir, par l'appréhension qu'elle avoit

1. On était en juillet.
2. *Broglio*, correction autographe de : *Broille*.

pour moi, jusqu'à se servir adroitement de l'entremise du Père Bonaventure, en qui elle savoit que j'avois beaucoup de croyance, pour m'en divertir, l'ayant fait venir à la citadelle, à ce qu'elle m'a avoué du depuis, sous prétexte de se confesser à lui [et] qu'elle ne pouvoit [le] voir ailleurs, pour l'instruire de ce qu'il auroit à me dire. J'avoue que, d'abord qu'il me refusa sa bénédiction, il me fit penser à moi, en me disant plusieurs choses et même quelques mauvais présages, si j'allois au siège de Valence, qui, pourtant, ne me touchèrent pas si fort que le déplaisir de laisser ma femme inconsolable de mon départ, qui me vint accompagner jusqu'à Notre-Dame-du-Pillon, où nous entendîmes la messe, et, après, je pris congé d'elle avec un serrement de cœur qui me dura quelques jours, ne trouvant aucun soulagement à mon affliction que de la laisser en la compagnie de mon frère de Belmont et de ma belle-sœur[1], ne doutant pas qu'ils ne prissent grand soin d'elle.

MM. les ducs de Modène et de Mercœur m'ayant fait l'honneur de me bien recevoir, le premier voulut que je demeurasse à son quartier, comme je fis, et me loger assez près de son logis. Je trouvai la ligne de circonvallation presque en défense, l'armée lieutée[2], et que l'on étoit sur le point d'ouvrir la tranchée.

Valence est une petite ville sur le Pô, à dix milles au-dessous de Casal, du même côté, d'autant plus

---

1. Du Fresnay-Belmont, le cadet des frères Gangnières, avait épousé, le 4 avril 1655, en l'église de Sainte-Croix, à Lyon, Marguerite Vanshore, fille de noble Joachim, banquier et bourgeois de Lyon, et de Marie Mazenod.

2. *Lieutée* pour *placée*.

importante que c'est la seule place des Espagnols sur ce fleuve, qui sépare les provinces d'Alexandrie et de Tortone du reste du Milanois. C'est un passage important pour aller du Piémont en Montferrat, par le Pô, aux États de Parme, Modène, Mantoue, Ferrarois, et États de la république de Venise et autres d'Italie. Sa situation est presque incurve d'un demi-cercle, dont le Pô fait la base, d'une plaine d'un bon quart de lieue, à l'extrémité de laquelle sont des prairies, couronnées de fertiles collines qui ferment le demi-cercle, près des logis de MM. les ducs de Modène et de Mercœur, où sont nos ponts de bateaux. Ladite petite plaine est fort élevée sur le Pô, et par conséquent la ville qu'on ne sauroit attaquer de ce côté-là, qui fait un des carrés dont elle est composée. Deux des autres côtés, savoir : l'un devers Casal, l'autre vers Bassignane, ne sont guère plus accessibles que celui du Pô, à cause des grands et profonds ravins qui s'étendent jusqu'aux deux extrémités. Du côté d'Alexandrie, il n'y a point de ravin, ni d'élévation de la ville sur la campagne, aussi a-t-on réparé par l'art le défaut de cet endroit, où l'on a fait des bastions, remparts, fossés, demi-lunes, bons chemins couverts, bien palissadés, parce que le fossé est sec. L'ingénieur y avoit fait une galerie dans la lunette, en forme de caponnière, et rasé le grand couvent des Capucins, où nous nous logeâmes le même jour que nous en fîmes l'approche au premier siège, 1635[1]. Son Altesse de Modène se logea où étoit logé M. le maréchal de Villeroy, et Son Altesse de Mercœur où logeoit alors le duc de Parme, tous deux

1. Voy. t. I, p. 291 à 296.

vers les deux extrémités de la ligne de circonvallation du côté d'Alexandrie.

Le long de ladite ligne étoient campés :

L'Infanterie[1], savoir : les régiments de Navarre, Auvergne, Lyonnois, Ferron, Suisse[2], Irlandois[3], l'Altesse[4], Navailles[5], Carignan[6], Grancey[7], Aiguebonne, infanterie des Grisons[8], Perrault-infanterie[9],

1. En 1656, il y avait cent six régiments d'infanterie français comprenant trente compagnies à deux cents hommes et deux mille soixante-dix-neuf compagnies à trente hommes. Il y avait, en outre, quarante régiments étrangers comprenant vingt compagnies à deux cents hommes, quatre cent vingt-trois compagnies à cent hommes et quatre-vingt-dix compagnies à trente hommes; en tout : cent trente-six mille cinq cents hommes, en y comprenant dix-neuf mille hommes des compagnies franches. On était loin de l'effectif des sept régiments français dont parle Souvigny au début de sa carrière (t. I, p. 12, année 1613), effectif auquel on ne pouvait alors ajouter, comme étranger, que le régiment des Gardes suisses.

2. Il n'y avait, cette année-là, qu'un régiment suisse au service de la France en dehors des Gardes.

3. C'était le régiment de Preston, levé et amené, en 1647, par Jacques Preston de Turat, licencié en 1662. Il y avait alors treize régiments irlandais dans les armées françaises.

4. Le régiment de l'Altesse-Royale, levé en 1644 par Gaston d'Orléans, fut incorporé, en 1660, dans le régiment Royal.

5. Était commandé, depuis 1645 (voy. p. 18, note 2), par Henri de Montaut, marquis de Navailles-Saint-Geniez; cassé en 1673.

6. Carignan, piémontais, levé en 1644 par le prince de Savoie-Carignan, devint régiment du comte de Soissons en 1676, Perche en 1690 et Lorraine en 1766.

7. Levé, en 1630, par Jacques Rouxel de Médavy, comte de Grancey, devint Soissonnais en 1762.

8. Les Grisons, comme les Suisses, fournissaient des régiments en nombre variable.

9. Levé, en 1647, par César de Fay, baron de Perrault, fut licencié après la campagne.

Normandie, Ville-infanterie[1], Gouvernet-infanterie[2], le Parc de l'artillerie ;

Régiments de cavalerie[3] : Mazarin[4], Canillac[5], Saint-André[6], Ferron[7], Épernon[8], Saint-Thierry, Mossé, Saint-Cierge[9], Prince-Maurice[10], Guise[11], Gouvernet[12], Anlezy[13], Ville[14], Mercœur[15], Bro-

---

1. Ville, piémontais, levé, en 1645, par le marquis Ville, avec les débris du régiment de Valençay, de l'armée du Pape, fut licencié en 1660.
2. Il y a cavalerie dans le texte, peut-être par erreur.
3. Tout ce paragraphe a été ajouté de la main de Souvigny.
4. Il y avait à cette époque, en Italie, le régiment de Mazarin français, qui tenait garnison à Pignerol, et le régiment de Mazarin étranger, dont il s'agit ici, levé, en 1644, par le comte Broglio, donné, en 1656, au prince Alméric d'Este, licencié en 1666.
5. Levé, en 1635, par Guillaume de Montboissier-Beaufort, marquis de Canillac, licencié en 1661.
6. Formé, en 1635, par Alexandre du Puy, marquis de Saint-André-Montbrun, fut licencié en 1661.
7. Levé, en 1635, par le chevalier de Treillis, fut donné, en 1644, à Charles-Claude Le Ferron et licencié en 1657.
8. Levé, en 1650, par Bernard de Nogaret, duc d'Épernon ; licencié en 1660.
9. Levé, en 1653, par M. de Saint-Cierge pour l'expédition de Naples ; licencié en 1668.
10. Le régiment du prince Maurice, levé en 1645, passa au service du prince de Condé, en Guyenne, et fut licencié en 1652. Il doit s'agir ici d'un autre régiment de ce nom.
11. Levé, en 1653, par Henri de Lorraine, duc de Guise, pour son expédition de Naples, fut licencié en 1668.
12. Levé, en 1656, pour l'Italie par M. de la Tour du Pin-Gouvernet, fut licencié la même année.
13. Commandé par N. de Damas, chevalier d'Anlezy.
14. Levé en 1651 par François, marquis Ville, licencié en 1661.
15. Levé, en 1649, par Louis de Vendôme, duc de Mercœur, fut licencié en 1659.

glio[1], Gonzague[2], Folleville[3], Castelan[4], Brégy[5], trois compagnies franches ;

Trois compagnies de cavalerie franche, les Gardes de Son Altesse Royale de Savoie, et toute sa cavalerie, commandée par le marquis Ville, et les Gardes de Leurs Altesses de Modène et de Mercœur.

Au delà du Pô étoit toute la cavalerie du Roi, campée en deux corps, avec quelque distance entre eux : l'un, commandé par M. de Ferron[6], et l'autre par M. de Saint-Cierge[7], quoique le premier commandât tout en qualité de lieutenant général. Les lignes de leurs retranchements étoient assez bonnes, dans une belle plaine où le terrain étoit facile.

Après avoir mis les lignes en défense de leur côté, l'on remarqua deux hauteurs qui pouvoient incommoder le camp. Le régiment de l'Altesse en fortifia une,

1. Broglio, étranger, levé, en 1652, par le comte Broglio, passa, en 1656, à un autre Broglio ; licencié en 1661.
2. Levé, en 1653, par M. de Gonzague pour l'expédition de Naples ; licencié après le siège de Valence.
3. Levé, en 1650, par Guillaume Le Sens, marquis de Folleville ; licencié après le siège de Valence.
4. Levé, en 1635, par Olivier de Castelan pour le duc de Savoie, puis admis à la solde de France, appartenait alors à M. de la Marcousse.
5. Levé, en 1652, par René Potier, duc de Tresmes ; donné, en 1653, à N. de Flesselles, comte de Brégy ; licencié en 1661. Voy., pour les détails concernant ces régiments, l'*Histoire de la cavalerie française*, par le général Susane.
6. M. de Ferron ne mourut qu'en 1658 ; 1655 est donné par erreur comme date de sa mort au t. I, p. 318, note.
7. Gabriel de Saint-Cierge, seigneur de la Tourrette, était mestre de camp d'un régiment de cavalerie en mai 1667 (Bibl. nat., *Cabinet des titres*, pièces orig. 2747).

et le maréchal des logis de l'armée celle du côté d'Alexandrie, et, comme on vit la facilité avec laquelle les ennemis pouvoient forcer le quartier des Irlandois et l'importance de ce poste, je fus ordonné pour le fortifier. Je le fis commencer par eux-mêmes et achever par les Suisses.

La tranchée fut ouverte pour attaquer les bastions de l'Annonciade et de Caracène : la brigade de Son Altesse de Modène le premier, et celle de Son Altesse de Mercœur l'autre, qui abandonna quelque petit ouvrage avancé, à la faveur d'une petite ravine fort étroite, tant parce qu'elle se remplissoit d'eau, [que parce] qu'elle étoit vue à revers d'une grande demi-lune détachée, revêtue de briques. Ainsi les deux tranchées furent tirées du même point aux extrémités des deux dits bastions. Chaque brigade conduisit la sienne avec beaucoup de vigueur et d'émulation. Nous avions, à l'attaque de Modène, un nommé Parache, ingénieur si brave qu'étant tout percé de coups, une jambe rompue, [il] ne laissoit pas de venir à la tranchée.

A la garde que j'y fis avec le régiment Lyonnois, nous chassâmes les ennemis du retranchement palissadé[1], et nous logeâmes à la moitié du glacis du chemin couvert. Quelques jours après, que je commandois la tranchée à la garde des Irlandois, nous attaquâmes les ennemis qui étoient au chemin couvert et le défendirent près de deux heures à coups de mousquets, de grenades, de piques et d'épées ; mais,

---

1. *Chassâmes les ennemis du retranchement palissadé* : correction autographe. D'autres mots, dans ce passage, sont corrigés de la main de Souvigny.

finalement, nous les en chassâmes et nous logeâmes sur le haut d'icelui, que nous mîmes en bon état. Je dois rendre ce témoignage à la vérité et à la valeur des capitaines, officiers et soldats de ce régiment-là[1] : je n'ai jamais vu agir avec tant de courage et de chaleur, ni avec plus d'ordre. Je fus ravi de voir de la sorte que s'y prit le lieutenant-colonel qui les commandoit; auquel après avoir montré[2] ce que nous avions à faire, avec le major et deux capitaines, il assembla tous les officiers en cercle à l'entour de lui, et, leur ayant sommairement dit ce qu'ils avoient à faire et leur dit, chacun en particulier[3], de la manière qu'ils le devoient exécuter, quand il eut fini sa harangue, il n'y en eut pas un qui dit un seul mot. Chacun se retira, lui faisant la révérence, et se saluant entre eux. Ce fut avec une promptitude surprenante et bien réglée qu'ils firent leurs détachements de l'attaque et de ceux qui la devoient soutenir, de leurs corps de réserve, des travailleurs, porteurs de gabions et fascines.

Je fis commencer l'attaque dès qu'il fit nuit pour avoir plus de loisir à nous bien loger. Tant que dura le combat, les capitaines et officiers combattirent avec une fermeté[4] admirable, et, aussitôt que les ennemis eurent lâché le pied, ils posèrent leurs armes de main et couroient de toutes leurs forces prendre des gabions,

---

1. On lit dans la *Gazette*, année 1656, p. 764 : « Le sieur de Souvigny, avec les régiments de Guise et de Preston, fait le logement en haut de la contrescarpe » (11 juillet).
2. C'est-à-dire : *auquel après que j'eusse montré.*
3. Mis pour : *et dit, chacun en leur particulier.*
4. *Fermeté* : correction autographe de *constance.*

fascines et sacs à terre, pour le logement qui fut achevé au point du jour, non sans grandes pertes, d'autant qu'il y fut tué le major, deux capitaines, plusieurs officiers et quantité de soldats : mais la plus considérable fut de la personne à laquelle j'avois fait préparer [l'attaque], du lieutenant-colonel, qui mourut le lendemain d'une blessure à travers le corps. Il fut extrêmement regretté de tous les honnêtes gens, qui connoissoient sa valeur. Je ne dois pas oublier M. du Monceau, qui servit d'aide de camp auprès de moi [et] agit, en cette occasion, avec beaucoup d'ardeur et de courage.

Sur l'avis que les ennemis avoient fait leur pont pour passer le Pô entre Monte et Pomasse[1], M. le duc de Modène m'envoya, avec deux cents chevaux et cinq cents hommes de pied, fortifier un poste, fort éminent et avantageux, entre notre camp et Monte. La nuit ensuivant, je le mis en défense, et l'achevai le troisième jour, avec un petit chemin sur la rive du Pô, tant pour avoir communication de mon fort à mon dit pont de bateau, que pour y poster des mousquetaires, en cas que les ennemis entreprissent de le rompre ou brûler ; ce qui réussit assez bien, parce que deux ou trois jours après, qu'ils lâchèrent deux brûlots sur le Pô, les ayant aperçus, je fis descendre cinq mousquetaires sur la rive, qui tirèrent sur eux si à propos qu'ils n'osèrent pas s'engager plus avant. Ayant mis le feu à leurs brûlots, à quatre cents pas de notre pont, auquel m'étant promptement rendu, et voyant que ces brûlots n'étoient point suivis d'autres bateaux

---

1. Pomaro-Monferrato. Voy. t. I, p. 296.

pour introduire un secours par là, en cas qu'ils eussent fait un avant-pont, je crus que ce n'étoit qu'une simple diversion et m'en allai promptement trouver M. de Modène.

En entrant à son logis, un officier des Gardes de Madame Royale me dit que les ennemis étoient en bataille, vis-à-vis de leur quartier, pour l'attaquer. J'en avertis Son Altesse de Modène, qui m'ordonna de prendre le bataillon des Suisses pour les aller secourir. Quoique nous courussions de toutes nos forces, eux et moi, nous ne pûmes arriver à temps, les ennemis n'ayant trouvé aucune résistance à la ligne, passant à travers du camp des Gardes de Son Altesse Royale, dont la plupart s'étoient avancés pour soutenir une sortie de la ville, et par le camp du régiment d'infanterie de Ferron, qui, ayant eu ordre d'aller de delà le Pô, n'avoit laissé qu'un sergent avec des mousquetaires, avec des malades et blessés ; et, par malheur, les maréchaux de logis, qui devoient battre l'estrade toute la nuit sur les hauteurs, du côté d'Alexandrie, ainsi que je le faisois observer exactement, étant dans le camp, n'y furent point cette nuit-là que j'étois à mon fort, de sorte qu'il est à croire que les ennemis, n'ayant trouvé personne dehors, passèrent plus tôt les lignes que l'officier des Gardes ne m'eût averti. Quoi qu'il en soit, il entra dans la place environ cent cinquante chevaux et près de cinq cents hommes de pied, et, le lendemain, à deux heures de nuit, l'armée des ennemis se posta sur la colline.

Les choses étant en cet état, nous tînmes conseil. La plus grande partie des officiers d'armée furent d'avis de lever le siège, voyant le secours entré ; que nous n'avions pas eu les deux mille hommes de pied de Madame Royale ; que les ennemis avoient défait à Fontaine-Sainte les trois mille hommes de pied et cent chevaux des troupes qui venoient de Modène fortifier notre armée, sous la conduite de M. de Biron[1] ; qu'il ne nous restoit en état de servir qu'environ cinq mille hommes de pied pour garder nos lignes, qui étoient d'une grande étendue, nos ponts de bateaux, quatre forts détachés des lignes, et nous n'en étions que sur le chemin couvert ; que notre cavalerie, étant déjà bien fatiguée, auroit désormais peine à subsister, faute de fourrage, et à fournir des convois suffisants pour les vivres et munitions qu'il falloit aller prendre à Casal ; que, si l'on avoit une mine prête à jouer, et quelque espérance de prendre Valence dans sept ou huit jours, on pourroit continuer le siège, mais qu'en l'état où nous étions, il ne se pouvoit pas ; que, si les ennemis forçoient nos lignes du côté de la colline, ils partageroient notre armée en deux, et, après avoir battu celle qu'ils voudroient attaquer la première, ils déferoient facilement l'autre ; que, si ce malheur nous arrivoit, les États de M. de Modène couroient risque d'être pris, auparavant qu'on eût fait repasser les monts à une autre armée pour le secourir ; et plusieurs autres raisons tendant à faire lever le siège. Mais il faut avouer la vérité : que le duc de Modène préféra la gloire des armées du Roi à son intérêt particulier et

---

1. François de Gontaut, marquis de Biron, baron de Saint-Blancard (1629-1700), fils de Jean, baron de Biron, et de Marthe-Françoise de Noailles, mestre de camp du régiment des Galères en 1648, maréchal de camp en 1649, gouverneur du Périgord en 1651, lieutenant général en 1655.

à la conservation de ses États, demeura ferme avec une résolution intrépide de continuer le siège, et que, M. le duc de Mercœur étant de cet avis, il ne fut plus question que de trouver moyen de suppléer à notre foiblesse et de faire contre fortune bon cœur. C'est pourquoi, au lieu de garder nos lignes avec l'infanterie, nous laissions seulement quelques mousquetaires aux flancs et redans, et mettions des escadrons de cavalerie en des distances proportionnées selon les besoins pour défendre les lignes, pendant que l'infanterie étoit en dehors, aux collines, pour s'opposer aux ennemis qui en occupoient les hauteurs et attaquoient le fort de l'Altesse, qui n'étoit pas encore achevé. Il fut si généreusement défendu par le régiment de l'Altesse, qui le gardoit, celui d'Auvergne et quelque autre qui s'y jetèrent, que les ennemis furent contraints de se retirer, après avoir perdu cinq ou six cents hommes.

Et, comme M. de Modène vit les ennemis opiniâtres à tenter le secours, à force ouverte, par l'endroit de la colline, il alla se loger vis-à-vis d'eux pour s'y opposer, et y demeura tant qu'ils furent sur la colline, sans que leur canon, qui donnoit dans ses tentes et barraques et tua plusieurs de ses gens, l'en pût faire déloger, non plus que celui de la ville, dont il n'étoit guère moins incommodé. En ce temps-là, il me fit la faveur de me faire bailler un de ses carrosses pour me reposer, ainsi que je faisois quelquefois avec son capitaine des Gardes.

Quand les ennemis eurent abandonné la colline, le duc de Modène retourna à son premier logement, et moi au mien, auprès de lui, où je me rendois à toute heure qu'il m'envoyoit demander, étant le seul officier d'armée près Son Altesse. Il avoit compassion de moi de me voir travailler tout le jour près sa personne, la nuit en garde à la tranchée, où à cheval le long des lignes, et défendoit expressément à ceux qu'il m'envoyoit de m'éveiller si j'étois endormi; ce qu'ayant appris, j'avois toujours quelqu'un en garde pour m'éveiller sitôt qu'il verroit venir quelqu'un de sa part, afin qu'il ne me trouvât point endormi.

Quand j'avois le loisir, j'écrivois trois lettres par jour à ma femme, les envoyant par différentes voies, les unes datées du matin, [les autres] de midi et du soir, pour la relever de la peine où ses fréquentes lettres me faisoient connoître qu'elle étoit d'apprendre de mes nouvelles. Sur l'avis qu'on me donna que sa curiosité la portoit de parler à tous ceux qui alloient du siège à Turin, et [que,] comme ce n'étoit que des blessés ou malades qui se retiroient pour se faire traiter, leur mauvois état ne faisoit qu'augmenter son inquiétude, c'est pourquoi j'écrivis à mon frère de Belmont de l'empêcher, et ne lui laisser voir des gens de l'armée que ceux qui se portoient bien et [pourroient] l'entretenir des choses agréables.

M. de Saint-Hilaire, aide-major du régiment d'Auvergne, ayant été tué au siège, je demandai la charge à M. d'Épernon, qui me fit l'honneur de m'envoyer les commissions en blanc. Je les remplis du nom de M. du Monceau, qui est à présent capitaine audit régiment[1], auquel je la[2] donnai, M. le marquis de Janson[3], mestre de camp, m'ayant fait le plaisir de le

---

1. Voy. p. 161, note 1.
2. C'est-à-dire : la charge.
3. Laurent de Forbin, marquis de Janson, fils de Gaspard

faire recevoir en cette charge. Quoiqu'il fût jeune, n'ayant pas encore dix-sept ans, il n'a pas laissé de s'en acquitter avec honneur.

Le duc de Modène m'avoit accordé une charge d'aide de camp pour son aîné, comme pour son second frère qui l'exerçoit. Il s'excusa d'y servir, aima mieux rester en sa charge de lieutenant de cavalerie de la compagnie de M. le comte de Quincé, à la prière de M. de Mossé, mestre de camp, qui l'aimoit fort. Le pauvre garçon y fut tué, après qu'il eût conduit le convoi de Casal, faisant une des plus belles actions de notre temps, et fut extrêmement regretté de toute l'armée, étant l'un des plus adroits et hardis cavaliers qu'il y eût, et en grande estime, mon frère de Belmont lui ayant fait apprendre cet exercice avec les fils de M. le prince Thomas.

Je n'écrirai pas les particularités du passage du fossé, de l'attachement du mineur, ni du logement sur le bastion de notre attaque, parce que je n'y eus point de part, ces choses s'étant faites aux jours et aux gardes des autres maréchaux de camp, et n'eus qu'à agrandir ledit logement, où nous mîmes des pièces en batterie, les ennemis étant retranchés à la gorge dudit bastion ; et, comme on vit que la mine de l'attaque de M. le duc de Mercœur, au bastion de Caracène, n'avoit pas bien réussi, et que, nécessairement, il falloit prendre Valence par celui de notre attaque, l'on n'en fit qu'une des deux pour agir avec

---

et de Claire de Libertat, fut mestre de camp en 1652, viguier de Marseille, mestre de camp du régiment d'Auvergne en 1655, gouverneur d'Antibes et Grasse, et mourut en 1692.

plus de vigueur, d'autant que notre infanterie étoit extrêmement fatiguée et le courage fort abattu.

En ce temps-là que toute l'armée des ennemis étoit campée à Girolle[1] pour couper le chemin au convoi qui venoit de Casal, commandé par M. du Monceau l'aîné, et qu'il ne nous restoit que fort peu de vivres et munitions de guerre dans le camp, Messieurs les généraux se résolurent à donner plutôt bataille que de la perdre, parce qu'autrement il auroit fallu lever le siège. C'est pourquoi M. le duc de Modène me laissa le soin de son quartier de la tranchée, et des troupes qui étoient delà le Pô. M. le duc de Mercœur ayant aussi laissé ordre à M. de Baitz[2] pour le sien, ils partirent du camp à deux heures de nuit et, à soleil levant, mirent l'armée en bataille entre Girolle, où étoient les ennemis, et le chemin que tenoit le convoi, pour le couvrir ; lequel ayant passé sans difficulté, nos Messieurs, voyant que les ennemis ne vouloient point combattre, se retirèrent dans le camp. En leur absence, je ne manquai pas d'exerciser[3], quelques troupes des ennemis ayant paru sur les collines du côté d'Alexandrie et du côté de là le Pô. En même temps, ceux de la ville firent une sortie qui fut vigoureusement repoussée, si bien que Messieurs nos généraux trou-

1. Giarole, arr. de Casal.
2. André de Baitz de Colombiers servit dès l'année 1630 dans le régiment de Lyonnais, dont il devint lieutenant-colonel, fut nommé maréchal de camp en 1649 et lieutenant général le 8 octobre 1656, le même jour que Souvigny, et mourut en 1657.
3. Souvigny francise ici les mots italiens : *exercizio*, exercice; *exercitare*, exercer, occuper.

vèrent les choses en l'état qu'ils les avoient laissées à leur départ du camp.

Trois jours après notre convoi arrivé, les ennemis envoyèrent trois grands partis de cavalerie à Monte, Lazzarone et sur le chemin de Girolle à notre camp. Sur quoi, M. le duc de Modène, qui ne savoit pas leur dessein, me commanda avec quatre cents chevaux pour aller à eux. D'abord que j'en fus près, ils se retirèrent à Girolle, où leur armée étoit en bataille. Leur artillerie et leurs bagages commençoient à défiler, ce qui me fit croire qu'ils n'avoient envoyé ces partis que pour nous ôter la connoissance de leur départ. J'en donnai avis à M. de Modène et demeurai à leur vue jusqu'à ce que leur arrière-garde fût au delà de Girolle, et m'en retournai au camp.

Il y eut un brigadier de la compagnie de M. de la Grange qui fit une action bien hardie en ce temps-là.

L'armée des ennemis ayant repassé le Pô et s'étant contentée de reprendre par composition le château de Sartirana, où commandoit M. de ...[1], sans entreprendre aucune tentative pour secourir Valence, les assiégés se résolurent de se rendre. La capitulation faite, ils sortirent de la place, tambours battants, enseignes déployées, mèche allumée, et escortés jusqu'en Alexandrie.

MM. les ducs de Modène et de Mercœur, ayant fait leur entrée dans Valence[2], donnèrent le commandement des troupes qu'ils y établirent en garnison à

1. Le nom est en blanc dans le manuscrit.
2. Voy. *la Prise de Valence par l'armée du Roy, avec les articles de sa capitulation*, dans la *Gazette*, année 1656, p. 1065.

M. de Valavoire[1], lequel en eut le gouvernement, que j'avois demandé à M. le Cardinal, lequel me fit une honnête réponse que mes services seroient récompensés, mais que, pour le gouvernement de Valence, le Roi n'en disposeroit que du consentement du duc de Modène. Je crois qu'ils étoient convenus ensemble de le donner à M. de Valavoire sur le commencement du siège : aussi ne le demandai-je que pour faire voir que j'avois raison de le prétendre, afin que cela me servît en une autre occasion.

Après la prise de Valence, on travailla diligemment à abattre les lignes et forts, combler la tranchée, nettoyer les fossés et réparer les brèches, sans pouvoir entreprendre d'autres choses de cette campagne; et, voyant qu'il n'y avoit rien à faire pour moi, je priai M. de Modène me permettre de me retirer à la citadelle de Turin, comme il fit ; et, ayant pris congé de lui et de M. le duc de Mercœur, je m'y acheminai et n'eus pas fait trois milles qu'il tomba une pluie si extraordinaire, qu'en arrivant à la porte de Casal, nous étions mouillés comme si nous fussions sortis d'une rivière. Celui qui commandoit à la garde avoit défense d'ouvrir la porte et de laisser entrer personne. Néanmoins, il me fit entrer tout seul. Je dis à mes gens l'hôtellerie où ils devoient aller loger et m'en allai chez M. Gonsan, mon ancien ami, qui les fit entrer dans la ville et, après que j'eus changé d'habits, me traita splendidement. Il étoit intime ami de feu mon frère de

---

1. François-Auguste de Valavoire, marquis de Valavoire en 1652, fils de Pierre, viguier de Marseille, et de Gabrielle de Forbin-Soliers, devint maréchal de camp en 1650, lieutenant général en 1656, gouverneur de Sisteron, et mourut en 1694.

Champfort, et avoit eu la pensée de lui donner sa nièce en mariage, n'ayant point d'enfant. Il étoit extrêmement riche et logé comme un prince. Il fit son possible pour me traiter quelques jours chez lui, spécialement ce jour-là qu'il pleuvoit à verse : mais cela ne m'empêcha pas d'aller coucher à Moncalve, ni la continuation du mauvais temps de me rendre, le lendemain, à la citadelle de Turin, dans l'impatience où j'étois de consoler ma femme par mon retour, sachant qu'elle se trouvoit mal de l'inquiétude qu'elle en avoit eue. Effectivement, je la trouvai fort abattue. Elle se remit au bout de sept où huit jours après. Quant à mon frère et à ma sœur et leur enfant[1], je trouvai tous en bonne santé.

Madame Royale me fit l'honneur de me recevoir avec ses bontés ordinaires à mon endroit, et me fit connoître qu'elle étoit bien aise de la manière que j'avois parlé et écrit des Gardes de Son Altesse Royale[2],

1. Joachim de Gangnières, chevalier, baron de Belmont, ondoyé à Lyon le 8 janvier 1656, devint capitaine au régiment des gardes du duc de Savoie. Il reçut, le 22 octobre 1672, une pension annuelle de cinq cents livres en reconnaissance des bons et fidèles services de son père, qui venait d'être tué à Ovada, dans une guerre contre Gênes, où le fils donna également des preuves de son courage et de sa valeur. (*Arch. de Turin.*) Il fit hommage de Belmont en 1703. Sa veuve, Françoise Hindret, fille de noble Gaspard Hindret, seigneur de Beaulieu, en Lyonnais, et de Catherine Boyer, épousa, en 1724, François de Wicardel, ou Willecardel, marquis de Fleury et de Beaufort, du diocèse de Turin, chevalier de l'Aigle blanc, ministre du cabinet du roi de Pologne.

2. La compagnie des Gardes du corps, troupe d'élite composée en majeure partie de gentilshommes savoyards, avait été créée, en 1607, par Charles-Emmanuel Ier sous le nom de

auxquels quelques-uns avoient voulu imputer la faute d'avoir laissé entrer le secours dans Valence[1].

Après mon arrivée à la citadelle, nous eûmes avis que les grandes pluies avoient tellement grossi le Pô, qu'il avoit emporté nos ponts de bateaux après la prise de Valence, et, par ainsi, ôté la communication à notre cavalerie, campée de l'autre côté du Pô, au reste de l'armée qui étoit de celui de Valence. M. de Ferron, qui la commandoit, la sauva par sa diligence à passer la Sesia; car, s'il eût tardé seulement deux ou trois heures, il lui eût été impossible et [il] n'auroit pu résister à l'armée des ennemis qui étoit en corps près de lui, dans leur pays, désavantageux pour la cavalerie, parce que c'est une plaine fort couverte d'arbres, coupée par quantité de canaux, larges et profonds, qu'on appelle en Lombardie *Roggia*, tirés des rivières de Sesia, Gogna et Tessin, pour arroser des prairies. M. de Ferron se retira donc de cet embarras et rejoignit heureusement l'armée avec toute notre cavalerie.

Messieurs nos généraux, ayant joint leurs troupes, logèrent celles du Roi à Costiolle[2] et autres terres, sur

---

Gentilshommes archers de la garde. Le nombre des compagnies fut porté à trois vers la fin du xviie siècle. Il peut aussi s'agir là du régiment des Gardes, bien que la création officielle n'en date que du 18 avril 1659, après la réforme des anciens colonelats temporaires. Régiment permanent, faisant partie de la maison du duc, il forma la 1re brigade légère d'infanterie piémontaise quand, en 1798, les troupes sardes furent incorporées dans l'armée française. Sur l'armée de Savoie et sur les opérations militaires de cette époque, voy. *Histoire militaire du Piémont*, par le comte de Saluces.

1. Ci-dessus, p. 303.
2. Costigliole, arr. d'Asti, prov. d'Alexandrie.

les frontières de Piémont et de Montferrat, et celles de Son Altesse Royale en Piémont. Il courut un bruit d'entreprendre encore quelque chose dans le Milanois, qui m'obligea de retourner à l'armée. M'étant rendu auprès de M. le duc de Modène, il me fit loger dans son logis, au château de Costiolle, et, le lendemain, me fit prendre jour de lieutenant général, selon la patente du Roi qu'il me donna[1].

Quelques jours après, il fut résolu de mettre les troupes à quartiers sur les frontières de Montferrat, des Langues et Terres impériales. En attendant les ordres de la Cour pour les troupes qui devoient aller en quartiers d'hiver en France, M. de Saint-André[2] alla commander le quartier de Cossan[3], M. de Ferron celui de Cravansanne[4], M. de Preston[5] celui de San-Stefano de Belbo[6], les autres lieutenants généraux et maréchaux de camp ayant aussi chacun leur quartier. M. le duc de Modène m'envoya à Gorzegne[7] avec les

---

1. Souvigny fut nommé lieutenant général des armées du roi le 8 octobre 1656.
2. Alexandre du Puy, marquis de Saint-André-Montbrun, maréchal de camp dans les armées protestantes du duc de Rohan en 1621, servit Venise et la Suède, fut maréchal de camp dans les armées royales en 1641, lieutenant général en 1651 et mourut en 1673.
3. Cossano, arr. d'Albe, prov. de Coni.
4. Cravanzana, arr. d'Albe.
5. Jacques Preston, vicomte de Turat et de Preston, colonel d'un régiment d'infanterie irlandais, maréchal de camp en 1647, fut nommé lieutenant général le 8 octobre 1656, le même jour que Souvigny.
6. San-Stefano-Belbo, arr. d'Albe.
7. Gorzegno, arr. d'Albe. — *Gorzegne*, correction autographe de *Gorseille*.

régiments de cavalerie de Mazarin, ...[1] et Anlezy et les régiments d'infanterie de Dauphiné et de Lyonnois. Je n'y pus arriver qu'il ne fût bien tard. M. le marquis de Gorzegno, qui étoit de mes amis, vint au-devant de moi me prier de loger dans son château. Je lui demandai si, autrefois, les commandants des troupes y avoient logé. Il me dit que non, mais qu'il tiendroit à honneur de m'y recevoir comme son ami particulier. Je lui représentai l'importance que, si j'y avois logé, les autres commandants des troupes de France ou d'Espagne, ou même de l'Empire, dont son marquisat relevoit, y prétendroient aussi loger. Enfin je l'en remerciai et, m'en étant ainsi excusé, je logeai dans le bourg chez l'archiprêtre. Nous y trouvâmes assez de vin et des châtaignes, de foin et de paille, et, comme ce quartier étoit le plus avancé dans les Langues, nous escarmouchâmes plusieurs fois avec les paysans qui nous approchoient, à la faveur des hauteurs et détroits de montagnes, sans nous faire grand mal les uns les autres.

MM. les ducs de Modène et de Mercœur, ayant reçu les ordres des quartiers d'hiver, firent ceux de la marche des troupes pour repasser les monts par les étapes. Je fus ordonné pour la conduite du régiment d'Auvergne, lequel, en partant de Cossan, alla loger à Isola[2]. Je m'étois résolu d'aller coucher en Aste et l'y attendre au passage ; mais, étant près du port de Béranger[3], l'on me dit que les ennemis avoient voulu

1. En blanc dans le manuscrit.
2. Isola-d'Asti, arr. d'Asti, prov. d'Alexandrie.
3. Peut-être Baldichieri, à l'ouest d'Asti.

attaquer de nos troupes au passage du Taner[1], ce qui me fit résoudre à ne quitter point ledit régiment d'Auvergne qu'il n'eût passé. Je m'en allai le trouver à Isola, où ces Messieurs furent bien aises de me voir, et, comme nous avions le Taner à passer et une grande journée à faire, nous partîmes près de trois heures devant jour. Durant qu'on se préparoit au départ, je mis la tête à la fenêtre et remarquai deux choses : la première, la joie qu'avoient les soldats, en cercle à l'entour d'un grand feu, d'aller en quartiers d'hiver ; la seconde, que, quand je pris les armes audit régiment, je n'étois que simple soldat comme eux, qui faisoient alors avec des officiers garde de lieutenant général à mon logis[2], ce qui me donna plus grand sujet d'en louer Dieu.

N'ayant rencontré aucune difficulté en notre route, je dis adieu à ces Messieurs entre Turin et Suse, et m'en allai trouver M. le duc de Modène à Pignerol, où après avoir demeuré trois ou quatre jours, je pris congé de lui pour aller à Moncalier dire à Madame Royale ce dont il m'avoit chargé dès lors. Madame Royale me fit connoître, ainsi qu'elle a dit à ma femme par plusieurs fois du depuis, le dessein qu'elle avoit

1. *Taner* : correction autographe de *Tanner*.
2. Voy. t. I, p. 10, le passage où Souvigny raconte son entrée comme simple soldat au régiment du Bourg-l'Espinasse, futur régiment d'Auvergne, le 10 mai 1613. Il avait alors quinze ans et demi. En automne 1656, au moment où il venait d'être nommé lieutenant général, il avait cinquante-neuf ans d'âge et quarante-trois ans et demi de service. Il conserva toujours un souvenir au régiment d'Auvergne, aux soldats malades et blessés duquel il légua par testament, en 1672, la somme de trois cents livres. Voy. l'Appendice du tome III.

de me donner un gouvernement considérable dans les États de Son Altessse Royale, son fils, s'il étoit vrai, comme l'on disoit, que le Roi lui rendroit la citadelle de Turin. Je la remerciai très humblement en termes généraux, sans m'engager en rien.

Étant de retour à la citadelle, j'y trouvai ma femme en assez bonne santé, et mon frère et ma sœur, qui me dirent que Madame Royale avoit assurance du Roi de la lui remettre.

Environ le 15ᵉ novembre que Madame Royale se retira à Turin, [elle] donna rendez-vous à ma femme aux Carmélites, lui déclara qu'elle ne doutoit pas qu'on ne lui remît la citadelle, qu'en après nous devions penser à m'établir en Piémont. Sur quoi, elle répondit des civilités, se réservant à savoir mes sentiments. Nous y avions tous deux assez d'inclination; mais il y eut deux raisons qui nous en empêchèrent : la première, que cela pourroit faire tort à mon frère de Belmont, n'y ayant pas d'apparence que l'on nous baillât à chacun un gouvernement; la seconde, que je croyois d'être obligé d'aller rendre compte au Roi et à Son Éminence de la sorte que j'avois agi dans le commandement de la citadelle de Turin, quand même je n'aurois pas sujet d'espérer la récompense de mes services, ainsi que M. le Cardinal me l'avoit tant de fois promis verbalement et par écrit, depuis [que] je rendis Quérasque à Madame Royale, suivant les ordres du Roi et les siens, et servis dans les armées avec la satisfaction que Son Éminence a dite tout haut à plusieurs personnes, n'ayant rien au monde de si cher que d'obéir fidèlement et ponctuellement aux ordres du Roi et de ses ministres.

Nous passâmes tout le mois de décembre 1656 en attendant, d'un ordinaire à l'autre, les ordres de la restitution de la citadelle, que Madame Royale, ses ministres et tout le peuple de Turin attendoient avec grande impatience, quoiqu'ils ne parlassent de notre garnison qu'en louant notre politique de n'avoir jamais souffert, mon frère ni moi, que les soldats prissent rien à la campagne, ni quoi que ce soit dans la ville sans le payer, ni le moindre linge de ceux que le peuple lavoit dans les fossés de la citadelle et resséchoit à l'esplanade en toute sûreté, quoique la garnison fût la plupart du temps sans paiement, ni pain de munition, ni autre assistance que de notre argent, ayant baillé la cassine de Lenne, qui coûtoit quinze cents pistoles à mon frère de la Motte[1], pour mille pistoles à M. de la Vermenelle, et employé bien d'autres sommes pour faire subsister la garnison, au même temps que nous n'étions pas payés de nos appointements, mon frère et moi, ni remboursés de la dépense qu'il avoit faite à faire remonter l'artillerie qui étoit sur le ventre.

1657.

Ayant reçu les ordres de la Cour de faire remettre la citadelle de Turin à Madame Royale, le 20ᵉ janvier 1657[2], elle en témoigna beaucoup de joie, et toute sa

1. Ce membre de phrase, depuis *qui coûtait*, est une addition autographe. Voy. ci-dessus, p. 195 et 196.
2. Les lettres de la Cour pour cette remise sont, en réalité, des 29 et 30 janvier; la remise effective eut lieu le 10 février. Voy. l'Appendice du tome III.

cour, et se résolut, pour faire connoître à toute l'Italie que c'étoit à elle à qui le Roi le remettoit, d'y venir en personne recevoir les clefs de mes mains, et, en même temps, les bailler à Son Altesse Royale, son fils. Mais la maladie qui lui survint modéra l'allégresse publique, lui faisant différer de jour en jour cette cérémonie, dans l'espérance qu'elle se porteroit mieux. A la fin, les médecins lui ayant fait entendre que le grand air lui étoit contraire, elle m'envoya M. le marquis de Pianesse avec les ordres pour lui remettre la citadelle, accompagnés d'une lettre digne d'une si grande princesse et de ses bontés ordinaires envers mon frère et moi.

Je fis connoître à M. le marquis de Pianesse que je m'estimois heureux d'avoir eu un commandement du Roi si agréable à Madame Royale, que nous étions tout prêts à exécuter, mon frère et moi, incontinent après qu'il nous auroit donné nos décharges de l'état où étoit la place, à laquelle nous avions fait plusieurs réparations, spécialement aux corps de garde, ponts, portes, casernes et parapets, avec des récépissés de l'artillerie, armes, munitions de guerre, qui appartenoient à Son Altesse Royale, et des ustensiles que Madame Royale avoit fait distribuer aux soldats ; qu'au reste, je tenois à grand honneur de remettre les clés de la citadelle en si dignes mains que les siennes, auxquelles Madame avoit confié toutes celles des places de Piémont, avec le commandement général de tout l'État, lorsqu'elle se retira en Savoie, et qu'il avoit généreusement contribué de sa valeur et prudente conduite, avec les armes et puissants secours du Roi, pour en chasser les ennemis et y rétablir l'autorité de

Madame Royale. Après m'avoir répondu fort obligeamment, je lui fis voir sommairement ce qui appartenoit à Son Altesse Royale. Mon frère se chargea de le faire voir en détail à son secrétaire, pendant qu'il s'en alloit à la ville. Étant retourné à la citadelle le lendemain matin, il signa les certificats nécessaires à notre décharge des choses qui appartenoient à Son Altesse Royale.

Le commissaire qui commandoit l'artillerie du Roi nous ayant aussi donné nos décharges de l'artillerie et munitions de guerre, qui étoient dans la citadelle, appartenant au Roi, M. Brachet, intendant de l'armée d'Italie, me fit voir un ordre du Roi de lui remettre les soldats de la citadelle, pour les envoyer en garnison à Valence; ce qu'ayant fait à l'heure même, nous sortîmes de la citadelle, mon frère et moi, après que les troupes de Madame Royale en eussent pris possession.

Étant sorti de la citadelle, je fus trouver Madame Royale l'avertir de la sorte que je l'avois remise et recevoir ses commandements pour aller à la Cour. Madame Royale me remercia de la manière que j'avois usée, me dit qu'elle n'avoit pas oublié le service que j'avois rendu à Monsieur son fils en lui conservant la ville de Quérasque, qu'elle croyoit bien que le Roi récompenseroit ceux que je lui avois rendus, mais, pourtant, s'il y avoit quelque emploi dans les États de Monsieur son fils qui m'accommodât, qu'elle me le feroit bailler; que, si, néanmoins, j'avois tout à fait résolu de me retirer en France, je lui laissasse mon frère, qu'elle le posteroit bien et en auroit un soin particulier de sa fortune.

Après l'avoir très humblement remercié de ses

bontés, j'en donnai avis à mon frère et le persuadai de demeurer au service de cette grande princesse, comme il fit. Madame Royale, qui fit des caresses extraordinaires à ma femme, lui dit presque la même chose et, en après, nous envoya un présent que j'ai estimé ne devoir pas refuser de la main d'une si grande princesse, sœur du feu Roi, mon bon maître, tante du Roi régnant glorieusement, et d'autant plus volontiers que nous étions hors de la citadelle, et que j'avois été averti qu'à la Cour l'on avoit trouvé fort mauvais le refus qu'avoit fait Mme la maréchale de Grancey[1] d'un présent qui lui fut envoyé par Madame Royale, laquelle en fut extrêmement offensée, [et] elle ne la voulut plus voir en après.

Ayant pris congé de Madame Royale, elle nous envoya offrir de ses carrosses, pour nous et nos gens, jusqu'à Suse. Nous la remerciâmes très humblement et, ayant aussi pris congé de Son Altesse Royale son fils, de Monsieur l'Ambassadeur et sa femme, et de tous nos amis, aussi bien que de mon frère et de ma sœur, après avoir entièrement payé les sieurs Tenin, Cailla et Touse, et autres qui nous avoient prêté de l'argent pour assister la garnison, nous partîmes de Turin, le 15ᵉ février 1657, pour aller loger à Saint-Ambroise. Le lendemain, étant arrivés à la Novaleza[2], il nous vint trouver un homme, envoyé de la part de

---

1. Charlotte de Mornay-Villarceaux, gouvernante de Mlles de Valois, fille de Pierre et d'Anne Olivier de Leuville, épousa, en 1648, Jacques Rouxel, comte de Grancey et de Médavy, qui devint maréchal de France en 1651 et était veuf de Catherine de Monchy-Hocquincourt.

2. Novalesa, arr. de Suse, prov. de Turin.

M. le contrôleur général[1] Verdine, qui étoit fort de mes amis, lequel nous fit présent d'un régal de quantité de volailles, des perdrix, et de tant d'autres sortes de vivres qu'il y en eut assez pour tout notre voyage. Cette abondance de bonnes choses me fit présumer que cela ne pouvoit venir que de Madame Royale, n'ayant pas obligé M. Verdine de faire une dépense pour nous. Je fus confirmé en cette opinion quand je vis l'ordre de ce qu'on me donna, aux habitants[2] de la Novaleza, de nous bien fournir ce qui nous étoit nécessaire pour passer le Mont-Cenis et de nous bien servir, et qu'en arrivant à la Novaleza, le fermier général de Savoie nous fit civilité, nous fit présent de quelques bouteilles de vin et nous accompagna jusqu'à Chambéry, nous demandant souvent si nous avions de besoin de quelque chose. Mais, comme nous avions notre équipage suffisant pour nous et nos domestiques, et que nous ne voulions rien prendre sans payer, il nous fut pourtant impossible de refuser les bouteilles de vin qu'il nous donna.

M. de Cuirieu[3], cousin germain de ma femme, nous voulut loger en sa belle maison[4], près de la Tour-du-Pin. Mais, comme nous avions grand train, je m'en excusai, aussi bien que des cérémonies que de nos amis nous vouloient faire en entrant à Lyon, avec

1. *Gnal* : addition autographe.
2. C'est-à-dire : pour les habitants.
3. Charles de Boissat, seigneur de Cuirieu, fils de Pierre, qui avait épousé, le 24 juin 1612, Charlotte de Villars, sœur de Louise de Villars, dame du Chol. (*Généalogie de la famille de Villars*, par M. de Terrebasse.)
4. Cuirieu, hameau de la commune de Saint-Jean-de-Soudin, à deux kilomètres de la Tour-du-Pin, Isère.

plusieurs carrosses, et nous loger, ayant envoyé à l'avance le nommé La Marguerite, valet de M. de la Grange, pour les avertir ponctuellement de notre marche. Je l'empêchai d'y arriver plus tôt que nous, faisant effort, partant de la Tour-du-Pin, pour aller loger le même jour au faubourg de la Guillotière; et, comme nous apprîmes, en arrivant, que la porte de la ville étoit encore ouverte, quoiqu'il fût déjà bien tard, nous y entrâmes et allâmes loger au Cheval de bronze, à la rue du Bœuf. Nous demeurâmes trois jours à recevoir les visites de nos amis, sans avoir le temps de pouvoir sortir du logis, ni faire aucune affaire. Après avoir rendu mes civilités à M. l'Archevêque[1] et nous être débarrassés de Lyon, nous nous retirâmes à Souvigny, d'où je partis pour la Cour.

1658.

Pendant mon voyage de la Cour, ma femme acheta la rente de Vaudragon[2], qui prend ès paroisses de Meys, Saint-Denis, Châtelus, Grammond[3], Fontanès[4],

1. Camille de Neufville (1606-1698), archevêque et comte de Lyon, commandeur de l'ordre du Saint-Esprit, lieutenant général au gouvernement de Lyon et du Lyonnais, Forez et Beaujolais, fils de Charles de Neufville, marquis d'Alincourt, seigneur de Villeroy, et de Jacqueline de Harlay.

2. Vaudragon, ou la Chapelle-en-Vaudragon, comm. de la Chapelle-sur-Coise, cant. de Saint-Symphorien-sur-Coise, arr. de Lyon. Voy., sur la seigneurie de Vaudragon, la *Notice du canton de Saint-Symphorien-le-Château*, par Cochard, p. 155. Il subsiste encore deux tours en ruines de l'ancien château.

3. Saint-Denis-sur-Coise, Châtelus et Grammond, communes du cant. de Saint-Galmier, arr. de Montbrison, Loire.

4. Fontanès, cant. de Saint-Héand, arr. de Saint-Étienne,

Saint-Romain-en-Jarrêt[1]. M. de Sarron[2], qui la lui vendit, lui remit trois terriers de ladite rente, savoir : Faure, Fayade et Noyer, et fit ratifier à Madame sa femme le contrat de vente avec la quittance qu'il en passa.

Je ne pouvois désirer de meilleur accueil que celui que me firent le Roi, la Reine et M. le Cardinal. Mais cela n'étant pas suivi par eux du remboursement de mes avances et appointements de la citadelle de Turin, ni d'autre récompense que de vaines espérances de mes services, je me résolus d'attendre une autre occasion et pris congé de la Cour pour m'en retourner chez nous[3].

Après avoir donné ordre à nos affaires à Souvigny, nous allâmes passer l'été à Belmont et donner ordre à celles de mon frère de Belmont, en son absence, ayant baillé des rentes à renouveler au sieur de Saint-Michel. L'agréable situation de Belmont, la bonté de l'air et des fruits délicieux qui s'y recueillent nous y firent demeurer jusqu'au mois d'octobre de l'an 1658 que nous allâmes loger à Lyon chez Mlle Bay, où nous étions parfaitement bien logés.

Le Roi et toute la Cour s'étant rendus à Lyon, quelques jours auparavant que Madame Royale de Savoie y vînt avec Son Altesse Royale son fils et

1. Saint-Romain-en-Jarrêt, cant. de Rive-de-Gier, arr. de Saint-Étienne.
2. Louis de Sarron, baron des Forges, seigneur des Fourneaux, Sacconay, Civrieu, Vaudragon, la Rajasse, la Chapelle, fils de Jean, chevalier de l'ordre du Roi, et d'Anne de Fay, épousa, en 1655, Hélène de Rougemont.
3. Ce paragraphe a été ajouté en marge de la main de Souvigny.

Mme Marguerite de Savoie, sa fille[1], Sa Majesté ayant été au-devant d'eux à une lieue dans le Dauphiné et traité fort civilement la princesse, l'on fut quelques jours dans l'opinion que le mariage proposé entre eux s'accompliroit. La suite fit voir le contraire : la difficulté, à ce que l'on dit, étant provenue de Madame Royale, qui ne voulut pas consentir à celui qui avoit été proposé de son fils à une nièce de M. le Cardinal; mais il y a bien plus d'apparence que ce soit la Reine mère qui ait rompu ce mariage pour faire celui du Roi avec l'infante d'Espagne, sa nièce, comme elle le désiroit ardemment, et qui s'est accompli à Saint-Jean-de-Luz l'année ensuivante.

Nous ne nous flattions pas de vaines espérances, si Mme Marguerite de Savoie eût été reine de France, ayant une estime et amitié toute particulière pour ma femme, parce que nous n'y voyions point d'apparence, quoique l'abbé Morety[2], qui avoit engagé Madame Royale d'aller voir la Cour à Lyon, fît des assurances de M. le Cardinal pour dire que le mariage du Roi avec cette princesse s'accompliroit, d'autant que je savois de bonne part que, lorsque M. le Cardinal fit proposer à Madame Royale de faire épouser Son Altesse Royale son fils avec une de ses nièces, elle dit qu'elle le vouloit bien, pourvu qu'il lui fît rendre

1. Marguerite de Savoie devint duchesse de Parme. Voy. t. I, p. 337, note 3.

2. L'abbé Amoretti, agent secret de Mazarin, eut, en cette circonstance, le rôle principal qui fut enlevé à l'ambassadeur Servien. Voy. *Instructions données aux ambassadeurs, Savoie*, t. I, p. 7. Le même abbé avait été précédemment envoyé à Paris, en 1657, par la cour de Savoie pour négocier la restitution de la citadelle de Turin.

Pignerol. Sur quoi, M. le Cardinal répondit qu'il n'étoit pas en son pouvoir de la lui faire bailler, et qu'à cette condition elle se contenteroit bien de la fille du bourreau de Paris. Cela nous fit présumer que, Son Altesse Royale n'épousant pas une nièce de M. le Cardinal, il ne consentiroit point le mariage de Mme la princesse Marguerite avec le Roi, joint que la Reine sa mère désiroit qu'il épousât Mme la princesse d'Espagne, sa nièce. Néanmoins, nous ne laissâmes pas d'aller au-devant de Madame Royale jusqu'à Chambéry, dans un carrosse à six chevaux, passant par Grenoble, la vallée de Graisivaudan, le fort de Barraux, et Notre-Dame de Myans[1]. Étant arrivés à Chambéry, Madame Royale nous reçut avec des bontés extraordinaires, et, après avoir demeuré huit jours et pris congé d'elle, nous retournâmes à Lyon par le même chemin.

Leurs Majestés, M. le Cardinal et toute la Cour allèrent au-devant de Madame Royale et de la sienne jusqu'auprès de Bron[2]. Le bon accueil de Sa Majesté[3] à Mme la princesse Marguerite de Savoie, et les caresses qu'il lui fit tous les jours firent croire à plusieurs que le mariage se feroit; mais la Reine mère voulant absolument qu'il épousât sa nièce la princesse, il y eut bien du changement, ce qui obligea à Madame Royale de se retirer avec Son Altesse Royale son fils, et sa fille et toute la Cour.

1. Myans, cant. de Montmélian, arr. de Chambéry, Savoie. Notre-Dame-de-Myans est un lieu de pèlerinage où se trouve une madone noire d'une haute antiquité. La fête en est célébrée le 8 septembre.
2. Bron, cant. de Villeurbanne, arr. de Lyon.
3. Il s'agit du Roi.

La cour de France demeura à Lyon environ trois semaines après que celle de Savoie en fut partie. Durant ce séjour, je ne perdis point de temps à solliciter M. le Cardinal : mais je n'en eus que de vaines espérances, sur quoi je ne faisois aucun fondement.

1659.

Le Roi étant parti de Lyon au commencement de l'année 1659, nous y demeurâmes avec grande satisfaction. Ma femme s'occupoit fort à la dévotion et sembloit que rien ne manquoit à notre bonheur, après les grandes affaires que nous avions eues que de payer la somme de six mille livres que je devois à M. le baron de Lugny de Vougy pour l'entretien et parfait paiement de Grézieu. C'est pourquoi nous résolûmes ensemble que j'irois faire cette affaire, et de voir Monsieur notre archevêque à Vimy[1] pour servir M. de l'Isle, qui avoit quelque affaire auprès de lui. Je partis donc de Lyon en cette intention le [4] mars 1659, et, en disant adieu à ma femme, je remarquai en son visage un changement qui me donnoit de l'appréhension, y trouvant la couleur extrêmement mauvaise et les yeux enfoncés. Je lui dis que je ne la voulois pas laisser en cet état, croyant qu'elle étoit malade. Elle me répondit qu'elle ne s'étoit jamais mieux portée et étoit plus contente qu'une reine, et n'avoit autre déplaisir que de me voir partir par un mauvais temps. Sa

1. Vimy est l'ancien nom de Neufville-sur-Saône, ch.-l. de cant., arr. de Lyon. Camille de Neufville, archevêque de Lyon, y possédait le château d'Ombreval, où il reçut, en 1659, Louis XIV et la cour de France.

réponse m'ayant un peu remis, quoique mon cœur fût outré de douleur et saisi de crainte qu'elle fût plus malade qu'elle ne pensoit, je me résolus finalement au départ, dans l'espérance de faire diligence et d'être de retour auprès d'elle le quatrième jour. Je lui dis donc adieu. A peine nous pouvions nous séparer, comme s'il se fût été un présage que ce fût pour la dernière fois. Ma seule consolation étoit en l'affection et amitié qu'avoit Mlle du Monceau[1] pour elle et au soin qu'elle en prendroit en mon absence, sachant aussi la confiance qu'elle avoit en elle.

Ayant dîné avec M. l'Archevêque à Vimy et fait l'affaire de M. de l'Isle, nous allâmes coucher à Belmont, d'où je partis, le lendemain, avec M. du Monceau. Je vis Mme [de Chevriers] à la Flachère[2], dînai à Thizy, et arrivai le même jour à Vougy, château de M. le baron de Lugny. M'ayant civilement reçu le lendemain matin, que je lui comptai la partie de six mille livres, il me bailla quittance générale, reçue par Debilly, notaire royal, et déchargea de mes paiements l'original de la

---

1. Anne Piochon, fille de Jean Piochon, marchand, et d'Anne Ribou, baptisée, le 19 novembre 1637, à Jargeau, eut pour parrain François Gangnières, père de Souvigny, et pour marraine Jacquette Gaucher. Elle était sœur des frères du Monceau, dont parle Souvigny, notamment p. 307. On la trouve sept fois marraine dans les registres paroissiaux de Jargeau de 1656 à 1675. En 1668, elle est qualifiée dame Anne du Monceau.

2. La Flachère, comm. de Saint-Vérand, cant. du Bois-d'Oingt, arr. de Villefranche, Rhône. Château possédé, en 1659, par François de Chevriers, ancien mestre de camp du régiment de la Motte-Houdancourt. Il doit s'agir ici de sa femme, dont le nom est en blanc dans le manuscrit, Claudine de Varennes, qu'il épousa en 1629, fille d'Antoine, seigneur de Rappetour et d'Antoinette de Rancé-Gletteins.

transaction qu'il a passée avec messire Melchior de Saint-Chamond, en vertu de laquelle il avoit hypothèque spéciale sur la terre de Grézieu. Cela fait, je pris congé de lui et m'en allai loger à Tarare[1], où je n'étois pas encore bien endormi que M. du Monceau me vint dire qu'il avoit des nouvelles à me donner de ma femme, et qu'il avoit fait préparer des chevaux de poste. Je lui demandai s'il y avoit quelque chose de pressé. Il me dit que oui, que Mlle Bay[2] avoit envoyé en poste un de ses gens pour m'avertir que ma femme étoit extrêmement malade, ce qui m'ayant grandement surpris et mis en grande peine, je montai à cheval, et, étant arrivé sur le haut de Fleurieu[3], près de la Bresle, environ deux heures devant jour, je remarquai une étoile d'une effroyable manière qui me donna grande appréhension pour ma femme. Le jour commençoit à paroître quand j'arrivai à la porte de Vaise[4]. Le commis dit à celui que j'envoyai qu'il avoit eu ordre de m'attendre toute la nuit, les clés à la main, pour me l'ouvrir à mon arrivée, ce qui me donna encore plus mauvaise opinion.

En mettant pied à terre, je trouvai à la porte de notre logis M. Beaux, qui me dit que ma femme étoit décédée le jour d'auparavant, jeudi 6e mars 1659. Dieu sait combien funeste me fut cette nouvelle. Je courus de toute ma force dans notre chambre où je trou-

1. Tarare, ch.-l. de cant., arr. de Villefranche, Rhône.
2. On trouve, quelques années plus tard, dans l'*Armorial général : Lyonnais*, une Marianne Bay, femme de Jean de la Praye, trésorier général au bureau des finances de Lyon.
3. Fleurieu-sur-l'Arbresle, cant. de l'Arbresle, arr. de Lyon.
4. Vaise, faubourg de Lyon, sur la route de Tarare.

vai son corps, le visage blanc comme la neige et vermeil comme des roses. Après l'avoir baisée et fondu en larmes et en sanglots, l'on me retira dans ma chambre qui est sur la rivière de Saône. Étant un peu revenu à moi, j'envoyai prier M. le président Sève[1], qui étoit parent de feu ma femme, que Dieu absolve! et mon ami intime, de venir me voir. Je lui demandai son conseil et son assistance en cette triste occasion, et le priai de faire avec Messieurs les curés et chanoines de Saint-Paul[2] qu'il me fût permis de faire porter le corps de ma femme pour être inhumé en l'église de Souvigny, m'étant ressouvenu qu'elle avoit une particulière dévotion à Notre-Dame, la trouvant toujours au pied de l'autel qui lui avoit été dédié, en prières, toutes les fois que je la surprenois au retour de mes voyages, sans pourtant savoir ce que j'ai appris environ quinze jours après, à l'ouverture de son testament, par lequel elle avoit ordonné que son corps fût inhumé au pied dudit autel de Notre-Dame en l'église de Souvigny.

Pendant que M. le président Sève alla trouver Messieurs de Saint-Paul, auxquels il offrit de ma part

---

1. Guillaume de Sève, seigneur de Laval, succéda à son père, comme premier président au parlement de Dombes, par lettres de provisions du 22 mars 1653. Sa mère, Hélène de Villars, était fille de Balthazar, président en la sénéchaussée et siège présidial de Lyon, puis premier président au parlement de Dombes (*Généalogie de la famille de Villars*, par H. de Terrebasse).

2. Saint-Paul, église collégiale et paroissiale à laquelle l'église Saint-Laurent était annexée. Le chapitre était composé de dix-huit chanoines, dont trois possédaient les dignités de chamarier, de chantre et de sacristain-curé.

leur payer leur droit, comme si le corps y eût été enseveli, et qu'il en eût obtenu ma demande, j'envoyai en poste à M. l'archevêque de Vienne et à M. de Villars, oncles de feu ma femme, et à MM. de la Forest, pour les avertir de son décès, donnai ordre d'avoir toutes les choses pour les funérailles, un drap de velours noir avec une croix de satin blanc sur le cercueil, fis porter le corps dans une salle du logis, tapissée de noir avec flambeaux, bénitier, et des prêtres dont il y en avoit ordinairement deux auprès du corps.

Plusieurs de mes amis, qui m'étoient venus visiter et prendre part à mon affliction, s'étant retirés à l'entrée de la nuit, j'eus loisir de faire réflexion sur ma perte indicible, et, ignorant la cause de cette inopiné malheur, n'ayant été que quatre jours à mon voyage, je m'informai de Mlles Bay et du Monceau, qui me dirent que ma pauvre femme étoit morte d'un médicament qu'une maudite créature lui avoit donné, lui disant que c'étoit un remède pour avoir des enfants, qu'elle s'étoit cachée d'elles pour le prendre, et s'étoit seulement servie d'une de nos servantes. Il falloit bien qu'elle s'imaginât qu'il y eût du péril à s'y exposer, puisqu'auparavant elle voulut faire sa confession générale et se communier. M. ***[1], qui a une dignité à Sainte-Croix[2], m'a dit qu'elle fit l'un et l'autre avec une dévotion admirable.

---

1. Le nom est en blanc dans le texte.
2. Sainte-Croix, première paroisse de Lyon, était unie à l'église primatiale dont elle faisait partie, et était desservie par deux curés, qualifiés custodes-curés de Sainte-Croix en l'église de Lyon, et par quatre vicaires.

A son retour au logis, ayant pris cette malheureuse boisson, elle fut attaquée au cœur et d'un dévoiement continuel qui lui ôta entièrement ses forces, sans se plaindre autrement, sinon qu'elle dit, à ce que Mlle Bay m'a rapporté, qu'elle avoit fait une grande faute, ce qui lui fit présumer que c'étoit de l'avoir pris sans l'avis du médecin ni autre personne en qui elle pût avoir confiance, mais seulement sur le bruit commun que cette détestable femme avoit donné de bons remèdes à plusieurs autres femmes pour avoir des enfants, ce qu'elle désiroit passionnément, plutôt pour ma satisfaction que pour la sienne. Néanmoins, elle se gardoit bien de se hasarder aux remèdes qu'en mon absence, pour ne me fâcher, d'autant que n'y voulois pas consentir, craignant de la perdre, et ne l'ai su que deux ans après, qu'elle me l'avoua, qu'elle avoit fait venir un médecin de Piémont à Souvigny pour ces intentions, lorsque j'étois à Paris. Ceux que nous avions consultés ensemble avoient conclu qu'elle s'étoit gâté les reins par les efforts qu'elle avoit faits, en soutenant feu M. du Chol, son père, dans une grande maladie, sans souffrir qu'autre personne le servît.

Ainsi, je n'avois d'autre motif que la conservation de sa santé. Je trouvois en sa personne tout ce que je pouvois souhaiter au monde, ne croyant pas y pouvoir être plus heureux et content, quand bien nous eussions eu des enfants, et, pour lui ôter tout soupçon d'en avoir la pensée, lorsque j'en rencontrois quelqu'un en sa présence, je m'en détournois la vue, afin qu'elle ne crût pas que j'y eusse intention, croyant que cela pouvoit augmenter son déplaisir d'en être peinée. Aussi étois-je bien obligé d'avoir de la complaisance pour une si vertueuse, si bonne et si aimable personne, [qui] faisoit son plaisir à me plaire; et, bien loin de me contredire en la moindre chose, elle avoit cette obligeante coutume de présenter adroitement si j'avois agréable quelque proposition qu'elle m'eût voulu faire, auparavant que s'en déclarer; de lire toutes mes lettres qui lui tomboient entre les mains pour me faire voir ce qui me pouvoit contenter, et donner promptement ordre aux autres choses, ainsi qu'il étoit nécessaire, sans m'en faire rien connoître qu'après que la chose étoit faite. Cette fidèle servante de Dieu, zélée au service de Notre-Dame, qui se confessoit et communioit presque tous les huit jours fort dévotement, étoit si charitable que je ne lui ai pas vu perdre une seule occasion d'excuser les fautes d'autrui, s'il lui étoit loisible et qu'elle eût raison de le faire. Jamais ouïe médire de personne, prudente et diligente aussi bien que prévoyante aux affaires, sans emportement, l'esprit pressant et modéré, peu de paroles et beaucoup d'édification, il m'est impossible d'exprimer les effets de sa fidèle amitié. Je dirai seulement qu'elle ne pouvoit souffrir personne entre nous deux, ni s'éloigner de moi non plus que l'ombre fait le corps.

Dans le plus sensible de ses déplaisirs de me voir partir à l'armée, elle m'a souhaité la goutte par plusieurs fois, et à elle une jambe rompue, pour demeurer tous deux ensemble, et proposé souventes fois de vendre notre bien pour nous acheter quelque charge sédentaire, puisque je ne pouvois vivre content sans emploi, toute occupation et climats lui étant indifférents, pourvu que nous ne fussions pas séparés. Il est souventes fois arrivé qu'après nous être promenés trois ou quatre heures dans la salle de Souvigny et qu'on nous venoit dire qu'on avoit servi, que la soupe étoit froide, nous disions : « Faisons encore un tour, » et, en après, passions quelques heures sans s'en apercevoir, ne pouvant finir nos discours qui n'étoient pas d'affaires domestiques, un quart d'heure par jour pouvant suffire pour notre famille, ni des nouvelles du grand monde, ni de notre voisinage, car nous parlions peu du prochain. Semblables entretiens ne sauroient être imaginés que par des personnes qui aiment fidèlement et sincèrement, comme nous faisions.

Je n'étois guère moins obligé à feu ma pauvre femme, que Dieu absolve! de sa bonté envers mes frères qu'elle aimoit autant ou plus que les siens propres, spécialement mon frère de Champfort, qui abandonna ses affaires d'importance pour l'accompagner en Piémont, et, à son retour, de Quérasque à Pignerol, et qui avoit pour elle une tendresse toute particulière. Sa vie est un exemplaire de vertu et de bonté envers un chacun. Ses réprimandes à ses servantes en particulier, sans leur rien dire devant le monde, sembloient aux remontrances d'une bonne mère à ses filles : aussi en étoit-elle servie avec respect et fidélité. Il y avoit peu d'avocats plus propres à terminer de petits différends, son inclination à la paix et sa capacité dans les affaires la faisant heureusement réussir en celles de nos sujets de Souvigny et de Viricelles, les empêchant de se chicaner. Ils louoient Dieu d'avoir une dame si charitable.

Madame Royale de Savoie l'avoit toujours bien traitée et reçu dans son cabinet, comme elle eût pu faire une ambassadrice, lui ayant souventes fois fait l'honneur de prendre son avis en des occasions importantes, lui donnant rendez-vous pour la voir à cette intention dans le monastère des Carmélites, à Turin, pendant que j'étois dans la citadelle, et, quoiqu'elle la fît prier souvent au bal et qu'elle sût bien danser, elle n'y voulut aller qu'une fois qu'elle crut faire plaisir à Madame Royale, qui donnoit le bal à la reine de Suède[1]. Aussi n'étoit-elle point mêlée parmi les brouilleries des dames de la Cour. Elle n'y paroissoit que pour contribuer sa bonne volonté et entremise aux accommodements.

Ces tristes pensées et plusieurs autres que je ne puis écrire, qui étoient souvent interrompues par mes soupirs et sanglots, ayant occupé mon esprit toute la nuit sans me permettre autre consolation que le souvenir de la bonne vie de feu ma chère défunte femme, ce qui me fait croire que sa fin aura été agréable à Dieu et par conséquent qu'elle est bienheureuse, au point du jour, qui étoit le samedi 8e mars, je commençai à me préparer pour faire porter le corps de feu ma chère femme, que Dieu absolve! à Souvigny, et le fis mettre sur un brancard, couvert de drap noir, et les chevaux aussi. M. le doyen de Saint-Pierre, mon beau-frère[2], m'ayant joint à ma sortie de Lyon, voulut aussi accompagner le corps de sa sœur, lequel je fis mettre dans l'église d'Yseron[3], et fis faire les prières durant la

---

1. Voy. p. 286.
2. Melchior Harenc de la Condamine : voy. p. 131.
3. Yseron, cant. de Vaugneray, arr. de Lyon, et à vingt-huit kilomètres de cette ville.

dînée de nos gens. Je fis faire aussi une station au droit de l'église d'Aveize[1], dont le curé fit les prières, et je trouvai celui de Souvigny à l'entrée de sa paroisse avec la croix, son vicaire et tous ses paroissiens, qui vinrent recevoir le corps qui fut porté en l'église de Souvigny, où se fit le service solennellement le lendemain, y ayant assisté la plupart du clergé des environs, mondit sieur le Doyen, M. de Trocezard, son frère, M. de Bournat[2], MM. de Clérimbert et de la Menue et plusieurs autres de nos amis. Le corps de feu ma femme fut inhumé en la sépulture au pied dudit autel de Notre-Dame, à Souvigny, ainsi qu'elle avoit ordonné.

Après ces derniers devoirs, je ne pensai plus qu'à prier Dieu, donner l'aumône pour elle et donner des marques de mon amitié à sa mémoire. Je fondai une messe à ladite chapelle Notre-Dame tous les jeudis, jour de son décès, à son intention ; et, pour la messe que nous avions fondée tous les mardis à Longes, j'obtins ordre de Monsieur notre Archevêque, et consentement du curé de Longes, de la transférer à Souvigny, où je la fondai, baillant le domaine qui fut de Laurent Dumoulin pour l'entretien de ladite fonda-

---

1. Aveize, cant. de Saint-Symphorien-sur-Coise, à quarante et un kilomètres de Lyon et à six kilomètres de Grézieu-Souvigny. L'église, dédiée à saint Pierre, fut reconstruite plus tard, sauf le clocher. Voy. *Notice du canton de Saint-Symphorien-le-Château*, par Cochard, p. 141.

2. André Tricaud, seigneur de Sury-le-Bois, Bournat et le Piney, conseiller du roi, lieutenant criminel au bailliage et sénéchaussée de Forez, épousa Françoise de Vinolz et mourut en 1672. Sa petite-fille, Jeanne-Françoise de Laurencin, épousa, en 1689, le deuxième fils de Souvigny, Jean-Louis-Alexandre.

tion du mardi et celle du jeudi, et, quant à la pension de trente livres que me devoit Jean Journaux, du village de Marlin, paroisse de Longes, que j'avois hypothéquée pour l'entretien de ladite fondation du mardi à Longes, je la donnai à Mlle de Marlin[1], tante de feu ma femme, que Dieu absolve! et retirai et mis en pension chez M. le curé de Souvigny le fils aîné de sa fille et de M. de Curnieu[2], pour lui faire apprendre à lire et à écrire aussi bien que les bonnes mœurs, étant homme de piété et de vertu auprès duquel il pouvoit profiter beaucoup.

Je fis marché avec le sieur Mimerel, sculpteur de la maison de ville de Lyon, de l'épitaphe en lettres d'or qu'il a posée en ladite chapelle. Je fis aussi marché avec le sieur Acquin du retable et autres ornements de ladite chapelle, avec Maître Brasier des barreaux de fer qui la ferment, et avec .....[3] du lambris. Je fis mettre un dais de velours noir au-dessus de l'autel et le parement de même étoffe, aussi bien que la chasuble, avec des croix de satin blanc, avec nos armoiries, donnai une lampe et des burettes d'argent, et autres ornements dont je chargeai Jean Gauthier, autrement dit Matillon, pour lors consul dudit lieu. M. Julien Escot m'ayant transporté le droit de nomination de la prébende du depuis, qui lui avoit

---

1. Marie du Chol, dite Mlle de Marlin, du nom d'un hameau de Longes, fille de Claude Ier du Chol et de Gabrielle de la Forest, épousa Pierre de Saint-Priest de Fontanès, seigneur d'Albuzy, qui testa le 7 juillet 1625. Voy. p. 238.

2. Hélène de Saint-Priest, fille de Marie du Chol, était mariée à Pierre Dalmais, écuyer, seigneur de Curnieu.

3. Le nom est en blanc dans le manuscrit.

été cédée par M. Jean Derolle, je la lui conférai à lui-même, et le nommai en même temps pour desservir lesdites fondations.

Mon frère l'Abbé et Mlle du Monceau, qui m'avoient toujours assisté, s'en étant retournés au pays[1], je restai tout seul et me résolus à établir mes affaires de sorte qu'elles ne puissent dépérir en mon absence, et, ayant mis tout l'ordre dont j'étois capable dans mon extrême affliction, je partis de Souvigny, le 29e juin 1659, pour aller au rencontre de M. le cardinal Mazarin, qui étoit parti de Paris pour se rendre aux frontières d'Espagne et de France, et traiter la paix entre les deux couronnes. Par l'avis que M. de Chamarande[2] m'avoit donné de sa marche, je pris mes mesures en intention de le joindre à Poitiers. Je passai à Boën, l'Hôpital, la Pauze, couchai chez M. de la Verchère d'à présent[3], feu Monsieur son père, mon très cher ami, étant décédé, de là à Clermont, Pontgibaud, Pontaumur, Saint-Victor, la Chapelle-Taillefert[4], la Souterraine[5], Montmorillon. M. du Monceau étoit aussi avec moi, et un valet à cheval avec un laquais.

En arrivant à Poitiers, j'appris que M. le Cardinal en étoit délogé pour aller loger à Couhé[6]. Je pris cette route et m'en allai loger à un demi quart de lieue de

---

1. C'est-à-dire à Jargeau.
2. Clair-Gilbert d'Ornaison, comte de Chamarande, gouverneur de Phalsbourg et Sarreguemines, premier maître d'hôtel de Mme la Dauphine, mourut en 1691.
3. Charles de Tournebise, seigneur de la Verchère, fils de Gabriel (voy. p. 201), décéda avant le 28 décembre 1665.
4. Saint-Victor et la Chapelle-Taillefert, cant. de Guéret.
5. La Souterraine, ch.-l. de cant., arr. de Guéret, Creuse.
6. Couhé, ch.-l. de cant., arr. de Civray, Vienne.

Couhé, dans une maison d'un ami du comte de Vivonne[1], où j'avois dîné, sachant la difficulté qu'il y a de trouver logement à la Cour quand on arrive tard.

Le lendemain, je me rendis de bonne heure à Villefagnan[2], en Saintonge, où M. le Cardinal étant arrivé me fit l'honneur de me bien recevoir, MM. le maréchal de Villeroy et l'archevêque de Lyon étant dans sa chambre avec Don Antoine Pimentel[3], envoyé du roi d'Espagne.

Les maréchaux des logis me logèrent tout seul, pour ce jour-là, et me comptèrent le lendemain, que nous allâmes loger à Barbezieux, avec M. de la Guillotière[4], maréchal de camp, mon ami, continuant ainsi le long de la route à Guîtres[5], Cadillac, Captieux[6], Mont-de-Marsan, Dax, où il y a une fontaine d'eau bien chaude, [et] dont M. de Poyanne[7] est gouverneur,

---

1. Louis-Victor de Rochechouart, comte, puis duc de Vivonne (1636-1688), fils de Gabriel, duc de Mortemart, et de Diane de Grandseigne, maréchal et général des galères de France, devint duc de Mortemart à la mort de son père, en 1675.
2. Villefagnan, ch.-l. de cant., arr. de Ruffec, Charente.
3. Don Antonio-Alonso Pimentel de Herrera y Quinones, comte de Benavente, négocia la paix des Pyrénées pour le roi d'Espagne, avec Don Luis de Haro, et mourut à Bruxelles en 1671.
4. Michel d'Aits de la Guillotière, maréchal de camp en 1646, mourut en 1664. Il commanda dans Landrecies en 1655.
5. Guîtres, ch.-l. de cant., arr. de Libourne, Gironde.
6. Captieux, ch.-l. de cant., arr. de Bazas, Gironde.
7. Henri de Baylens, marquis de Poyanne, sénéchal des Landes de Bordeaux, gouverneur de Navarreins et de Dax, et lieutenant général en la principauté de Béarn, chevalier des

à Bayonne, où étant logé chez M. Daguerre, M. de Monségur, de Ciboure, près de Saint-Jean-de-Luz, qui étoit son ami, me pria de loger chez lui, quand Son Éminence iroit à Saint-Jean-de-Luz. J'y trouvai de la difficulté, parce que sa maison étoit une des plus considérables du lieu. Mais, néanmoins, les maréchaux des logis me l'ayant marquée pour moi seul, nous fûmes ainsi séparés, M. de la Guillotière et moi, non d'affection, qui a toujours continué entre nous jusqu'à son voyage de Gigeri[1], d'où se retirant avec l'armée, de laquelle il étoit maréchal de camp, dans un vaisseau nommé *la Lune*, avec quelques compagnies de Picardie, comme il vit que le vaisseau alloit être submergé, ne sachant pas nager, il dit : « S'il y a quelqu'un de vous autres, Messieurs, qui se puisse sauver, il pourra dire que la Guillotière a su bien mourir », et, s'étant enveloppé dans son manteau, il se jeta en la mer. Voilà la tragique fin dont je suis bien marri. Le vaisseau s'étant enfoncé, tous ceux qui étoient dedans furent noyés, excepté dix-huit soldats qui se sauvèrent à la nage.

J'estimerois superflu de faire la description de Bayonne, clé de France du côté des monts Pyrénées, étant connue pour l'un des meilleurs ports de mer.

---

ordres du roi, fils de Bernard et d'Anne de Bassabat de Bordéac, mourut en 1667.

1. Djidjelli, ville maritime d'Algérie, arr. de Bougie, dép. de Constantine, fut prise par le duc de Beaufort en 1664, dans le but d'y créer un établissement français. La garnison de quatre cents hommes, qui y fut laissée sous les ordres du comte de Gadagne, fut massacrée par les indigènes, redevenus maîtres de la ville.

M. le maréchal de Gramont[1], qui en est gouverneur, a bien fortifié le château. Il seroit à désirer de réparer la ville, où il y a quelques défauts. Les bourgeois sont en grand nombre et bien armés. En cas d'alarme, les communes du pays y doivent jeter mille hommes d'élite. M. le maréchal de Gramont me fit l'honneur de m'y bien recevoir, nous ayant toujours fait celui d'aimer toute notre famille, spécialement mon frère de Champfort.

Durant les sept ou huit jours que nous demeurâmes à Bayonne, il fut résolu que Son Éminence iroit à Saint-Jean-de-Luz, et Don Louis d'Haro[2], plénipotentiaire d'Espagne, à Fontarabie. Y étant arrivé, M. de Monségur me mena en son logis qu'il avoit fait marquer pour moi, bien plus commode et plus spacieux qu'il ne m'appartenoit. J'avois encore plus d'avantage de sa conversation; car c'étoit un fort honnête homme.

Saint-Jean-de-Luz est un grand village ouvert, environ de la grandeur de Roanne, séparé de Ciboure, autre bourgade opposée à Saint-Jean-de-Luz de l'autre côté du canal ou port de mer, par le canal qui leur sert de bon port, d'environ deux cents pas de large, sur lequel l'on a bâti un fort beau et solide pont, au lieu de celui qui étoit plus bas que les pèlerins appeloient Pont-qui-tremble. Au-dessus dudit pont et milieu du canal on a bâti un couvent de Récollets, avec

1. Voy. t. 1, p. 352.
2. Don Luis de Haro (1599-1661), ministre espagnol, neveu du comte d'Olivarès, lui succéda en 1643. Le marquisat de Carpio fut érigé, en sa faveur, en duché-grandesse. Le comte de Souvigny fut reçu à dîner par don Luis de Haro à Fontarabie. (*Gazette*, année 1659, p. 842.)

une belle église dédiée à Notre-Dame de la Paix, pour la faire et maintenir entre ces deux grandes bourgades, où l'émulation et l'inimitié étoient en règne à cause de leur trafic si grand qu'elles ont eu jusqu'à près de cent vaisseaux, d'environ vingt pièces de canon chacun, avant la guerre, et leur en restoit encore environ vingt. Celui de l'hôte de M. le maréchal de Villeroy lui donna trente-cinq mille francs de profit de son voyage; le mien eut dix-huit mille francs du sien. Leur grand commerce est en Terre-Neuve, dont ils apportent des morues et merluches, et aux pêches de baleines, pour lesquelles ils vont quelquefois vers les mers glaciales, et en tirent beaucoup [plus] d'utilité qu'auparavant, depuis l'invention qu'a trouvée un Basque de faire fondre les graisses des baleines dans leurs vaisseaux, ce que jusqu'alors l'on avoit estimé impossible, et qu'ils ne pouvoient fondre à terre depuis que les Anglois et Hollandois les avoient chassés des habitations qu'ils avoient faites en ce pays-là [1], étant contraints d'apporter les graisses, qui se fondoient en partie en leur longue route. Ce Basque faisoit [2] suspendre les grandes chaudières en l'air, de telle façon qu'encore bien que les vaisseaux, agités des vents, penchâssent d'un côté ou d'autre, elles demeuroient néanmoins droites, en ligne perpendiculaire, et, pour empêcher les grands feux et les bri-

1. Verazzano avait déclaré Terre-Neuve possession française en 1524. Les Anglais s'emparèrent de l'île en 1583 et les Français ne la reprirent qu'en 1701. Ce fut la paix d'Utrecht, en 1713, qui limita définitivement le droit de pêche des Français au rivage appelé le *French Shore*.
2. Il y a *faisant* dans le texte.

quets échauffés de mettre le feu aux vaisseaux, il modéroit leur chaleur, les arrosant quand il étoit nécessaire.

L'évident profit de cette nouvelle invention ayant été connu à la Cour, l'on fit un parti avec pouvoir aux partisans d'empêcher qu'il n'entrât aucune huile de baleine en France sans sa permission; sur quoi, il voulut traiter avec les Basques, à condition qu'ils lui fourniroient une certaine quantité de tonneaux de ladite huile dans les ports de Bayonne, Bordeaux, Nantes, Saint-Malo, Rouen, Calais, Agde, Arles, Marseille et Toulon, à vil prix, ce que n'ayant pas voulu faire, disant qu'ils n'étoient pas assurés des vents pour conduire leurs vaisseaux auxdits lieux et qu'ils ne pouvoient vivre, baillant leurs huiles à si bon marché, sur quoi M. de Monségur, mon hôte, ayant harangué M. le Cardinal, lui présentant une requête de la partie de Basque, il les renvoya au retour de la Cour à Paris.

Puisque nous sommes sur le discours des baleines, je dirai comme on les prend aux côtes de Basque, environ le mois de septembre, qu'elles se viennent frotter la tête contre les rochers, pour en ôter de petites bêtes qui les incommodent. L'on met des sentinelles sur les pointes de terre ou caps plus haut avancés dans la mer. Lorsqu'ils[1] crient : « Baleine! », sitôt qu'ils les aperçoivent à la pluie qu'elles jettent en haut, alors les chaloupes préparées vont après. La plus avancée n'est point empêchée par ceux qui la suivent. L'ayant approchée, on lui donne un coup de dard, dont le

---

1. *Ils* mis pour *elles*, les sentinelles.

bout est fait comme celui d'une flèche à la turque, attaché à une corde. Il pénètre facilement dans le corps de la baleine, dont la peau est fort mince, et n'en peut sortir. Quand elle se sent blessée, elle fait un effort de la queue, qui coupe quelquefois des chaloupes, va au fond et, s'étant relevée, va à la terre la plus proche, où étant achevée de tuer, la graisse est séparée dans la chair que l'on donne à de pauvres gens, et [on] fond la graisse en huile.

L'on en prit une, du temps que nous étions à Saint-Jean-de-Luz, qui étoit fort grande, quoiqu'on dit qu'elle n'avoit pas plus de dix ou onze mois.

Pendant les allées et venues des envoyés de M. le Cardinal à Don Louis d'Haro, et de lui à Son Éminence, pour convenir d'un lieu de se voir, je priois à dîner, dans mon logis, M. le président de Chamousset[1], envoyé de la part de Son Altesse Royale de Savoie à M. le Cardinal, et M. le comte de Sannazare[2], de Son Altesse de Mantoue. Étant hors de table, je leur dis qu'étant serviteur de leurs maîtres et le leur, j'avois eu la pensée de les mettre ensemble, afin qu'ils se puissent aboucher et peut-être convenir ensemble de leurs faits en particulier, sachant bien l'intention de leurs maîtres, afin d'en demeurer d'accord par la

---

1. Claude-François de Bertrand, seigneur de Chamousset, baron de Gilly, gouverneur de Chieri, fils d'Amédée et de Charlotte de Chevron, fut président du conseil de Madame Royale, ministre d'État, deuxième président au sénat de Savoie, ambassadeur en France et plénipotentiaire au traité des Pyrénées. Il testa en 1667.

2. Le comte San-Nazaro fut ministre résident du duc de Mantoue en France en 1658 (*Histoire généalogique de la maison royale de Savoie*, par Guichenon, t. III, p. 164).

médiation de M. le Cardinal, que je n'étois pas si téméraire de croire que j'y puisse contribuer autre chose que ma bonne volonté et mes désirs de voir la paix bien établie entre leurs États, où j'ai longtemps servi le Roi à la satisfaction des deux princes, et me retirai en fermant la porte, pour empêcher que leurs entretiens ne fussent interrompus, et les revins trouver environ quatre heures après. Je reconnus qu'ils étoient convenus de quelque chose et non de tout. Après cela, ils se virent et se parlèrent toujours fort civilement. Nous nous voyions souvent M. le président de Chamousset et moi, mon logis joignant le sien.

M. le Cardinal et Don Louis d'Haro étant convenus de s'assembler dans l'île que les Basques appeloient Béhobie, et les Espagnols l'île des Faisans, en la rivière de Bidassoa[1], qui sépare la France de l'Espagne, pour faire la paix entre les deux couronnes, Son Éminence nous ordonna, M. de Chouppes[2] et moi,

---

1. Le lit de la Bidassoa s'élargit au hameau de Béhobie et forme plusieurs îles, dont l'île des Faisans ou de la Conférence. Presque à fleur d'eau, cette île est maintenue par des pilotis, réparés notamment en 1861 par les soins de Napoléon III et de la reine Isabelle, ainsi qu'en témoigne une plaque commémorative. Le hameau de Béhobie, sur la rive droite de la Bidassoa, à l'extrémité du pont international, appartient à la comm. d'Urrugue, cant. de Saint-Jean-de-Luz, arr. de Bayonne, Basses-Pyrénées. La description de l'île de la Bidassoa est donnée dans la *Gazette*, année 1659, p. 847.

2. Aymar de Chouppes, baron du Fau, chevalier de l'ordre du roi, conseiller d'État d'épée, mestre de camp de deux régiments, lieutenant général des armées du roi, lieutenant de roi en Roussillon, gouverneur de Belle-Isle, fils de René et de Catherine Goyer, naquit vers 1612 et mourut vers 1673. Il écrivit des *Mémoires* (1625-1660), qui ont été publiés en 1753,

d'en aller partager le terrain avec MM. de Batteville[1] et Pimentel, que Don Louis y envoya. Nous y fîmes faire les bâtiments de la conférence et ponts de bateaux. La longueur de cette île est de quatre cent quarante-huit pieds et de quarante-six en sa plus grande largeur. Les bâtiments [furent] de semblable hauteur, longueur, largeur, pour observer l'égalité entre les couronnes, savoir : pour chaque plénipotentiaire, une salle de trente-six pieds de long, chambre de vingt-quatre, antichambre de dix-huit, sur quinze pieds de large, avec une galerie pour aller à la chambre de la conférence, qui est de vingt-quatre pieds carrés, et une cour de semblable grandeur, pour empêcher d'entendre ce qui se disoit à la conférence. Personne n'y pouvoit entrer, non plus que dans les galeries par lesquelles ces Messieurs alloient à couvert dans la chambre de la conférence, partagée par la moitié, où chacun avoit sa porte, tapisserie, marchepied, siège, table et fenêtre, le tout d'égale grandeur, et [ils] prenoient si justement leurs mesures qu'ils y entroient tous deux en même temps.

Il n'y avoit point de fenêtre entre les autres bâtiments et la distance d'entre eux étoit faite à dessein

et réimprimés avec ceux du maréchal de Navailles, par Moreau, en 1861.

1. Don Carlos, comte de Corvierre, appelé le baron de Batteville par les historiens, fils de Nicolas de Watteville, marquis de Versoix, et d'Anne de Grammont, d'une famille franc-comtoise, fut gouverneur de Bourg, en Guyenne, pour les Espagnols, en 1652, maréchal de camp dans la révolution de Naples, capitaine général de la Catalogne, gouverneur du Guipuzcoa et de Saint-Sébastien, ambassadeur de Sa Majesté Catholique en Angleterre en 1661.

de n'avoir point de communication, aussi bien que la clôture qui sépare la distance d'entre les deux ponts de bateaux, où l'on mettoit le pied à terre, afin de pouvoir aller chacun dans son appartement, sans se voir ni entendre, pour éviter les accidents qui sont arrivés autrefois, en ce pays, aux entrevues des rois de France et d'Espagne, à cause de l'antipathie des deux nations[1]; et, pour empêcher le désordre, nous n'entrâmes que soixante François et soixante Espagnols dans l'île, à la première conférence, nommés par les plénipotentiaires.

Pendant la seconde conférence, plusieurs Espagnols eurent la curiosité de nous voir à notre appartement et, après avoir monté sur la clôture de séparation à cette intention, ils vinrent en chaloupe aborder notre pont de bateaux, sans que pas un de nous s'avançât, parce que M. le Cardinal avoit défendu de leur point parler; mais, à la fin, nous crûmes qu'il étoit de la civilité de les aller recevoir, comme nous fîmes, et, les ayant conduits à l'appartement de Son Éminence, et leur fait faire collation, ils se retirèrent fort satisfaits de nous, qui leur ayant rendu la visite incontinent après, ils nous reçurent avec beaucoup d'honnêteté. Nous nous mêlâmes si bien les uns parmi les autres que Messieurs les plénipotentiaires, ayant informé de ce

---

1. Il y eut sur la Bidassoa, en 1463, entre Louis XI, Henri IV, roi de Castille, et la reine d'Aragon une entrevue où le faste excessif du roi de Castille et la simplicité affectée du roi de France furent pris, de part et d'autre, en mauvaise part. En 1526 eut lieu, sur une barque, près du même lieu, l'échange du roi François Ier et ses deux fils. Enfin, en 1615, se fit l'échange d'Élisabeth, fille de Henri IV, destinée à Philippe IV, et d'Anne d'Autriche, destinée à Louis XIII. Voy. t. I, p. 29.

qui s'étoit passé en ce premier rencontre, [et pensant] que la suite en seroit de même, firent abattre les clôtures de séparation et entrer dans l'île tous ceux qui s'y présenteroient. Alors, on connut bien que l'esprit de paix étoit parmi nous, car il n'y eut de sorte de gracieux traitement que les deux nations ne se fissent l'une à l'autre.

M. de Chouppes fit faire notre pont de bateaux pendant que je dessinai et fis faire les bâtiments, les sieurs de Batteville et Pimentel s'en étant rapportés à moi quant au dessin. Après quoi, chacun fit son ouvrage séparément. Nous commençâmes le 4e d'août 1659 et achevâmes le 12e en suivant[1].

Son Éminence et Don Louis y ont tenu vingt-cinq conférences, d'environ cinq heures chacune. La vingt-quatrième fut le 7e novembre. Le traité de paix ayant été signé par Son Éminence et Don Louis, ils firent entrer

---

1. « Cependant (4 août), le comte de Souvigny et le sieur de Chouppes, lieutenant général de l'artillerie, qui avoient ordre d'elle (Son Éminence) de faire dresser plusieurs ponts de bateaux pour faciliter l'entrée de l'Ile de l'Hôpital et des cabanes qui s'y dressoient pour la conférence, s'en acquittoient avec une diligence extraordinaire, comme faisoient aussi le baron de Batteville et le gouverneur de Fontarabie de leur côté de la part de Don Louis d'Aro. » (*Journal contenant la relation véritable et fidelle du voyage du Roy et de Son Éminence pour le traitté du mariage de Sa Majesté et de la paix générale*; Paris, Loyson, MDCLIX, p. 9.) Il est dit plus loin, dans ce journal, que les comtes de Guiche et de Souvigny furent traités avec un superbe appareil, dans Fontarabie, par le duc de Nocare, le 17 août. Dans une autre relation, on lit également à la date du 4 août : « Ce matin, on a envoyé Chouppes et Souvigny visiter l'île et prendre les mesures. » (*Histoire du traité de la paix conclue sur la frontière d'Espagne et de France entre les deux couronnes en l'an 1659*; Cologne, 1665, p. 134.)

dans la chambre de la conférence ce qui se trouva de François et d'Espagnols de condition dans l'île, pour ouïr lire le contrat du mariage du Roi avec l'infante d'Espagne [1]. Don Pedro Coloma [2], secrétaire d'État du Roi Catholique, en ayant fait la lecture, [il] fut signé en même temps par les plénipotentiaires. Les Espagnols en donnèrent la bonne œuvre à Son Éminence, et nous en fîmes nos civilités à Don Louis. Il est vrai que les Espagnols témoignèrent plus de joie de la paix que nous, qui étions presque tous officiers d'armée auprès de Son Éminence, et Don Louis d'Haro n'avoit auprès de lui que des provinciaux [3], excepté les sieurs de Batteville, Pimentel et peu d'autres. La dernière conférence, qui se fit le lundi 10ᵉ novembre 1659, fut seulement pour se donner des présents et se dire adieu.

Il est à remarquer qu'en l'an 1615 se firent les deux changes des deux reines, sur un pont qui fut fait environ cinq cents pas au-dessus de ladite île, savoir de l'infante d'Espagne Anne d'Autriche, qui fut mariée au

---

1. Marie-Thérèse d'Autriche (1638-1683), fille de Philippe IV et d'Élisabeth de France. Le mariage aurait été décidé en novembre 1658, à Lyon, entre Mazarin et un envoyé d'Espagne, alors que le Cardinal feignait de travailler au mariage de Louis XIV avec Marguerite de Savoie. Voy. p. 324.

2. Le contrat de mariage du 7 novembre 1659 fut passé « par-devant moi, Pedro Coloma, chevalier de l'ordre de Saint-Jacques, seigneur des villes de Chozaz, de Cavales et de Yunclillers, du conseil des Indes, secrétaire d'État, écrivain et notaire de la Catholique Royale Majesté ». (*Histoire des traités de paix*, année 1659.)

3. C'est-à-dire : gens du pays ou de la province.

roi Louis XIIIe, et de Madame Élisabeth de France, qui fut mariée à Philippe, roi d'Espagne[1].

Étant en la bibliothèque du couvent des Récollets, entre Saint-Jean-de-Luz et Ciboure, le 3e octobre 1659, j'ai remarqué dans un livre, intitulé de la Croix du Maine[2], [que] Guillaume du Choul, bailli des montagnes du Dauphiné, maître des requêtes, gentilhomme lyonnois, a composé quantité de beaux livres, imprimés à Lyon, l'an 1555[3], et que Jean du Choul, son frère, en a aussi imprimé à Lyon 1565[4].

M. l'abbé d'Aurillac[5] me donna place dans son carrosse depuis Saint-Jean-de-Luz jusqu'à Toulouse, où

1. Voy. t. I, p. 29.
2. François Grudé, sieur de la Croix du Maine, bibliographe, (1552-1592), publia *la Bibliothèque du sieur de la Croix du Maine, qui est un catalogue général de toute sorte d'auteurs qui ont escrit en françois depuis cinq cents ans et plus jusqu'à ce jour d'huy, avec un Discours des Vies des plus illustres entre les trois mille qui sont compris en cette œuvre;* Paris, 1584.
3. Guillaume du Choul ou du Chol, fils de Pierre Chol, fut étudiant à Valence, en 1516, et mourut en 1560. Il écrivit le *Discours sur la castramétation et discipline des anciens Romains;* Lyon, 1555, et le *Discours de la religion des anciens Romains;* Lyon, 1556.
4. Jean, fils du précédent, et non son frère, et de Claire Faure, seigneur de la Jurary, bailli des montagnes du Dauphiné par résignation de son père, en 1560. On a de lui : *De varia quercus historia. Pylati montis descriptio*, authore Jo. du Choul G.-F. Lugdunensi. Lugd., Rouville, 1555; *Dialogus formicæ, muscæ, aramæi et papilionis*, 1556; *Dialogue de la vie des champs*, 1565. Il testa en 1578 et 1598 et fut arrière-grand-père de Mme de Souvigny.
5. Saint-Géraud d'Aurillac était une abbaye de l'ordre de Saint-Benoît, fondée au ixe siècle. Louis Barbier de la Rivière,

nous arrivâmes deux jours avant M. le Cardinal. Le Roi, qui les attendoit, m'ayant fait l'honneur de me traiter favorablement, M. le comte de Nogent[1], qui me faisoit l'honneur de m'aimer, prit son temps de dire des choses à mon avantage, qui furent agréables à Sa Majesté, et, pour m'obliger encore plus, quand M. le Cardinal fut arrivé à Toulouse et que j'étois auprès de lui, il lui demanda si j'avois été à la conférence. Son Éminence lui répondit : « Eh! ne savez-vous pas bien que c'est lui qui l'a fait faire? » avec d'autres paroles obligeantes de l'estime qu'il avoit pour moi, qui désirant profiter du séjour de la Cour à Toulouse pour faire payer à M. le trésorier général de Conserans les arrérages de la pension qu'il devoit à mon beau-frère l'Abbé, je quittai mon bon logis, où je laissai M. du Monceau, pour me loger en un médiocre vis-à-vis du sien, où il étoit avec son frère dans celui qui lui avoit été donné au lieu de sa maison, où étoit logé M. le Cardinal. Je fis tant que j'en arrachai une partie, et laissai M. du Monceau, qui sollicita si vigoureusement l'autre, qu'il me l'apporta à Castelnaudary.

abbé de Fleury-sur-Loire, de Saint-Père-en-Vallée, de Notre-Dame-de-Lire et de la Sauve-Majeure, en était abbé depuis 1648. (*Gall. christ.*, t. II, p. 447.) Voy. t. II, p. 115.

1. Armand de Bautru, comte de Nogent, capitaine des gardes de la Porte en 1651 sur la démission de son père Nicolas (voy. p. 211), fut tué, en 1672, au passage du Rhin. Il avait épousé Diane-Charlotte de Caumont-Lauzun.

SOMMAIRES

DU TOME DEUXIÈME.

Année 1639.

Siège du Chenche (Cengio), p. 1. — Le cardinal de la Valette appelé à Turin par Madame Royale, p. 2. — Combats autour de Turin; levée du siège, p. 3. — Souvigny nommé gouverneur de Quérasque pour le duc de Savoie, p. 4. — Voyage de Turin à Quérasque, p. 5. — Assemblée du conseil de ville de Quérasque, p. 7. — Ruse pour s'emparer du château, p. 8. — Départ du comte Vivalde, ancien gouverneur, p. 9. — État de la défense et dispositions des habitants, p. 10. — Situation de la région avoisinante, p. 12. — Massacre de la garnison de Bène, p. 13. — Souvigny nommé gouverneur pour le roi de France, p. 14. — Le duc de Longueville amène des secours, p. 15. — Prise de la ville de Turin par le prince Thomas et fuite de la régente dans la citadelle, p. 16. — Attaque infructueuse des généraux français contre la ville, p. 17. — Mort du cardinal de la Valette; le comte d'Harcourt lui succède dans le commandement de l'armée, p. 19. — Trêve du 15 août au 15 octobre, p. 20. — Victoire de la Route (la Rotta), p. 21. — Occupation des places du Haut-Piémont, p. 22. — Désarmement des habitants de Quérasque, p. 23. — Observations de Souvigny à ce sujet, p. 24. — Renforcement de la garnison, p. 25. — Bon esprit des habitants, p. 26. — Mesures d'ordre, p. 27.

Année 1640.

Incursion de M. O'Reilly, mestre de camp, dans le marquisat de Novello, p. 28. — Sa retraite, p. 30. — Force de la garnison de Quérasque, p. 31. — Visite de Souvigny au comte d'Harcourt à Poirino, p. 32. — — Préparatifs de défense à Quérasque, p. 33. — Avis des gouverneurs de Savigliano et de Bène, p. 34. — Rassemblement et marche des ennemis, p. 35. — Attaque infructueuse des princes de Savoie contre Quérasque, le 5 mai, p. 36. — Pertes de la garnison, p. 37. — Exécution d'un bandit, p. 38. — Victoire du comte d'Harcourt devant Casal, p. 40. — Il assiège Turin, p. 41. — Manque d'entente entre le prince Thomas et le marquis de Leganez; défense de Casal par M. de la Tour, p. 42. — Mort de M. de Beauregard, oncle de Souvigny, p. 43. — Ses débuts dans la carrière des armes; entreprise contre Genève en 1602, p. 44. — Conduite exemplaire de M. de Beauregard, p. 45. — Il devient successivement enseigne, lieutenant, capitaine et lieutenant-colonel au régiment du Bourg-de-l'Espinasse, p. 46. — Son mariage avec Mlle Ponchon, à l'Arbresle, p. 47. — Ses campagnes jusqu'en 1630, p. 48. — Bienveillance que lui témoigne le Roi, p. 49. — M. de Beauregard conduit des recrues en Piémont en 1630, p. 50. — Il commande les troupes royales dans les Langues en 1635, p. 51. — Nommé maître d'hôtel du Roi, Louis XIII le visite à son passage à l'Arbresle en 1639; son testament, p. 52. — Sa mort, p. 53. — Continuation du siège de Turin, p. 55. — Succès du comte d'Harcourt, à la fois assiégeant et assiégé dans son camp et la citadelle, p. 56. — Mort d'une femme, capitaine de cavalerie dans l'armée ennemie, p. 58. — Emploi des bombes comme courriers, p. 59. — Capitulation de Turin et retraite du prince Thomas; voyage de Souvigny à Casal, p. 60. — Il reçoit l'ordre d'arrêter le comte Philippe d'Aglié, p. 61. — Dispositions prises, p. 62. — Il le conduit à la citadelle de Turin et à Pignerol, p. 64-65.

Année 1641.

Souvigny conduit le comte d'Aglié à Lyon, puis au château de Vincennes, p. 66-67. — Il reçoit un brevet de pension de deux mille livres; constitution du régiment de Souvigny, p. 68. — Visite au Roi à Chantilly; M. de Cinq-Mars, p. 69. — Souvigny est nommé maître d'hôtel du Roi;

voyage à Jargeau, p. 70. — Il recherche en mariage Mlle Anne du Chol, nièce de Pierre de Villars, archevêque de Vienne, p. 71. — Contrat de mariage, p. 72. — Souvigny reçoit l'ordre inopiné de regagner Quérasque, p. 74. — Sa compagnie de carabins, p. 75. — Menaces du prince Thomas contre Quérasque, p. 76. — Préparatifs de défense, p. 77. — Fortifications et approvisionnements, p. 78. — Derniers ordres, p. 79. — Assaut infructueux dans la nuit du 20 au 21 août, p. 80. — Pertes de part et d'autre; *Te Deum*, p. 82. — Nouvelles attaques, p. 83. — Préparatifs de défense, p. 84. — Sommation du prince Thomas, p. 85. — Assaut du 24 août, combat acharné et échec des ennemis, p. 86. — Leurs pertes; bravoure des défenseurs, p. 87. — *Te Deum*, p. 89. — Retraite du prince Thomas, p. 90. — Le comte Broglio; félicitations adressées à Souvigny, p. 91. — Mort de François Gangnières, son père; son éloge, p. 92. — Mlle du Chol, fiancée de Souvigny, passe les monts pour le rejoindre, p. 93.

Année 1642.

Mariage de M. et de Mme de Souvigny; leur arrivée à Quérasque, p. 93. — Ils tombent malades et se rendent à Pignerol, puis en France, p. 94-96. — Souvigny sert un quartier de maître d'hôtel en octobre, p. 97. — Dîner chez Mazarin; démarches de Souvigny pour être payé des arrérages de sa pension; obligeance de M. de Chavigny, p. 98.

Année 1643.

Souvigny reçoit des lettres de noblesse, p. 100. — Séjour à Longes, en Lyonnais, p. 101. — Du Fresnay-Belmont revient de Flandre, p. 102. — Retour de Souvigny à Quérasque, p. 103. — Il reçoit le commandement d'un camp volant et visite le comte de Tavannes, gouverneur d'Asti, p. 104. — Il donne l'alarme du côté du Milanais, p. 105. — Remise de Quérasque au duc de Savoie, p. 106. — Témoignages d'affection des habitants envers Souvigny, p. 107. — Son régiment est réformé et incorporé dans celui des Galères, p. 108.

Année 1644.

Souvigny prend congé de la duchesse de Savoie et de son fils et quitte Turin, p. 109. — Il est nommé maréchal de bataille à l'armée de Flandre, p. 110. — Ses adieux à sa femme; marche de l'armée en trois corps, sous le commandement du duc d'Orléans, p. 111. — Quartiers de Monsieur et des maréchaux de la Meilleraye et de Gassion, p. 112. — Siège de Gravelines; inondations, p. 113. — Souvigny opère une reconnaissance dans les environs, p. 114. — Description de la place, p. 116. — Prise du fort Philippe et des ouvrages détachés, p. 117. — Attaques meurtrières, p. 118. — Mort du marquis de Lavardin, p. 119. — Rivalité entre les maréchaux de la Meilleraye et de Gassion, p. 120. — Libéralité et bienveillance de Monsieur, p. 121. — Le baron des Prez, p. 123. — Valeur du maréchal de Gassion, p. 124. — Capitulation, p. 125. — Souvigny accompagne le gouverneur espagnol, p. 126. — Opérations de l'armée après la prise de Gravelines, p. 127. — Souvigny reçoit un congé et revient avec Monsieur, p. 128. — Celui-ci le recommande à Mazarin, p. 129. — Retour à Longes, p. 130. — Souvigny devient adjudicataire de la seigneurie de Trocezard, p. 131. — Règlement des affaires qui la concernent, p. 132.

Année 1645.

Souvigny est nommé maréchal de bataille à l'armée de Catalogne, p. 133. — Instructions de Mazarin; Souvigny se met en route par la vallée du Rhône et trouve à Perpignan le comte du Plessis, commandant de l'armée, p. 134-135. — Investissement et siège de Roses, p. 136. — Description de la place et de ses abords, p. 137. — Composition des deux armées, p. 138. — Premières attaques, p. 139. — Orages, inondations et débandade, p. 140. — Reprise du siège, p. 142. — Visite du comte du Plessis à l'armée navale, p. 143. — Escarmouches et combats, p. 144. — Occupation de la contrescarpe, p. 148. — Ruse de M. de Fabert, prisonnier dans Roses, p. 149. — Mort de M. de Saint-Paul, mestre de camp, p. 150. — Capitulation de Roses (26 mai) et embarquement de la garnison ennemie ; retour à Longes, p. 151. — Mort de Mme du Chol, belle-mère de Souvigny, p. 152. — Mme de Souvigny se rend aux eaux de Saint-Antoine-de-Viennois avec Mme de Villars, p. 153. — Visite au duc d'Épernon, gouverneur de Guyenne, en son château de Cadillac, p. 155. — Son aimable accueil, p. 156. — Démêlés du premier duc d'Épernon avec l'archevêque de Bordeaux, p. 157. — Il lui donne un coup de canne ; excuses exigées par le Roi, p. 159-160. — Souvigny reçoit quelques faveurs du duc d'Épernon, colonel général de l'Infanterie, et revient à Longes, p. 161-162.

Année 1646.

Visite de Souvigny à M. Le Tellier, p. 162. — Il est nommé lieutenant de Roi au gouvernement de la citadelle de Turin et lieutenant-colonel du régiment du Plessis, p. 163. — M. du Fresnay sous-lieutenant sous ses ordres au gouvernement de la citadelle ; arrivée à Turin, p. 164. — Inventaire de la citadelle ; bienveillance de la duchesse de Savoie pour Mme de Souvigny, p. 165.

Année 1647.

Séjour à Chaumont, près de Suse, avec le doyen de Saint-Pierre de Vienne, p. 166. — Négociations pour la cession de Trocezard à M. de Trocezard, p. 167. — Voyage en France avec Mme de Souvigny, p. 168. — Passage du col du Lautaret au mois de novembre, p. 169. — Tourmente de neige à la Magdeleine, p. 170. — Arrivée à Grenoble, p. 172. — Retour de Souvigny à Turin par Saint-Jean-de-Maurienne ; il tombe malade, p. 173.

Année 1648.

Souvigny retourne en France par le mont Cenis, p. 174. — Négociations avec son beau-frère le doyen au sujet de Trocezard, p. 175. — Il sert un quartier de maître d'hôtel avec M. de Voiture ; mort de ce dernier ; convocation du Parlement au Palais-Royal et commencement des troubles de la

Fronde, p. 176. — Retour de Souvigny à Longes, p. 177. — Négociations avec le marquis de Saint-Chamond en vue de l'échange de Trocezard contre Grézieu, p. 178. — Visite à Grézieu, p. 180. — Situation de la propriété, p. 181. — Voyage à Lyon, p. 183. — Conclusion de l'acquisition de Grézieu, p. 184. — Installation dans le château et état du domaine, p. 186. — Souvigny évite un duel à des gentilshommes de passage, p. 187. — Liquidation des hypothèques prises sur Grézieu, p. 189. — Sûretés prises relativement à cette acquisition, p. 191.

Année 1649.

Retour de Souvigny à la citadelle de Turin; avances faites à la garnison, p. 192-193. — Mort de M. de la Motte au siège de Porto-Longone et règlement de ses affaires, p. 194-195. — Souvigny fait de nouvelles avances à la citadelle de Turin, p. 195. — Il va trouver la Cour à Compiègne, p. 196. — Audience du cardinal Mazarin au sujet des avances faites à la citadelle, p. 197. — Attaque du carrosse du duc de Damville à Louvres-en-Parisis, p. 198. — Vaines démarches de Souvigny à Paris pour être remboursé de ses avances, p. 199. — Il retourne à Grézieu, p. 200.

Année 1650.

Souvigny est appelé à la Cour, en Guyenne, pour servir un quartier de maître d'hôtel, p. 201. — Traversée de l'Auvergne et du Limousin, p. 202. — Il règle à Limoges une dette de 1621, p. 203. — Description de Libourne et arrivée à la Cour, à Bourg-sur-Mer, p. 204. — Souvigny reçoit un brevet de maréchal de camp, p. 205. — La princesse de Condé traite avec la Cour, p. 206. — Entrée du Roi à Bordeaux, p. 207. — Esprit turbulent des Bordelais, p. 208. — Préférence du Roi pour les officiers qui lui sont restés fidèles, p. 209. — Situation stratégique de Blaye, p. 210. — Retour de la Cour à Paris par Saint-Jean-d'Angély, Blois, Orléans et Fontainebleau, p. 211. — Souvigny est nommé chambellan d'affaires du duc d'Orléans, p. 212. — Il rejoint la Cour à Dijon au printemps de 1650; il retrouve M. de

Tavannes, lieutenant de Roi en Bourgogne, p. 213. — Il est envoyé à Auxonne et autres villes pour aider aux approvisionnements de l'armée, p. 214. — Capitulation de Bellegarde, p. 215. — Retour à Grézieu-Souvigny, p. 216. — Champfort refuse le gouvernement de Verdun-sur-le-Doubs, p. 217.

Année 1651.

Visite au duc d'Épernon, gouverneur de Bourgogne, à Bourg-en-Bresse, p. 218. — Souvigny l'accompagne à Pierre-Châtel; description de cette place, p. 219. — Il se rend à Paris, avec la marquise de Villeroy, p. 220. — Arrêt au château de Villeroy, p. 221. — Souvigny expose, sans succès, le dénuement de la citadelle de Turin devant un conseil de guerre tenu au Luxembourg, p. 222.

Année 1652.

Rentrée du cardinal Mazarin en France, p. 223. — Siège de Bar-le-Duc, p. 224. — Champfort y dirige l'artillerie, p. 225. — Capitulation de la place; entretien de Souvigny avec le Cardinal, p. 226.

Année 1653.

Continuation de la guerre en Champagne, p. 227. — Opérations autour de Rethel; l'armée est mise en quartiers, p. 229. — Licenciement de l'artillerie, p. 230. — Champfort construit un pont sur l'Aisne, p. 231. — Prise de Vervins, p. 232. — Retour du Cardinal à Paris, p. 233. — Discours des maréchaux de la Motte-Houdancourt et de Villeroy, p. 234. — Réception des Parisiens, p. 235. — Procès de Souvigny contre M. de Saint-Chamond et ses créanciers, et règlement de comptes, p. 236. — Séjour à Grézieu et fondations pieuses, p. 237. — Souvigny envoie de l'argent à la citadelle de Turin; façon dont subsistent alors les différentes places, p. 238. — Il est appelé comme maréchal de camp au siège de Bellegarde, p. 239. — Composition de l'armée de siège, p. 240. — Sa répartition, p. 241. — Travaux du siège, p. 242. — Souvigny coupe le pont sur la Saône,

p. 243. — M. de Bouteville demande à parlementer, p. 244.
— Conditions de la capitulation, p. 245. — Intervention de
Souvigny en faveur de d'Alègre, p. 246. — Sortie de la
garnison, p. 247. — Le duc d'Épernon s'empare des meubles
du prince de Condé, p. 248. — Retour de Souvigny à Grézieu, par la Bresse, avec le comte de Béreins, p. 249. — Souvigny est chargé d'une mission auprès du duc de Mantoue,
p. 250. — Il passe à Turin, p. 251. — Il voit le comte de
Quincé et les troupes du Montferrat, p. 252. — État des
affaires de Mantoue, p. 253. — Les Espagnols sont maîtres
de la citadelle de Casal, tandis que le duc de Mantoue
occupe la ville, p. 254-255. — Haute situation de la maison
de Mantoue, p. 256. — Réception de Souvigny par le duc
de Mantoue, p. 257. — Commencement des négociations
avec ce prince; ses griefs, p. 258. — Souvigny fait déloger
du Montferrat les troupes du comte de Quincé et du marquis
Ville, p. 259. — Il revient à Casal et recommence les négociations avec le duc, p. 261-262. — Ce dernier se plaint de
ce que le Montferrat ait été donné au duc de Savoie, p. 263.
— Souvigny représente les sacrifices faits par la France en
faveur de Mantoue, p. 264. — Portraits du duc et de la
duchesse, p. 266. — Description de la place de Casal,
p. 267. — Le duc s'apprête à quitter Casal, p. 268. — Souvigny prend congé de lui et revient à Turin, p. 270. —
Bienveillance de Madame Royale pour Mme de Souvigny,
p. 271. — La garnison de la citadelle continue à ne pas
être payée, ni Souvigny remboursé de ses avances, p. 272.

Année 1654.

Mort de M. de Champfort, tué au siège de Stenay, p. 273. —
Notice sur M. de Champfort : Son mariage avec Mlle de la
Guierche, p. 274. — Ils habitent le Petit-Arsenal, p. 276.
— Débuts de Champfort dans la carrière militaire, p. 277.
— Il devient commissaire, puis lieutenant de l'artillerie,
p. 278-279. — Généraux sous lesquels il sert en Italie et en
Espagne, p. 280. — Sa conduite au combat de Bléneau, au
Faubourg Saint-Antoine et en Lorraine en 1652, p. 281-282.
— Bienveillance de M. de la Meilleraye, grand maître de
l'Artillerie, envers lui, p. 203. — Charité et piété de M. de
Champfort, p. 284. — Victoire de la Roquette (1653),

p. 285. — Le duc de Mantoue se rend à la cour de France ; Souvigny passe le reste de l'année 1654 à Turin, p. 286.

Année 1655.

Passage de la reine de Suède à Turin, p. 286. — Le duc de Modène et le prince Thomas assiègent Pavie, p. 287. — Levée du siège, p. 288. — Le P. Bonaventure est appelé auprès du prince Thomas, malade, p. 289. — Mort de ce dernier, p. 290. — Jugement sur la vie du prince Thomas, p. 291. — Accident arrivé au carrosse de Souvigny à Turin, p. 293.

Année 1656.

Souvigny sert comme maréchal de camp au siège de Valence, sous les ducs de Modène et de Mercœur, p. 294. — Description de la place de Valence, p. 295. — Composition des troupes de siège, p. 297. — Attaques des brigades de Modène et de Mercœur, p. 300. — Souvigny se loge sur le chemin couvert avec le régiment irlandais de Preston, p. 301. — Belle conduite de ce corps ; Souvigny commande un ouvrage avancé, p. 302. — Les ennemis introduisent un secours dans la place, p. 303. — Les généraux songent à lever le siège, p. 304. — Le duc de Modène s'y oppose, p. 305. — Inquiétudes de Mme de Souvigny, p. 306. — Mort de M. du Monceau l'aîné, p. 307. — Opérations autour de Valence, p. 308. — Capitulation de cette place, p. 309. — M. de Valavoire en est nommé gouverneur, p. 310. — Souvigny retourne à Turin par Casal, p. 311. — Les troupes prennent leurs quartiers sur les frontières du Montferrat et des Langues, p. 313. — Ordres pour repasser les monts ; Souvigny est chargé de la conduite du régiment d'Auvergne, p. 314. — Il est nommé lieutenant général des armées du Roi, p. 315. — Madame Royale propose à Souvigny un emploi dans ses États, p. 316.

Année 1657.

Souvigny reçoit l'ordre de remettre à Madame Royale la citadelle de Turin, p. 317. — Le marquis de Pianesse en prend possession, p. 318. — Souvigny prend congé de Madame Royale, p. 319. — Soins dont il est entouré pendant son voyage, p. 320. — Il passe le mont Cenis et arrive à Lyon, puis à Souvigny, p. 321-322.

Année 1658.

Voyage de Souvigny à la Cour, à Paris, p. 322. — La Cour vient à Lyon, p. 323. — Bruits du mariage du Roi avec la princesse Marguerite de Savoie, p. 324. — Entrevue avec la cour de Savoie, p. 325.

Année 1659.

Souvigny se rend de Lyon à Vougy, chez le baron de Lugny, p. 326. — Il est rappelé en hâte à Lyon, p. 328. — Mort de Mme de Souvigny, p. 329. — Causes de sa mort, p. 330. — Éloge de Mme de Souvigny, p. 331. — Ses vertus et sa bonté, p. 332. — Bienveillance de Madame Royale à son égard, p. 333. — Transport de son corps à Souvigny, p. 334. — Ses obsèques, p. 335. — Fondations pieuses en sa mémoire, p. 336. — Souvigny se rend à Poitiers pour rejoindre la Cour, et la trouve à Villefagnan, se dirigeant vers les frontières d'Espagne, p. 337-338. — Il loge avec M. de la Guillotière, maréchal de camp, p. 339. — Description de Bayonne et de Saint-Jean-de-Luz, p. 340. — Industrie de la pêche à la baleine, p. 341. — Profits qu'en retirent les Basques, p. 342. — Souvigny reçoit le président de Chamousset et le comte de San-Nazaro, envoyés de Savoie et de Mantoue, p. 343. — Mazarin et Don Louis de Haro conviennent de se réunir dans l'île des Faisans, p. 344. — MM. de Chouppes et de Souvigny sont chargés de l'aménagement des lieux pour la France, M. de Batteville et Don A. Pimentel pour l'Espagne, p. 345. — Les Espagnols se mêlent avec les Français, p. 346. — Signature du traité de paix, p. 347. — Joie des deux partis, p. 348. — Souvigny se rend à Toulouse avec la Cour, puis à Castelnaudary, p. 349-350.

Nogent-le-Rotrou, imprimerie Daupeley-Gouverneur.

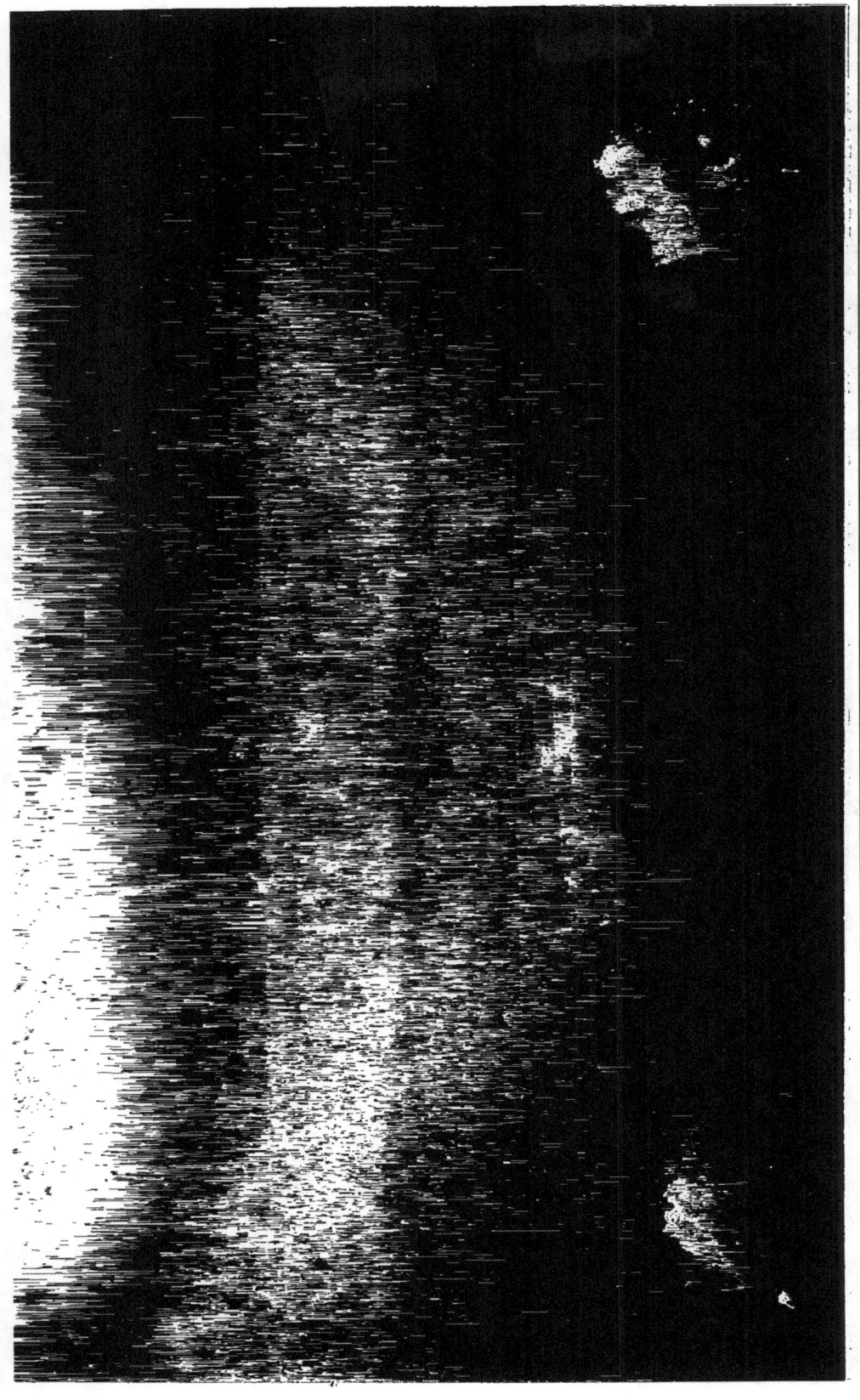

Ouvrages publiés par la Société de l'Histoire de France depuis sa fondation en 1834.

In-octavo à 9 francs le volume, 7 francs pour les Membres de la Société.

Ouvrages épuisés.

L'Ystoire de li Normant. 1 vol.
Lettres de Ma[...] 1 vol.
Villehardouin. 1 vol.
Histoire des Ducs de Normandie. 1 vol.
Beaumanoir. — Coutumes de Beauvoisis. 2 vol.
Mémoires de Coligny-Saligny. 1 vol.
Mémoires et Lettres de Marguerite de Valois. 1 vol.
Comptes de l'Argenterie des Rois de France. 1 vol.
Mémoires de Daniel de Cosnac. 2 vol.
Journal d'un Bourgeois de Paris sous François Ier. 1 v.
Chroniques des Comtes d'Anjou. 1 vol.
Lettres de Marguerite d'Angoulême. 2 vol.
Joinville. Hist. de Saint Louis. 1 vol.
Chronique de Guillaume de Nangis. 2 vol.
Histoire de Bayard. 1 vol.

Ouvrages épuisés en partie.

Grégoire de Tours. Histoire ecclésiast. des Francs. 4 v.
Œuvres d'Eginhard. 2 vol.
Barbier. — Journal du règne de Louis XV. 4 vol.
Mémoires de Ph. de Commines. 3 vol.
Mémoires de l'Hôtel de Ville de Paris pendant la Fronde. 3 vol.
Procès de Jeanne d'Arc. 5 v.
Bibliographie des Mazarinades. 3 vol.
Choix de Mazarinades. 2 vol.
Histoire de Charles VII et de Louis XI, par Th. Basin. 4 vol.
Grégoire de Tours. Œuvres diverses. 4 vol.
Chron. de Monstrelet. 6 vol.
Chron. de J. de Wavrin. 3 vol.
Journal et Mémoires du marquis d'Argenson. 9 vol.
Œuvres de Brantôme. 11 v.
Commentaires et Lettres de Blaise de Monluc. 5 vol.
Mém. de Bassompierre. 4 vol.

Ouvrages non épuisés.

Mém. de Pierre de Fenin. 1 v.
Orderic Vital. 5 vol.
Correspondance de Maximilien et de Marguerite. 2 v.
Richer. Hist. des Francs. 2 v.
Le Nain de Tillemont. Vie de Saint Louis. 6 vol.
Mém. de Mathieu Molé. 4 v.
Miracles de S. Benoît. 1 vol.
Chronique des quatre premiers Valois. 1 vol.
Mém. de Beauvais-Nangis. 1 v.
Chronique de Mathieu d'Escouchy. 3 vol.
Choix de pièces inédites relatives au règne de Charles VI. 2 vol.
Comptes de l'hôtel des Rois de France. 1 vol.
Rouleaux des Morts. 1 vol.
Œuvres de Suger. 1 vol.
Mém. et corresp. de Mme du Plessis-Mornay. 2 vol.
Chron. des églises d'Anjou. 1 v.
Introduction aux chroniques des comtes d'Anjou. 1 vol.
Chroniques de J. Froissart. T. I à XI. 13 vol.
Chroniques d'Ernoul et de Bernard le Trésorier. 1 v.
Annales de S.-Bertin et de S.-Vaast d'Arras. 1 vol.
Histoire de Béarn et de Navarre. 1 vol.
Chroniques de Saint-Martial de Limoges. 1 vol.
Nouveau recueil de comptes de l'argenterie. 1 vol.
Chanson de la Croisade contre les Albigeois. 2 vol.
Chronique du duc Louis II de Bourbon. 1 vol.
Chronique de J. Le Fèvre de Saint-Remy. 2 vol.
Récits d'un ménestrel de Reims au XIIIe siècle. 1 v.
Lettres d'Ant. de Bourbon et de Jeanne d'Albret. 1 vol.
Mém. de La Huguerye. 3 vol.
Anecdotes et apologues d'Étienne de Bourbon. 1 vol.
Extraits des auteurs grecs concern. la géographie et l'hist. des Gaules. 6 vol.
Mémoires de N. Goulas. 3 v.
Gestes des évêques de Cambrai. 1 vol.
Les Établissements de Saint Louis. 4 vol.
Chron. normande du XIVe s. 1 v.
Relation de Spanheim. 1 vol.
Œuvres de Rigord et de Guillaume le Breton. 2 v.
Mém. d'Ol. de la Marche. 4 v.
Lettres de Louis XI. T. I à IX.
Mémoires de Villars. 6 vol.
Notices et documents, 1884.
Journal de Nic. de Baye. 2 v.
La Règle du Temple. 1 vol.
Hist. univ. d'Agr. d'Aubigné. T. I à IX.
Le Jouvencel. 2 vol.
Chroniques de Louis XII, par Jean d'Auton. 4 vol.
Chronique d'Arthur de Richemont. 1 vol.
Chronographia regum Francorum. 3 vol.
L'Histoire de Guillaume le Maréchal. 3 vol.
Mémoires de Du Plessis-Besançon. 1 vol.
Éphéméride de la Huguerye. 1 vol.
Hist. de Gaston IV, comte de Foix. 2 vol.
Mémoires de Gourville. 2 vol.
Journal de J. de Roye. 2 vol.
Chron. de Richard Lescot. 1 v.
Brantôme, sa vie et ses écrits. 1 vol.
Journal de J. Barrillon. 2 v.
Lettres de Charles VIII. 5 v.
Mém. du chev. de Quincy. 3 v.
Chron. de Morosini. 4 vol.
Documents sur l'Inquisition. 2 vol.
Mém. du vicomte de Turenne. 1 vol.
Chron. de Perceval de Cagny. 1 vol.
Journal de J. Vallier. T. I.
Mémoires de St-Hilaire. T. I et II.
Journal de Fauquembergue. T. I.
Chron. de Jean Le Bel. 2 v.
Mémoriaux du Conseil de 1661. T. I et II.
Chron. de Gilles Le Muisit. 1 vol.
Rapports et Notices sur les Mém. du card. de Richelieu. 2 fasc.
Mémoires de Souvigny. T. I et II.

SOUS PRESSE

Lettres de Louis XI. T. X.
Mém. du card. de Richelieu. T. I.
Mémoriaux du Conseil de 1661. T. III.
Journal de J. Vallier. T. II.
Mémoires de Martin du Bellay. T. I.

ANNUAIRES, BULLETINS ET ANNUAIRES-BULLETINS (1834-1906).

In-18 et in-8°, à 2 et 5 francs.

(Pour la liste détaillée, voir à la fin de l'Annuaire-Bulletin de chaque année.)

Nogent-le-Rotrou, imprimerie Daupeley-Gouverneur.

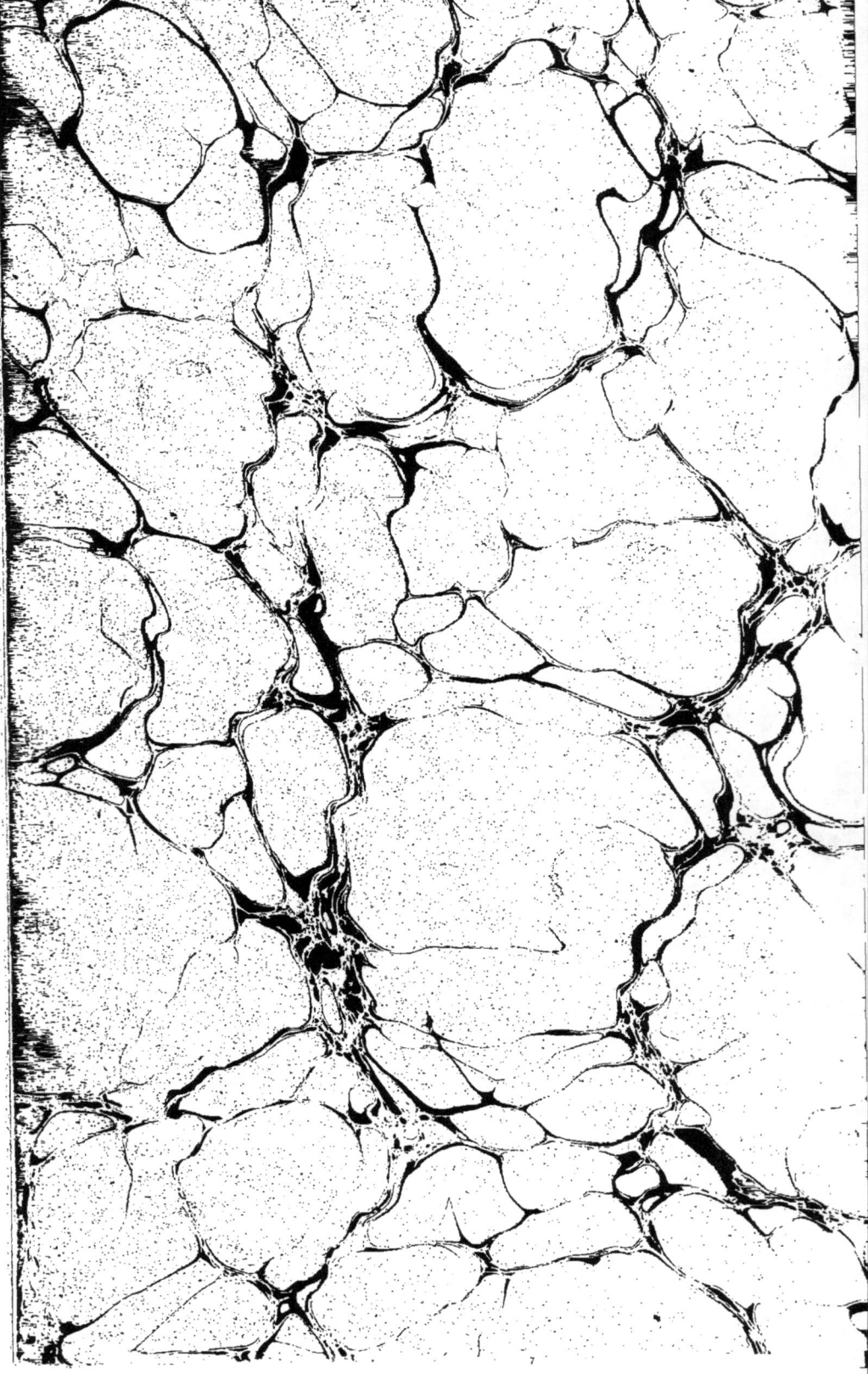

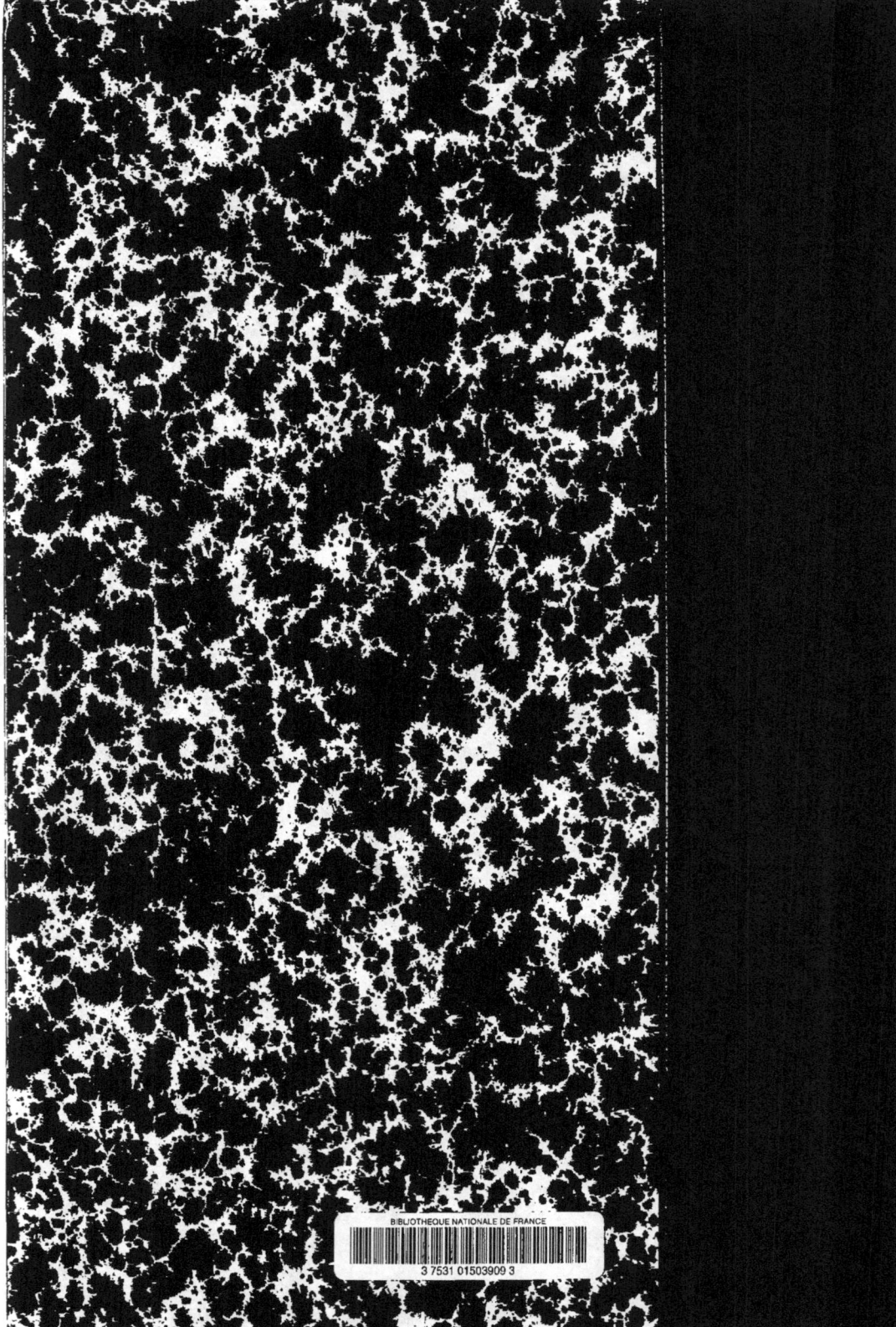

www.ingramcontent.com/pod-product-compliance
Lightning Source LLC
Chambersburg PA
CBHW060555170426
43201CB00009B/788